感情・態度が

必ず伝わる

英文ビジネスメール
戦術事典

ポール・ビソネット **著**　春日 聡子 **訳**

アルク

はじめに　Preface

　この本は、読者の皆さんが個人対個人の英文メッセージを書くときに、**どのような態度で、そしてどのような感情で書こうとしているのかを的確に表現するための、実践的な参考書であり指南書**だ。主にビジネス向けだが、私信にも当てはまる内容となっている。本書を活用して、目的を達成するのに最適な態度と感情が、相手に伝わる英文を書いていただきたい。

メッセージライティングの鍵は感情・態度

　相手がメッセージを読めば、あなたの日々の仕事の様子が垣間見えるのは、ごく自然で当然のことだ。例えば成功に関する話には感謝の気持ちが現れ、頓挫中であれば多少なりとも失望が滲み出るものだ。**感情のこもったメッセージを書くことで、仕事の様子が伝わり、相手との関係維持にも役立つの**であれば、英文でもぜひそうすべきだ。本書には以下のような態度・感情を表すのに役立つ例文が豊富に掲載されている。

> 親しみやすさを演出する：**謙虚さ**
> 相手の困難を理解していることを示す：**シンパシー**
> ヒステリーを起こさない：**自制**
> 相手に迷惑をかけて申し訳ない気持ちを示す：**謝罪**
> 相手の立場を受け入れる：**敬意**
> 親切な態度をとることで相手にアピールする：**協調性**
> 相手が期待する（あるいは望む）尊敬の念を表現する：**感心と称賛**
> 相手に断言する：**自信**
> ビジネス向きで行くかフレンドリーで行くか：**フォーマルさ**
> 相手に不意打ちでショックを与えないようにする：**正直さ**
> 相手を信頼する：**率直さ**
> 自分の決意を示す：**決断力**

本書のアプローチ・活用方法

　本書の第 1 章では、ビジネスや日常生活で必要となる 20 の主要な態度や感情について、効果的な英語表現を幅広く紹介している。あなたが直面するさまざまな状況、あなたが接する様々な立場や地位の人たちに対して、いつ、どのように使うことができるかを、例文とともに紹介する。また、いくつかの感情的な表現に起こり得るリスクを指摘し、確実に正しく理解されるため

の戦術を明らかにしている。

　第2章は、「いかに人と絆を深めるか」「いかに困難な状況に共感してもらうか」など、感情に関連する20の目標と、それを達成するための戦術で構成されている。

　それに加えて、ビジネスだけではなく、友人たちへの私信を書くのに役立つガイダンスも掲載されている。

　本書は卓上レファレンスであり、**効果的な態度にまつわる表現を簡単に調べる**だけではなく、相手の返答から「彼を怒らせてしまったのか」や「彼女が言っていることは無礼ではないのか」などと感じた時に、**相手の気持ちを理解するのにも役立つ**、複数の鍵が掲載されている。

AI時代にも必要な感情・態度の表現力

　本書の内容は、何千人もの日本人ビジネスパーソンと接し、何万通ものビジネス英文メッセージに目を通した、数十年の経験から生まれたものだ。関わってきた職場環境は、おそらくあなたの職場も含まれるだろう、経営、管理、営業、製造、財務など。その業界も自動車、金融、商社、化学、製薬、ファッション、重機など多岐にわたる。そして皆さんもご存じのように、どのような職場環境においても、**成熟した効果的な感情コントロールは、キャリアに大きな影響を与え、人間関係を維持する。**

　今の時代、AI（人工知能）にコミュニケーションを任せる傾向が強まっている。AIは、特にAI機器を訓練するノウハウと時間があれば、文法的に完璧な文書を、目もくらむような速さで作成することに長けているツールだ。確かにAIは "could you please..."（すみませんが…）、"no, thank you"（いいえ、結構です）といったビジネスマナーの基礎的な表現に関しては、かなり有能だ。

　しかし**AIはあなたや相手の気持ちを読み取ることはできない。**だから基礎的なレベル以上のことについては、自分自身で自分の気持ちや態度を伝えるというDIYの精神が、誤解を避ける最も確実な方法なのだ。本書は、ビジネス・コミュニケーションを含むあなたのさまざまな目的に焦点を当て、それを達成する手助けをするものだ。

Paul Bissonnette
ポール・ビソネット

目次

第1章 適切に気持ちを伝える！ 英文メールの戦術 感情・態度編

第2章 どんな状況も切り抜ける！
英文メールの戦術 **目的編**

付録 AI よりもシンプルに、そして賢明に英文を書くために
AI の感情・態度ライティングサンプル

本書を読む前に　Introduction

1. 本書で学べること：英語で表現するビジネス上の「感情」と「態度」

　本書は、Ｅメールで伝えたい用件や状況について、あなたが感じていることを英語で表現するための参考書だ。

　本書では、英文ライティング、特にビジネス・ライティングで許容される幅広い感情と、その感情をうまく英語で表現する方法を学ぶことができる。

2.「感情」と「態度」があなたのライティングにもたらすもの

　あなたの感情や態度がメールに表れることで、無味乾燥な事実も読み手の興味を引くものに変わる。内容も親しみやすいものとなり、あなたがオープンで信頼できるビジネスの相手であることを示すこともできる。

　本書の第１章では、読み手に受け入れられ、ビジネスメールの目的を推進するのに役立つ、さまざまな「感情」と「態度」を紹介。特にビジネスにふさわしい英語で、適切に感情を表現する方法をお見せする。

　メッセージに温かみや人間的な魅力を与える「謙虚さ」「誠意」「シンパシー」に始まり、「正直さ」「自信」「決断力」など、ビジネスにおいて人を説得し、動かす力を持つ感情や態度へと進む。

　このような感情や態度は、良好な関係を維持し、あなたのメールの成果を高めるのに役立つ。

　第２章では、感情や態度、その他のシンプルな戦術を組み合わせることで、たとえば「ビジネスメッセージによって絆を深める」「仕事上の関係を損なうことなく批判する」「とんでもない提案に立ち向かう」といったビジネスの "emotional landscape"（感情的状況）、つまりビジネスで直面するさまざまな状況や課題に対処する方法を紹介する。

> ビジネスに悪影響をもたらす感情もある。たとえば、人間関係を乱し、否定的な環境を作り出す、恐怖、非難、攻撃性などの劇的な感情や態度。あるいは敵意、強欲、嫉妬などの有害な感情や態度。そのような感情や態度が表出すれば、協力関係は終了してしまう。だから、それらは本書に含まれていない。

3. 良好な関係を維持するための「感情」と「態度」に秘められた 10 の力

　ビジネスコミュニケーションで感情を出すことには、賛否両論ある。しかし実際には感情がなければ、人間関係を維持することも、ビジネスを成功させることもできない。自分の仕事やそれに関連することについてどう感じているかを表現することは、成功するメールを書くのに役立つ、多くの力を秘めているのだ。

❶ 読み手に配慮することと、自分を支えることは両立できる

　本書が紹介するのは、読み手への気遣い（シンパシー）、相手の利益を願う気持ち（積極性）、配慮（共感）、相手にショックを与えたくないという思い（謙虚さ）などの感情を、英語で表現する方法だ。同時に、自分の利益を守り（率直さ）、自分にふさわしいサポートを得（自己主張）、自分の能力を知らしめ（自信）、相手に適切な敬意を抱かせる（フォーマルさ）方法も紹介する。

❷ さまざまな「感情」や「態度」が、人間関係の危機回避に役立つ

　母語ではない、英語で文章を書くビジネスパーソンとして、あなたのメールに表れる感情や態度がリスクとなることもあり得る。あまりにソフトで人間的な感情ばかりだと、弱いイメージを与えてしまい、読み手によってはあなたを振り回そうとするかもしれない。逆に、説得力に焦点を当てすぎると、傲慢に思われて読み手を遠ざけてしまう危険性がある。しかし、「人間的」から「説得力のある」まで、さまざまな感情を適切に使い分けることで、難しい状況でも読み手を引き込むメッセージを書くことができるようになる。

❸ 「感情」が表れている英文メールは、国際的な読み手に歓迎される

　読み手がメールに求めるものは、文化に影響される。

　日本人の読み手であれば、メールの内容について書き手がどう思っているのかは、読み手側が察するものだという暗黙の了解がある。

　しかし、海外の読み手は、仕事に対するあなたの姿勢を直接伝えてほしいと、おそらく日本人以上に思っているのだ。

国際的なビジネスパーソンが日本のビジネスパーソンをこう評価することがある：「彼らがどう感じているのか、さっぱりわからない」。つまり、彼らは事実だけでは満足せず、あなたがどう考えているかを知りたがっているのだ。

国際的なビジネスパーソンからの最高の褒め言葉は、「私の日本のパートナー

は、常に自分たちの立場を明確にしている」というものだ。本書は、思慮深いビジネスパーソンとして、また自信に満ちた有能なビジネスの相手として、あなたのイメージを高めるのに役立つ感情や態度を紹介する。

❹適切な「態度」で臨めば、悪い知らせも素早く直接的に書くことができる

ビジネスパーソンとして、相手が読みたくないメッセージを書かなければならないこともあるだろう。例えば：

・相手がしたくないことをするよう要求する。
・相手が本当にやってほしいことを拒否する。
・相手の仕事上の失敗を報告する。
・相手の主張が間違っていると伝える、など。

読み手に同情するあまり、このような負担をEメールで与えることに抵抗を感じるかもしれない。

悪い知らせを嬉しい知らせに変えるまっとうな方法はない。しかし、例えば「同情」「謙虚さ」「礼儀正しさ」など、読み手の気持ちへの配慮を示すだけで、悪い知らせも少しは受け入れやすくなる。だから、悪い知らせがあるときは、同情、謙虚、礼儀正しさ、そして思慮深さを心がけて書くようにすれば、自信を持って、直接、ためらうことなく伝えることができるようになる。

洗練された国際的ビジネスパーソンは、悪い知らせに対するこのようなアプローチを期待しており、また受け入れてくれるはずだ。

❺適切な「感情」は、現代の力関係に自信を持って対処するのに役立つ
【パワーハラスメント】

日本のビジネスパーソンとして、あなたは本書を読む前からすでに失礼のない英文ライティングを心がけているだろう。しかし、近年は礼儀正しさがより複雑化し、立場の強い人は「パワハラ」に気をつけなければならない。今、人々は弱者に同情的で、弱者がつぶされるのを見たくないし、権力者が弱者をつぶすことに嫌悪感がある。

【国際的な読み手が期待すること】

さらに、国際的な読み手の中には、たとえあなたより地位が低くても、自分の価値に自信を持っている人も多い。彼らは同じような立場の日本人と比べて、より丁寧な対応を期待する。

とはいえ、仕事をやり遂げるためには、相手に行動を促すために適度なプレッシャーが必要だ。そこで役に立つのが、「礼儀正しさ」や「共感」といった人間的な態度と、「積極性」や「決断力」といった自信に満ちた態度、そして自信に満ちた理性を組み合わせることだ。

【丁重な権力の行使：権力があるときと無いとき】

本書にある感情や態度を使えば、次のような権力関わる業務も丁寧に行うことができる。

・自分が読み手よりも力があることを利用して、相手に行動を起こすよう促す　　　　　　　　　（☞ **感情・態度 1** 礼儀正しさ参照）
・自分より立場が上の相手に対して、困難、かつ緊急の行動を起こすようお願いする　　　　（☞ **感情・態度 1** 礼儀正しさ、レベル参照）
・相手がやりたくないことをお願いする（☞ **感情・態度 5** シンパシー参照）
・自分の力が不十分なときは、他者の力を使う
　　　　　　　　　　　（☞ **感情・態度 1** 礼儀正しさ、NEC 参照）
・何かをお願いする際にも、相手の顔を立てる（☞ **感情・態度 2** 謙虚さ参照）
他多数。

また、第2章　英文メールの目的と戦術にある例文も参照してもらいたい。

目的 5 読み手に期限を守ってもらう
目的 6 難しいことを依頼する
目的 9 協力する義務のない人にお願いする
目的 10 目上の相手から行動を引き出す
目的 20 要求に応じる責任を相手に納得させる

❻論理的に書かれたメールには、ビジネスパーソンとしての能力を強調する感情的なメッセージが含まれる

私がビジネスパーソンを対象に、どのような文章を失礼に感じるかを調査したところ、ある意外な結果が得られた。それは、読み手が知りたい「結論」が後回しにされ、知りたくない「詳細な背景」を先に読まされるという情報の順番に、特に厳しい反応を示したのだ。実際、多くの人が、これは失礼なだけではなく、無能に見えると答えている。

情報の順番は通常、論理の問題と考えられており、「結論から」は効率的

な解決策だ。だがそれは、メールを書くときの態度にも関わってくる。あなたが最初から「結論」を書くほど自信を持っていれば、読み手はそれに気づく。論理的に書かれたメールは、ビジネス相手であるあなたの「自信」に満ちた、「決断力」という能力を示すのだ。

あなたの英文メッセージを読む相手は、当然ながら「礼儀正しさ」や配慮などと共に、それを求めている。

❼「ブランド・イメージ」をポジティブなものにできるかどうかは、優先する「感情」と「態度」次第

第1章で紹介する感情や態度の冒頭に、それを使うことで期待できるブランド効果が紹介されている。

ブランド・イメージとは、人があなたについて作り上げる「感情のプロフィール」のことだ。そして、読み手はポジティブなブランド・イメージを持っている人に、共感し、関わりたいと思うものだ。

本書で紹介する感情や戦術を表現することで、このポジティブなブランド・イメージを作りやすくなる。「礼儀正しさ」や「謙虚さ」に始まるソフトな感情は、人間的な魅力を示すのに役立ち、より厳格な「決断力」「自己主張」のある態度は、仕事をこなす能力と自信を示すことで、読み手の注意を引きつける。

❽「感情」や「態度」を使い分ければ、柔らかく書くことも、強く書くこともできる

「謙虚さ」「誠実」「シンパシー」「感謝」など、柔らかい感情や態度を示すと、あなたの人間性が読み手に伝わる。一方、「自信」「率直さ」「決断力」「自己主張」など、より力強い感情や態度を示すことで、相手の心をつかみ、実力や強さをアピールすることができる。第1章では20の感情と態度を、そして第2章では、それらを駆使してさまざまな「感情的状況」に対応する方法を紹介する。

❾あなたのメールを完成させる

ビジネス・メールの用件は、筆者がどう思っているのかが書かれた一文によって、はじめて完成するものばかりだ。例えば、物議を醸しそうな主張には「謙虚さ」を、与えてもらった機会には「感謝」を、相手への悪い知らせには「シンパシー」を、相手に順守を要求するときは「謝罪」を、そして相手の行動に反対するときは「正直さ」を表現することで、完成する。

❿国際的なチームを率いるには、自分の「態度」を示すことが重要

　日本のビジネスパーソンの中には、多文化や多国籍のチームを率いるのは難しいと言う人もいる。しかし、あなたの文章に国際的なチームメンバーが期待する感情や態度を付け加えれば、彼らもあなたへの理解と支持を表明しやすくなるはずだ。

　避けられないすれ違いが生じたとき、自分が感じていることをより正確に、より適切に表現できれば、話し合いはより明確になり、対立はより早く解決する。本書では、そのような解決につながる態度の表し方を紹介する。

4. 社内・社外向けメールで感じたことを書くときの注意点

【ビジネスメールでどのように感情を表すべきか：控えめに、そして思慮深く】

　英文ビジネスメールで感情を出すときは、劇的にではなく思慮深く表現したい。本書では、あなたが英文ライティングで望む効果を得るためには、たった1つの単語やフレーズで十分な場合が多いことをお見せする。

【社内と社外向けで、「感情」や「態度」を使い分ける必要はあるか】

　本書では、社内向けと社外向けのメールを特に区別していない。なぜなら、社内、社外を問わず、親しい人とそうでない人、思いやりのある人とそうでない人、やる気のある人と無い人など、さまざまな読み手がいるからだ。つまり、社内向けのメールで使われる戦術や表現は、社外向けのメールにも通用する。

　ただし、社内、社外によって起こる問題も異なる。そこで、特に参考にしてもらいたいのが、「 感情・態度 15 フォーマルさ」で紹介している、フォーマル度別表現集と、「 感情・態度 1 礼儀正しさ」だ。通常、社内の人間関係は社外よりも緊密になるし、社外の人には社内よりも敬意を払う必要があることが多い。さらに、自分より立場が上なのか、対等なのか、それとも下なのかによって、英語表現の丁寧さのレベルは変わってくる。

　つまり大事なのは、社内・社外問わず、状況や読み手との関係に応じて、英語の感情にまつわる戦術をコントロールすることだ。

5. 礼儀正しさ

　私たちがメッセージを書く態度の中で最も基本的なものは「礼儀正しさ」だ。そして「礼儀正しさ」のとても便利な特徴として、たとえ次にあげる3つのような用件でも、Eメールを「結論から」迅速に、そして直接的に書きやすくするというものがある。

礼儀正しい英文ライティングの真髄は、読み手への配慮を示すことだ。悪い知らせを良い知らせに変えることはできないが、読み手に対する丁寧な配慮や共感、そして読み手の困難や失望を認識していることを示せば、少しは受け入れやすくなるはずだ。

　このような態度で臨めば、たとえ読み手に歓迎されないメールだとわかっていても、相手に迷惑をかけることへの自然なためらいを乗り越えることができる。礼儀正しさは、難しいことを迅速に書くことを容易にするのだ。

❶ 礼儀正しく難しい依頼をする

　ここでは、英語で難しいことをお願いするときに使う「礼儀正しさ」を使いこなすための、２つの戦術を紹介する。（☞「 感情・態度 1 　礼儀正しさ」参照）

【戦術 1-1】読み手が「ノー」と答える権利を適切に認める

　読み手にはあなたからの依頼に「ノー」と答える権利があるということを受け入れれば、より礼儀正しく依頼するようになる。

A)「ノー」と答える権利を与えない、ソフトな命令
　 Kindly send it by Friday.（金曜日までにお送りください）
B)「ノー」と答える可能性があることを認めた、丁寧な依頼
　 Could you please send it by Friday?（金曜日に送っていただけますか？）
C) 最も丁寧で、「ノー」の回答を受け入れる用意がある依頼
　 Will it be possible for you to send it by Friday?
　（金曜日までにお送りいただくことは可能ですか？）

（この『ノー』と答える権利は、時には形式的な、あくまで建前であることもある。読み手側も断る権利が無いことを知っているにも関わらず、あえて相手の面目を保つために『ノー』と答える権利があるかのように依頼をすることも、戦術の１つだ）

「イエス／ノーで答える質問」は、回答者に「ノー」と答える権利を与える。
　例 Is it going to rain tomorrow?（明日は雨ですか？）
　― No, according to the weather forecast.（いいえ、天気予報によると）

同じように、「イエス／ノーで答える依頼」も、読み手に「ノー」と答える

権利を与えることになる。

例 Could you please send it to me by Friday? （金曜日までに送っていただけますか？）
— No, sorry, I can't. We're out of stock. （いいえ、すみません、できません。在庫切れです）

【戦術 1-2】相手が受け取ってくれるだろうという期待から、適切な圧力をかける

　相手が「イエス」答える期待が小さいほど、表現としてはより丁寧なものになる。

A) 期待が大きいとき
　Send it by Friday. （金曜日までに送ってください）
B) 中程度の圧力
　I need you to send it by Friday. （金曜日までに送っていただく必要があります）
C) 期待が小さいとき
　Can you send it by Friday? （金曜日までに送っていただけますか？）

C）が一番丁寧だが、心理的に断るハードルが低いので、断られるリスクも高い。

両極の英語表現
「礼儀正しく聞く 30 の方法」（p.36）から、最も丁寧ではない表現
【レベル1　命令】
01. I demand that you send it by Friday. （金曜日までに送ることを要求する）
・「ノー」と答える権利：拒否
・書き手の期待に応えてもらうという圧力：最も高い

　しかし、過度な期待をしたところで、読み手がそれを無視すれば、期待外れに終わる。Our country demands that your country stop that action. （我が国は、その行動をやめることを貴国に要求します）国際政治の場でこのような発言があっても、言われた国は要求を無視するか拒否することが多いだろう。
　同じようにビジネスの場でこのような発言があったらどうだろうか。We demand that you lower your price. （値下げを要求する）読み手は要求を無視するか拒否するはずだ。このように、相手が従うものだという過度な期待は、読み手の反発心を招く。

「礼儀正しく聞く 30 の方法」（p.38）から、最も丁寧な表現
【レベル5　敬意】
30. Do you think you'll be able to send it by Friday?
　　　（金曜日までにご送付いただけそうでしょうか？）
・「ノー」と答える権利：完全に受け入れている
・書き手の期待に応えてもらうという圧力：最も低い
ここまでくると、心理的に断るハードルが低く、弱すぎるというリスクもある（☞ NEC：「弱く見られるリスクを克服する方法」p.42 参照）。

❷ 礼儀正しく残念な断りをする
　礼儀正しく断るには、2つの態度が有効だ。それは、「シンパシー」と「不本意」だ。
［断りの例］I'm sorry to say that at this time we are unable to send the product that you ordered. The supplier of the controller device for your order have closed their plant because of typhoon damage.
（申し訳ないのですが、現時点ではご注文の商品をお送りすることができません。ご注文のコントローラー機器の供給業者が、台風による被害で閉鎖されました）

これは丁寧な断り方の定型句で、丁寧さの戦術的表現例は次の通りだ。
表現例1 I'm sorry to say ... （申し訳ないのですが…）
　　　　→ 読み手の困難な状況にシンパシー、共感を示す
表現例2 we are unable to ... （…することができません）
　　　　→ 要望に応えることができなくて不本意であることを表す
「要望に応えたいのですが、残念ながらできません」という、ニュアンスが込められている。

さらに、丁寧な断り方を受け入れやすくするための2つの戦術を紹介する。
【戦術1】at this time（現時点では）で、断りが限定的であることを示す
「将来的には受け入れられるようになるかもしれません」というニュアンスが込められている。
【戦術2】typhoon damage（台風による被害）という納得のいく理由を加える
理由を添えることで、そもそも読み手に「なぜ断るのか」と聞いてくる権利があることを認めていることを示す。つまり、相手の地位を認めることにもなる。読み手が、地位ある相手だったり、理由が自明でない場合、理由を添えずに断るのは失礼に当たる。

❸ 礼儀正しく悪い知らせを伝える

❷と同じ2つの態度、「シンパシー」と「不本意」は、「丁寧な悪い知らせ」について書くときにも有効だ。

「悪い知らせ」の例：読み手の会社に加えて、新しい業者と契約することになった

I'm afraid to say that we must approach other vendors in addition to yourselves for this contract.
(恐れ入りますが、この契約は御社だけでなく、他の業者にも打診しなければなりません)

表現例1 I'm afraid to say (恐れ入りますが)
　　　　→ 読み手の状況への同情

表現例2 we must approach other vendors (他の業者にも打診しなければなりません)
　　　　→ 読み手に迷惑をかけたくないという気持ち

「そうしたくないのですが、この状況ではせざるを得ないのです」というニュアンスが込められている。

拒否も「悪い知らせ」だ。

We are sorry that we have to decline your kind proposal.
(申し訳ありませんが、ご提案をお断りしなければなりません)

表現例1 We are sorry that (申し訳ありませんが)
　　　　→ 読み手の状況への同情

表現例2 we have to decline (お断りしなければならない)
　　　　→ 読み手に迷惑をかけたくないという気持ち

「断ることは避けたいのだが、避けられない」というニュアンスが込められている。

この3つ（依頼、断り、悪い知らせ）のうち、「礼儀正しい依頼」をする頻度が圧倒的に高い。そこで、第1章セクション1で仕事上の礼儀正しい依頼についてより詳しく見ていく。

相手に与える「ブランド・イメージ」一覧 Brand images

感情・態度	ブランド・イメージ	掲載ページ
感情・態度 1 **礼儀正しさ**	思慮深く、直接的	**p.34**
感情・態度 2 **謙虚さ**	謙虚で親しみやすい	**p.45**
感情・態度 3 **誠意**	信頼できる、信用できる	**p.51**
感情・態度 4 **感謝**	積極的な他者の仕事への感謝	**p.57**
感情・態度 5 **シンパシー**	親身になってくれて、思いやりのある	**p.64**
感情・態度 6 **自制**	駆け引きがうまく、尊敬の念を持った	**p.69**
感情・態度 7 **謝罪**	責任感とプロ意識のある	**p.75**
感情・態度 8 **理解**	オープンマインドで思いやりのある	**p.81**
感情・態度 9 **柔軟性**	適応力があって、協力的な	**p.87**
感情・態度 10 **敬意**	立場のある人に敬意を払う	**p.95**
感情・態度 11 **協調性**	チーム重視で、他人に助けを惜しまない	**p.101**
感情・態度 12 **積極性**	楽観的、他人を高揚させることができる	**p.108**
感情・態度 13 **感心と称賛**	他者のよい働きによく気づく	**p.115**
感情・態度 14 **自信**	信用でき、能力があって、信頼できる	**p.122**
感情・態度 15 **フォーマルさ**	現代のビジネス様式	**p.130**
感情・態度 16 **正直さ**	正直、わかりやすい、思いやり、勇敢	**p.139**
感情・態度 17 **緊急性**	時間や他のプレッシャーに注意深い	**p.147**
感情・態度 18 **率直さ**	勇敢なコミュニケーター	**p.154**
感情・態度 19 **決断力**	信頼できる、有能、効率的	**p.160**
感情・態度 20 **自己主張**	毅然とし、自信に満ち、強力な	**p.166**

感情・態度	実践例の区分	掲載ページ
感情・態度 1 礼儀正しさ	レベル別：英語表現の礼儀正しさ、そして読み手にかける圧力のレベルを比較する形で例文を紹介。適切なレベルの礼儀正しさと圧力の使い方を学ぶことができる。	**p.36**
感情・態度 2 謙虚さ	目的別：目的によって謙虚さを使い分ける方法を示す。	**p.47**
感情・態度 3 誠意	用途別：真摯さを表す英語表現を使って、感謝する、謝罪する、意見を述べるなど、さまざまな感情、意見、行動を強調する方法を示す。	**p.53**
感情・態度 4 感謝	意図別：純粋な謝意を示すため以外にも、読み手をあなたの希望通りに行動させるための戦術としてなど、英語で感謝の気持ちを表す方法を示す。	**p.59**
感情・態度 5 シンパシー	状況別：トラブルや問題に対して、共感することで、その人に負担をかけないようにする方法を、それぞれの状況に応じた適切な英語表現の戦術とともに例文で紹介する。	**p.65**
感情・態度 6 自制	内容別：さまざまな種類の悪い知らせの内容と、その内容を自制の英語表現によって読み手に受け入れやすくするための戦術を示す。	**p.71**
感情・態度 7 謝罪	内容別：謝罪の内容に応じて、本心からの謝罪と形式的な謝罪の両方を英語で表現する方法を示す。	**p.77**
感情・態度 8 理解	対処方法別：読み手の状況に理解を示す英語表現、こちらの状況に理解を求める英語表現など、困難な状況に対処するための英語表現を示す。	**p.83**
感情・態度 9 柔軟性	状況別：英語で柔軟性を示すことで、さまざまな困難を乗り越える方法を示す。	**p.89**
感情・態度 10 敬意	状況別：自分が主導権を握っていない状況で、自分より力のある人に、自分の望むことを尋ねるための敬意表現などを示す。	**p.97**
感情・態度 11 協調性	状況別：さまざまなシナリオの中、英語で協調性を表現することで、有利な結果を得ることができることを示す。	**p.103**
感情・態度 12 積極性	目的別：協力を求める、相手を称賛するなど、目的を持って積極性を表す英語表現を使うことで、読み手や自分自身が良い結果に向かって努力することができる状況を紹介する。	**p.110**
感情・態度 13 感心と称賛	目的別：読み手のモチベーションを高める、もっと自信をつけてもらうなど、目的別に、英語の称賛表現を紹介する。	**p.117**
感情・態度 14 自信	目的別：特に自分の能力について、自信を表明したり、読み手を安心させたりするための英語表現を紹介する。	**p.124**
感情・態度 15 フォーマルさ	度合い別：現代の英語の、「フォーマル度」を比較し、その中からどれを選ぶべきか、ガイドラインを示す。	**p.132**
感情・態度 16 正直さ	状況別：英語で正直な気持ちを表すことで、読み手の感情的な反応をコントロールし、より冷静に現実を受け止められるようにするための表現を紹介する。	**p.141**
感情・態度 17 緊急性	度合い別：緊急性のあることを伝える英語表現を、感じがいいソフトなお願いから、強い緊急性を伝える表現まで、順に紹介する。	**p.148**
感情・態度 18 率直さ	状況別：さまざまな状況において、自分が望んでいることを率直に英語で表現する方法を紹介する。	**p.156**
感情・態度 19 決断力	状況別：断固とした態度が適切な状況、それを受け入れられるように表現する方法、好ましくない反応を改善する方法などを紹介する。	**p.162**
感情・態度 20 自己主張	内容別：主張したい内容別に、適切な英語で自己主張をすることで自分の利益を高め、自分や他人を守ることができるさまざまな状況を示す。	**p.167**

第1章 気持ちが必ず伝わる! 英文メールの戦術 感情・態度編

感情・態度	目的番号	目的	掲載ページ
感情・態度 1 礼儀正しさ	【戦術1-1】	相手が「ノー」と答える余地を調節する	p.35
	【戦術1-2】	相手が要求を受け入れる可能性に応じて適切な圧力をかける	
	【戦術1-3】	難しいことを頼むときは、適度な遠慮を示す	
	【戦術1-4】	相手にとって難しい内容であれば、適度な共感を示す	
	【戦術1-5】	必要なときには上から目線で表現する	
感情・態度 2 謙虚さ	【戦術2-1】	あくまで可能性として表現する	p.46
	【戦術2-2】	遺憾の意や同情を表す	
	【戦術2-3】	慎重に、不確実なものとして予測する	
	【戦術2-4】	あくまで個人的な見解とする	
	【戦術2-5】	代替案として提案する	
感情・態度 3 誠意	【戦術3-1】	あなたの気持ちが誠実であることを直接伝える	p.52
	【戦術3-2】	あなたの気持ちが嘘でも架空のものでもなく、心からの本当の気持ちだと宣言する	
	【戦術3-3】	感情を強調する	
	【戦術3-4】	感情を増幅させる	
	【戦術3-5】	どれほど深く考えているかを伝える	
感情・態度 4 感謝	【戦術4-1】	感謝を伝える	p.58
	【戦術4-2】	ありがたいという気持ちを伝える	
	【戦術4-3】	お礼を言う	
	【戦術4-4】	頼りにしていることを伝える	
	【戦術4-5】	引き続き感謝の気持ちを伝える	
感情・態度 5 シンパシー	【戦術5-1】	自分も深く受け止めたことを表す	p.65
	【戦術5-2】	悪い知らせを伝えることへ個人的な申し訳なさを表す	
	【戦術5-3】	残念な事態となったことへの同情を表す	
	【戦術5-4】	救済案か代替案を提供する	
	【戦術5-5】	ポジティブさを加える	
感情・態度 6 自制	【戦術6-1】	相手が期待する行動や判断を、あなたができないことを示す	p.70
	【戦術6-2】	相手に否定的な影響を与える行動や判断について、消極的な姿勢を示す	
	【戦術6-3】	相手への悪影響について、そうでなければよかったと思っていることを示す	
	【戦術6-4】	相手への悪影響を、できることなら避けたかったことを示す	
	【戦術6-5】	相手に伝えることで、自分自身にどのような影響があるかを示す	
感情・態度 7 謝罪	【戦術7-1】	悔恨の思いを表しつつ、ミスを伝える	p.76
	【戦術7-2】	自分の関与を悔やむ	
	【戦術7-3】	責任の所在がはっきりしない場合は、状況に焦点を合わせる	
	【戦術7-4】	許しや理解を求める	
	【戦術7-5】	失敗を中和する	
感情・態度 8 理解	【戦術8-1】	ある出来事によって気付かされたことがある	p.82
	【戦術8-2】	あることを正確に把握できた	
	【戦術8-3】	あることの価値や影響を受け入れる	
	【戦術8-4】	ある情報を争点ではなく事実として受け入れる	
	【戦術8-5】	以前争点となっていた、あることを認める	
感情・態度 9 柔軟性	【戦術9-1】	状況にどのように適応していくかを伝える	p.88
	【戦術9-2】	どれだけ早く適応する用意があるかを見せる	
	【戦術9-3】	どの程度変化に近づいているかを説明する	
	【戦術9-4】	行った調整がいかに素晴らしいかを示す	
	【戦術9-5】	柔軟性の限度をはっきりさせる	
感情・態度 10 敬意	【戦術10-1】	相手にアプローチする許可を求める	p.96
	【戦術10-2】	相手にアプローチをしても構わないか尋ねる	
	【戦術10-3】	相手にアプローチすることを受け入れてもらう	
	【戦術10-4】	相手にとって可能であるかどうかを尋ねる	
	【戦術10-5】	立場のある人物に悪い知らせを告げる	

Tactics to decide expressions

感情・態度	目的番号	目的	掲載ページ
感情・態度 11 協調性	【戦術 11-1】	これから一緒にする仕事への前向きな期待を表す	
	【戦術 11-2】	一緒にした仕事への満足と感謝を示す	
	【戦術 11-3】	相手からの将来的な貢献を価値あるものと考えていることを示す	p.102
	【戦術 11-4】	相手を支援する用意があることを表す	
	【戦術 11-5】	問題解決のためなら妥協の余地があることを示す	
感情・態度 12 積極性	【戦術 12-1】	感謝	
	【戦術 12-2】	称賛	
	【戦術 12-3】	熱意	
	【戦術 12-4】	約束	p.109
	【戦術 12-5】	期待	
	【戦術 12-6】	支援	
	【戦術 12-7】	明るさ	
感情・態度 13 感心と称賛	【戦術 13-1】	仕事の質	
	【戦術 13-2】	貢献度	
	【戦術 13-3】	他者と協力する能力	p.116
	【戦術 13-4】	熱心な仕事ぶり	
	【戦術 13-5】	態度	
感情・態度 14 自信	【戦術 14-1】	自信があると言わずに、自信があることを示す	
	【戦術 14-2】	自信を表明する	
	【戦術 14-3】	自信のあることと、その理由を説明する	p.123
	【戦術 14-4】	落ち着いた控えめな礼儀正しさで自信を表現する	
	【戦術 14-5】	自信の度合いを表現する	
感情・態度 15 フォーマルさ	【戦術 15-1】	会社重視か個人重視か	
	【戦術 15-2】	よりフォーマルな完全な表現か、よりカジュアルな短縮された表現か	
	【戦術 15-3】	フォーマルな慣用句かカジュアルな慣用句か。また、一般動詞か、句動詞か	p.131
	【戦術 15-4】	論理的に述べる場合、文語的に表現するかどうか	
	【戦術 15-5】	挨拶や意見など、フォーマルかそうでないか	
感情・態度 16 正直さ	【戦術 16-1】	相手が予想していなかった情報を伝える	
	【戦術 16-2】	相手が予想する以上に、詳細な情報を伝える	
	【戦術 16-3】	自分には不利であるにも関わらず、信頼性の高い情報を伝える	p.140
	【戦術 16-4】	これまで秘匿されていた情報を明らかにする	
	【戦術 16-5】	明らかにするには勇気のいる、悪い情報を伝える	
感情・態度 17 緊急性	【戦術 17-1】	締切を伝える	
	【戦術 17-2】	緊急性を伝える	p.148
感情・態度 18 率直さ	【戦術 18-1】	相手の動機を明らかにする	
	【戦術 18-2】	本来取るべきであった相手の行動を明らかにする	
	【戦術 18-3】	約束違反を指摘する	p.155
	【戦術 18-4】	相手の悪行に光を当てる	
	【戦術 18-5】	具体的な指摘によって、正誤を対比させる	
感情・態度 19 決断力	【戦術 19-1】	あなたの権限レベルを表現する：あなたが責任者なのかそうでないのか	
	【戦術 19-2】	あなたの確信度を表現する：可能性から必須要件まで	p.161
	【戦術 19-3】	必要に応じて、根拠を示す	
感情・態度 20 自己主張	【戦術 20-1】	あなたからの主張であることを明確にする	
	【戦術 20-2】	責任を明確にするために能動態を使う	
	【戦術 20-3】	自信と権威のあるビジネスパーソンとして、相手に求める高い要求を表現する	p.167
	【戦術 20-4】	名詞ではなく、動詞で動作を表現する	
	【戦術 20-5】	自信を持ってメールの内容を決め、状況に応じて戦術的に表現する	

第2章　気持ちが必ず伝わる！ 英文メールの戦術　目的編

目的	戦術番号	戦術	掲載ページ
目的 1 協力関係を育む	【戦術 1-1】	相手に選択肢を与える	p.178
	【戦術 1-2】	相手の立場にシンパシーを示す	
	【戦術 1-3】	相手のシンパシーと理解を求める	
	【戦術 1-4】	個人的な圧力を弱める	
	【戦術 1-5】	自分自身のスケジュールを整える	
目的 2 依頼をより 個人的なものにする	【戦術 2-1】	依頼を個人的なものにする。友人としての行動を求める	p.182
	【戦術 2-2】	あなた個人としての約束の力を使う	
	【戦術 2-3】	個人的なサポートを申し出る	
	【戦術 2-4】	残念な気持ちは個人として、真摯に伝える	
	【戦術 2-5】	個人的な批判は控えめにする	
目的 3 ビジネスメッセージで 絆を深める	【戦術 3-1】	本物の誠意	p.187
	【戦術 3-2】	率直さ	
	【戦術 3-3】	魅力的な謙虚さ	
	【戦術 3-4】	個人を強調する	
	【戦術 3-5】	配慮	
目的 4 厳しい状況に 共感してもらう	【戦術 4-1】	今贈って、後でもらう	p.193
	【戦術 4-2】	お願いする	
	【戦術 4-3】	お礼を言う	
	【戦術 4-4】	個人に向けて書く	
	【戦術 4-5】	共感してもらう理由を示す	
目的 5 読み手に期限を 守ってもらう	【戦術 5-1】	相手の立場が上のとき：最終決定は相手に委ねる（どうせそうなるので）	p.198
	【戦術 5-2】	期限が迫っているとき：現実だとわかってもらう	
	【戦術 5-3】	相手に協力的でいてもらいたいとき：柔軟な期限を設定する	
	【戦術 5-4】	自分も時間に追われているとき：期限を使って期限を設定する	
	【戦術 5-5】	頻繁に期限を設定する必要があるとき：さまざまな方法で期限を表現する	
目的 6 難しいことを 依頼する	【戦術 6-1】	要求を偽装する	p.204
	【戦術 6-2】	こちらも手がいっぱいであることを示す	
	【戦術 6-3】	相手をどれほど頼っているかを伝えて助けを求める	
	【戦術 6-4】	相手にとって簡単でないと理解していることを示す	
	【戦術 6-5】	相手にわずかな希望を与える	
目的 7 丁寧に断る	【戦術 7-1】	心から残念に思っていることを伝えながら断る	p.210
	【戦術 7-2】	ためらいを示しながら断る	
	【戦術 7-3】	時間や状況を限定する	
	【戦術 7-4】	外部機関の力を利用する	
	【戦術 7-5】	「断る」と言わずに断る	
目的 8 反対意見を伝える	【戦術 8-1】	反対意見は2段階で述べる	p.215
	【戦術 8-2】	反対意見は友好的に述べる	
	【戦術 8-3】	譲歩できる点を探す	
	【戦術 8-4】	データに基づいて反対意見を述べる	
	【戦術 8-5】	控えめに反対する	
目的 9 協力する義務のない人に お願いする	【戦術 9-1】	自分が無力であることを認める	p.221
	【戦術 9-2】	配慮と理解を示す	
	【戦術 9-3】	どれほど重要であるかを示す	
	【戦術 9-4】	こちらの願うことをしてもらうのに必要な労力を誇張しない	
	【戦術 9-5】	自分も努力することを約束する	
目的 10 目上の相手から行動を 引き出す	【戦術 10-1】	問題を打ち明ける	p.226
	【戦術 10-2】	支援に感謝する	
	【戦術 10-3】	親切にする機会を相手に与える	
	【戦術 10-4】	外部からの圧力を向ける	
	【戦術 10-5】	専門家の知識を活用する	

目的	戦術番号	戦術	掲載ページ
目的 11 叉協の必要があるとき	【戦術 11-1】	相手に諦めてもらいたいことは、小さいこととして伝える	p.231
	【戦術 11-2】	相手の面子を保つ：譲歩に近づけて、相手にとって受け入れやすくする	
	【戦術 11-3】	こちらが譲歩してもいいことは大げさに伝える	
	【戦術 11-4】	(いいですね、でも…)：良い点は認めつつ、相手の代替案の問題点を指摘する	
	【戦術 11-5】	あなたの主張の根拠や、相手が折れない場合の結果を示す	
目的 12 仕事上の関係を 損なうことなく批判する	【戦術 12-1】	残念であることと、ためらっていることを示す	p.237
	【戦術 12-2】	問題があることをあくまで可能性として示唆する	
	【戦術 12-3】	あなた個人からの批判ではないと告げる	
	【戦術 12-4】	批判を軽めに伝える	
	【戦術 12-5】	肯定的な表現にする	
目的 13 とんでもない提案に 立ち向かう	【戦術 13-1】	勇気あるコース：直接断る	p.243
	【戦術 13-2】	危険なコース：相手の提案を無視する	
	【戦術 13-3】	慎重なコース：少し控えめに断る	
	【戦術 13-4】	強力なコース：相手が反論できない権威を利用する	
	【戦術 13-5】	共感的なコース：相手の立場に立って断る	
目的 14 一度約束したことを できないと伝える	【戦術 14-1】	前もって知らせる（警告）	p.248
	【戦術 14-2】	謝る	
	【戦術 14-3】	理解を求める	
	【戦術 14-4】	問題に取り組んでいることを説明する	
	【戦術 14-5】	状況を正しく捉える（必要以上に恐縮しない）	
目的 15 怒っているとき	【戦術 15-1】	「怒り」はダメ。「失望」はok！	p.253
	【戦術 15-2】	実際には謙虚な気持ちはなくても控えめに	
	【戦術 15-3】	責任の所在について書くときは慎重に	
	【戦術 15-4】	個人的か事務的か、どのような態度が効果的か判断する	
	【戦術 15-5】	正当性を確認し、文書などで立証する	
目的 16 権利を守るために 断固たる態度を取る	【戦術 16-1】	件名を控えめなものから直接的なものへ変更する	p.258
	【戦術 16-2】	「お願い」から「要求」へ変更する	
	【戦術 16-3】	会社の責任から個人の責任へ変更する	
	【戦術 16-4】	ためらいがちな批判から率直な意見へ変更する	
	【戦術 16-5】	柔軟な納期から厳しい納期へ変更する	
目的 17 ミスについて書く	【戦術 17-1】	ミスによって生じた結果について謝罪する	p.263
	【戦術 17-2】	ミスとその原因を説明する	
	【戦術 17-3】	ミスの内容と今後の対応について説明する	
	【戦術 17-4】	連帯責任として表現する	
	【戦術 17-5】	読み手のミスであっても責任を負う	
目的 18 すでに断られたことを お願いする	【戦術 18-1】	特別丁寧にお願いする	p.268
	【戦術 18-2】	遠慮がちにお願いする	
	【戦術 18-3】	依頼する許可を求める	
	【戦術 18-4】	適切な感謝の気持ちを伝える	
	【戦術 18-5】	あなたのためならやってくれるはずだと想定する	
目的 19 感情的な 反論に対応する	【戦術 19-1】	シンパシーと控えめな提案	p.274
	【戦術 19-2】	感謝と支援の約束	
	【戦術 19-3】	理解と支援の約束	
	【戦術 19-4】	責任／持続可能性に加えて、将来的に相手にも利益をもたらすという約束／理解	
	【戦術 19-5】	シンパシー、誠意、熱意	
目的 20 責任を 相手に納得させる	【戦術 20-1】	相手が取るべき行動を明確にする	p.280
	【戦術 20-2】	なぜ相手があなたの言うことを聞くべきか理由を示す	
	【戦術 20-3】	なぜそれが相手の義務であるかを示す	
	【戦術 20-4】	なぜそれが重要なのかを知らせる	
	【戦術 20-5】	融通が利くかどうか知らせる	

第1章 気持ちが必ず伝わる！ 英文メールの戦術 感情・態度編

感情・態度	目的番号	目的	掲載ページ
感情・態度 1 礼儀正しさ	【目的 1-1】	相手に要求を受け入れてもらい、要求通りにしてもらう	p.34
	【目的 1-2】	相手との関係悪化を避ける	
	【目的 1-3】	あなたの要求が相手にとって難しいことであると理解していると示す	
	【目的 1-4】	相手との関係において自分の立場を理解していることを示す	
	【目的 1-5】	相手に弱いと思われないようにする	
感情・態度 2 謙虚さ	【目的 2-1】	確信が持てない中で、情報を提供する	p.45
	【目的 2-2】	相手の気分を害さないように、悪い知らせを伝える	
	【目的 2-3】	困難な状況において、相手の協力を促す	
	【目的 2-4】	相手が受け入れたくないことを、受け入れてもらうよう促す	
	【目的 2-5】	立場が上の相手に、自信があることを謙虚に伝える	
感情・態度 3 誠意	【目的 3-1】	相手にこちらが言っていることを信用してもらう	p.51
	【目的 3-2】	あなたの温かさを示すことで、書いたことを受け入れてもらう	
	【目的 3-3】	相手の懐疑心を乗り越える	
	【目的 3-4】	相手の期待に応える度合いで感情を表す	
	【目的 3-5】	現在、そして未来のために理解と寛容、協力などを得る	
感情・態度 4 感謝	【目的 4-1】	相手のこれまでの、もしくはこれからの尽力に感謝する	p.57
	【目的 4-2】	相手が努力と評価してもらいたいと思っていることを、理解していることを示す	
	【目的 4-3】	将来の協力を得るために感情的な圧力をかける	
	【目的 4-4】	拒否などの悪い知らせを伝えるときに、相手の気持ちをフォローする	
	【目的 4-5】	相手がこちらに合わせることを期待、もしくは要求することを示す	
感情・態度 5 シンパシー	【目的 5-1】	悪い知らせを受けた人を慰め、支える	p.64
	【目的 5-2】	悪い知らせを伝えるとき、相手が受け入れやすく、あなたも書きやすいようにする	
	【目的 5-3】	立ち入ったことを書かないといけないときに、申し訳なさを示す	
	【目的 5-4】	物事がうまく行っていないときにも協力的な関係を維持する	
感情・態度 6 自制	【目的 6-1】	個人的には良好な関係を保つ意思があることを伝えて読み手を安心させる	p.69
	【目的 6-2】	トラブルが生じている間、感情的な対応を控える	
	【目的 6-3】	拒絶など、読み手の利益に反するあなたの否定的な行動をやわらげる	
	【目的 6-4】	批判をする際は大ごとにならないよう、思慮深く程度を判断する	
	【目的 6-5】	あなたが処対を迫られた状況は、不可抗力だったことを示す	
感情・態度 7 謝罪	【目的 7-1】	自分の失敗で迷惑をかけたときに、相手に安心感を与え、理解を求める	p.75
	【目的 7-2】	良好な関係を維持するため、許しを請い、受け入れてもらう	
	【目的 7-3】	自分の過ちを償うため、責任を認める	
	【目的 7-4】	相手の失望を受け入れる	
	【目的 7-5】	謝罪文を書きやすく、相手にとっても受け入れやすくする	
感情・態度 8 理解	【目的 8-1】	こちらが難しい要求をしていると認めることで、相手の協力意欲を維持する	p.81
	【目的 8-2】	相手が辛い時期を過ごしていることに理解を示し、困難な状況を打開する手助けをする	
	【目的 8-3】	相手との共通点を強調することで、反対意見を述べたときに生じる摩擦を和らげる	
	【目的 8-4】	相手の視点を軽んじておらず、慎重に考慮した上で反対意見を述べたことを理解してもらう	
	【目的 8-5】	相手の困難に理解を示すことで、後にそれを言い訳にして必要な行動を避けることを防ぐ	
感情・態度 9 柔軟性	【目的 9-1】	将来の出来事に対処するための自らの心構えを示す	p.87
	【目的 9-2】	相手の状況に配慮することで、相手の心を引きつける	
	【目的 9-3】	他者からの意見を積極的に受け入れることで、他者を勇気付ける	
	【目的 9-4】	状況に応じて行動を調整するよう、周囲を動かす	
	【目的 9-5】	適応にも限度があることを周囲に知らせる	
感情・態度 10 敬意	【目的 10-1】	地位、名声、年功が自分より上の相手に助けてもらう	p.95
	【目的 10-2】	相手の仕事の範疇ではないことをやってもらう	
	【目的 10-3】	普段頼んでいることよりも難しいことをやってもらう	
	【目的 10-4】	自分には要求する権利のないことを求める	
	【目的 10-5】	個人情報など、デリケートなアプローチが必要なものを求める	

感情・態度	目的番号	目的	掲載ページ
感情・態度 11 協調性	【目的 11-1】	満足のいく建設的な関係を築く	p.101
	【目的 11-2】	相互理解によって問題を解決する	
	【目的 11-3】	互いに基本的な善意を持って交渉する	
	【目的 11-4】	実務的な協力に積極的に報いる	
	【目的 11-5】	オープンで協力的な姿勢を通じて新たな仕事仲間を呼び込む	
感情・態度 12 積極性	【目的 12-1】	一緒に達成したことを確認することで、相手に満足感を与える	p.108
	【目的 12-2】	相手の努力は、価値ある目標を達成するためのものであることを納得してもらう	
	【目的 12-3】	あなたの要求は達成可能であることを示して、自発的に協力してもらう	
	【目的 12-4】	相手が困難に直面したときに安心感を与える	
	【目的 12-5】	あなたからのEメールを受信したときに、温かい気持ちになってもらう	
感情・態度 13 感心と称賛	【目的 13-1】	あなたが読み手の価値を認めていることを伝える	p.115
	【目的 13-2】	読み手の「認められたい」「評価されたい」という自然な欲求を満たす	
	【目的 13-3】	読み手のモチベーションを高め、より良い成果を上げてもらう	
	【目的 13-4】	読み手にもっと自信をつけてもらう	
	【目的 13-5】	自分の価値観を明確にし、他の人にもそれを採用するように促す	
感情・態度 14 自信	【目的 14-1】	能力を示す	p.122
	【目的 14-2】	称賛と信頼を得る	
	【目的 14-3】	未来への熱意を生み出す	
	【目的 14-4】	困難に直面しても冷静さを保つ	
	【目的 14-5】	求めに応じてもらう	
感情・態度 15 フォーマルさ	【目的 15-1】	権威を尊重していることを示す（自分、そして読み手の）	p.130
	【目的 15-2】	組織間で、尊敬に基づく関係を構築する	
	【目的 15-3】	フォーマルな場で好印象を与える	
	【目的 15-4】	技術面、ビジネス面の内容を、正確に理解していることを示す	
	【目的 15-5】	個人的な感情や偏見の影響を抑える	
感情・態度 16 正直さ	【目的 16-1】	相手が感情的に反応する可能性がある知らせを伝える際に、一呼吸おいてもらう	p.139
	【目的 16-2】	相手に対して何かを要求、反対、警告などする場合、事前に相手に信号を送る	
	【目的 16-3】	相手に、問題、間違いがあったことを伝える	
	【目的 16-4】	見積もりなど、相手の提示した内容が現実的でないということを伝える	
	【目的 16-5】	あなたの反応を相手に伝える：決意、自信、恥ずかしさ、怒りなど	
感情・態度 17 緊急性	【目的 17-1】	目の前に緊急の仕事があることを伝える	p.147
	【目的 17-2】	その任務がいかに重要であるか、そして失敗した場合の代償を知らせる	
	【目的 17-3】	適度にプレッシャーをかけて、やる気を維持させる	
	【目的 17-4】	誰が行動すべきかを明確にする	
	【目的 17-5】	仕事を遅らせる可能性のある誤解を排除する	
感情・態度 18 率直さ	【目的 18-1】	必要だと判断したことを確実に実行する	p.154
	【目的 18-2】	見つけた間違いは必ず公にし、正すようにする	
	【目的 18-3】	あなたが妥当であると見なした判断	
	【目的 18-4】	目にした不正が是正されるよう働きかける	
	【目的 18-5】	不合理と思われる要求を取り下げてもらう	
感情・態度 19 決断力	【目的 19-1】	あなたがやると決めたこと、考えたことを読み手に明確に理解してもらう	p.160
	【目的 19-2】	読み手に、あなたがこれからやること、考えていることに同意してもらう	
	【目的 19-3】	決めたことを実行に移す	
	【目的 19-4】	主要点に集中してもらうよう、読み手の気を逸らさせないようにする	
	【目的 19-5】	環境や力関係などの制約を乗り越えて、決めたことをやり遂げる	
感情・態度 20 自己主張	【目的 20-1】	曖昧さを避け、要件や意見を率直に表現する	p.166
	【目的 20-2】	制限、条件、要件などを明確に設定する	
	【目的 20-3】	問題や意見の相違に、率直かつ迅速に向き合う	
	【目的 20-4】	批判的な意見も含め、フィードバックに直接対応する	
	【目的 20-5】	自分の権利が尊重されるようにする	

気持ちを伝える 「効果的なテーマ」一覧

感情・態度	テーマ番号	テーマ	掲載ページ
感情・態度 1 礼儀正しさ	【1】	何かを送ってもらいたい	
	【2】	何かを作ってもらいたい	
	【3】	何かを急いでもらいたい	p.34
	【4】	何かを説明してもらいたい	
	【5】	何かを防いでもらいたい	
感情・態度 2 謙虚さ	【1】	相手を不安にさせる厄介な事実	
	【2】	相手がやりたがらない可能性のある難しい要求	
	【3】	相手のプライドを傷つけかねない批判	p.45
	【4】	相手の反感を買いかねない物議をかもす主張	
	【5】	その他の相手が考えたくないこと	
感情・態度 3 誠意	【1】	感謝や称賛	
	【2】	後悔や同情	
	【3】	切迫感	p.51
	【4】	熱意	
	【5】	抵抗感	
感情・態度 4 感謝	【1】	製品やサービス	
	【2】	出荷や許可などの行動	
	【3】	コミュニケーションへの返答	p.57
	【4】	支援、共感、称賛などの態度の提示	
	【5】	見積もりや仕事の依頼	
感情・態度 5 シンパシー	【1】	相手に起こった個人的な悲しい出来事や、報告しなくてはいけない当方の悲しい出来事	
	【2】	自然災害など、事業に影響を及ぼす出来事	
	【3】	安全認証の不取得など、あなたのビジネスに関連する相手の失敗	p.64
	【4】	相手が順守しなければならない、難しい要件	
	【5】	相手の要望を拒否する	
感情・態度 6 自制	【1】	読み手が待っているこちらの行動に遅れが出ている	
	【2】	金銭にまつわる決定の変更：値上げ、予算削減など	
	【3】	提案の却下、依頼の拒否	p.69
	【4】	読み手に悪い影響を与えかねない要求などの決定	
	【5】	人や製品の成績に対する評価	
感情・態度 7 謝罪	【1】	あなたが犯した厄介なミス	
	【2】	守れなかった約束	
	【3】	納品、作業完了などの重大な遅れ	p.75
	【4】	相手をがっかりさせた行動	
	【5】	相手を困らせた事柄へのあなたの関与	
感情・態度 8 理解	【1】	こちらの新しい方針に仕事を合わせるよう要請する	
	【2】	面倒な手続きに従ってもらわないといけないことを説明する	
	【3】	取引中止を表明する	p.82
	【4】	こちらの仕様に合わせるように要請する	
	【5】	相手が不必要だと思っていることをやってもらう必要性を伝える	
感情・態度 9 柔軟性	【1】	計画	
	【2】	製品	
	【3】	規制	p.87
	【4】	プロセス	
	【5】	スケジュール	
感情・態度 10 敬意	【1】	上司、顧客等、自分より立場が上の人に行動をお願いする	
	【2】	著名な専門家に指導や助言を求める	
	【3】	顧客、重要なマネージャーなどからの主張、苦情等に対応する	p.95
	【4】	顧客への不備、ミスを詫びる	
	【5】	直接は担当していない関係者に情報を求める	
感情・態度 11 協調性	【1】	情報を共有する	
	【2】	仕事ぶりを評価する	
	【3】	問題を解決する	p.101
	【4】	意見の相違を乗り越える	
	【5】	決断を下す	

第2章　気持ちが必ず伝わる！ 英文メールの戦術　目的編

第1章

適切に気持ちを伝える！
英文メールの戦術

感情・態度編

・
・
・

英語でメッセージを書くのに役立つ、20の感情と態度を、

人間的な魅力を感じさせるものから、

ビジネス的な説得力のあるものまで、順に整理して紹介する。

第1章の構成と使い方

❶引用

古今東西の思慮深い人々の名言から、それぞれの感情や態度にまつわる独創的な見解を紹介する。

❷ブランド・イメージ

それぞれの感情・態度が、どのようなブランド・イメージを形成するかを紹介する。p.16の「ブランド・イメージ一覧」から、メールの読み手に対してあなたが打ち出したいブランド・イメージが見つかったら、それを実現する表現方法を確認してもらいたい。

❸効果のある目的

メールを書く目的はさまざまだが、どのような感情・態度を表現すれば、メールの目的達成に効果があるだろうか。ここでは、それぞれの感情・態度が役立つビジネス上の目的を4つ、もしくは5つ紹介する。

全部で20の感情・態度、そして、それらに対応する目的一覧は、pp.22-23「目的（第1章）一覧」に掲載されている。自分のメール作成の目的に近いもの

を探してみよう。そして関連する感情・態度のセクションを参照し、役立つ
英語表現を見つけてもらいたい。

目的の種類
以下は、典型的な4種類の目的と、それぞれに効果的な感情・態度の例だ。メー
ルの目的を達成するために、さまざまな感情・態度を用いることができるこ
とを示すために、3つずつ挙げている。

1）良好なビジネス関係を維持したい
あなたの目的は、理解と協力を表明して読み手との良好な関係を維持する
こと、または、自分より立場が上だったり下だったりする相手との関係に、
バランスをもたらすことだ。

例

感情・態度 1 礼儀正しさ
【目的1-4】相手との関係において自分の立場を理解していることを示す

感情・態度 5 シンパシー
【目的5-4】物事がうまく行っていないときにも協力的な関係を維持する

感情・態度 11 協調性
【目的11-4】実務的な協力に積極的に報いる

2）相手に影響を与えたい、もしくは説得したい
あなたの目的は、こちらの立場や要求に従うよう読み手を説得したり、相手
の抵抗を押し切ったり、相手がこちらに協力する意欲を高めたりすることだ。

例

感情・態度 3 誠意
【目的3-3】相手の懐疑心を乗り越える

感情・態度 8 理解
【目的8-4】相手の視点を軽んじているのではなく、慎重に考慮した上で反
対意見を述べたことを理解してもらう

感情・態度 18 率直さ
【目的18-1】必要だと判断したことを確実に実行する

３）明確な情報交換を促進したい

あなたの目的は、明快で正確な情報を伝え、行き違いを減らし、批判も含めたフィードバックに対応する意欲を示すことだ。

例

感情・態度 7 謝罪
【目的 7-5】謝罪文を書きやすく、相手にとっても受け入れやすくする

感情・態度 16 正直さ
【目的 16-4】見積もりなど、相手の提示した内容が現実的でないということを伝える

感情・態度 20 自己主張
【目的 20-4】批判的な意見も含め、フィードバックに直接対応する

４）将来に備え、適応したい

あなたの目的は、将来の出来事や課題に備え、それを伝え、周囲の人々の参加を促し、来るべき事態への備えを促進する意欲を示すことだ。

例

感情・態度 10 敬意
【目的 10-1】地位、名声、年功が自分より上の相手に助けてもらう

感情・態度 14 自信
【目的 14-3】未来への熱意を生み出す

感情・態度 19 決断力
【目的 19-1】あなたがやると決めたこと、考えたことを読み手に明確に理解してもらう

感情や態度はあなたが想像する以上に、あなたの目的を支えることができる

あなたがメールを書く目的に役立つ感情・態度が、本書が推奨するものにぴったり当てはまることもあれば、あまり関連性が無いように思えることもあるだろう。しかし、関連性が明白でない場合でも、メールの目的を達成するために、その感情・態度を使うことを検討してもらいたい。

関連性が明白な例としては、「**感情・態度 2** 謙虚さ」の「【目的 2-1】確信が持てない中、情報を提供する」がある。あなたのメールを書く目的がこれに当てはまる場合、つまり確信が持てないことについて書くときは、当然、謙虚に、控えめに表現することになる。

関連性が明らかでない例としては、同じく「 感情・態度 **2** 謙虚さ」の「【目的 2-4】相手が受け入れたくないことを、受け入れてもらうよう促す」がある。一見、この目的と謙虚さは直接結びつかないかもしれない。しかし、相手が受け入れたくないことを受け入れるよう促すメールを、謙虚に、控えめに表現することは、大事な相手との関係を維持する上で有効な戦術となる。

❹効果のあるテーマ

メールを書く目的に続いて、具体的な内容やテーマを見ていく。ここでは、それぞれの感情・態度を使うべき、典型的な用件例を 5 つ挙げている。ここに挙げた例は、私がこれまで見てきた日本企業の社員による 3 万通以上の英文メッセージのデータベースに基づいている。

p.24-25「効果的なテーマ一覧」を参照してほしい。これらの説明を自分のメールの用件と照らし合わせ、あなたの気持ちを表現するのに適切な英語表現が見つかる感情・態度を確認してもらいたい。

❺使いこなすための戦術

ここでは、それぞれの感情や態度を表現する戦術とフレーズを、パターン選択、語彙選択、機能選択などの形式で紹介する。あなたの E メールの目的を達成するのに役立つ表現が見つかるはずだ。

❻表現例

戦術的フレーズとは、あなたが E メールのコミュニケーションを通じて目的を達成するために、戦術的に選ぶ英語表現のことだ。たとえば、確信が持てないときに、"I think..."（…だと思う）と書くことは、自分の主張が間違っている可能性を考えて、「謙虚にあくまで個人的な見解とする」という戦術だ。

pp.18-19「戦術一覧」は、それぞれの感情・態度で紹介する戦術をまとめたものだ。達成したい目的に合いそうな戦術があれば、対応するセクションで詳細を確認し、その後続く「実践例」にある例文を参照したもらいたい。

❼効果的に使った実践例

ここではさまざまな状況に応じて、感情や態度を表す例文を紹介する。状況の区分は、「目的」別、「フォーマル度」別など、セクションによって異なる。多くの実践例を挙げているので、小見出しを参照して、必要な例文を見つけてもらいたい。各セクションの区分は、p.17のように区分されている。

❽補足・例外・注意（NEC）

第1章の各セクションの最後には、ここまでに含まれていない追加情報、たとえば、さまざまな状況に対応するための説明や、表現のアドバイスが記載されている。

必要な情報の見つけ方

以下は、「補足・例外・注意」の5つの種類と、どのセクションでそれを見つけることができるかを示したものだ。

1）感情や態度を表現するリスクについて

`感情・態度 1` **礼儀正しさ**：弱く見られるリスクを克服する方法、など

`こちらも参照 ☞` `感情・態度 2` 謙虚さ、`感情・態度 6` 自制、`感情・態度 8` 理解、`感情・態度 10` 敬意、`感情・態度 11` 協調性、`感情・態度 12` 積極性、`感情・態度 14` 自信、`感情・態度 16` 正直さ、`感情・態度 17` 緊急性、`感情・態度 18` 率直さ、`感情・態度 19` 決断力

⑧

2）注意とアドバイス

感情・態度 5 **シンパシー**：度を越してシンパシーを表すことの問題と、その対処方法、など

こちらも参照 ☞ **感情・態度 7** 謝罪、**感情・態度 8** 理解、**感情・態度 13** 感心と称賛、**感情・態度 15** フォーマルさ、**感情・態度 16** 正直さ、**感情・態度 17** 緊急性、**感情・態度 18** 率直さ、**感情・態度 19** 決断力、**感情・態度 20** 自己主張

3）追加の考慮事項と戦術

感情・態度 4 **感謝**：メールの冒頭や結びで感謝の気持ちを伝える方法、など

こちらも参照 ☞ **感情・態度 5** シンパシー、**感情・態度 10** 敬意、**感情・態度 11** 協調性、**感情・態度 14** 自信、**感情・態度 15** フォーマルさ、**感情・態度 16** 正直さ、**感情・態度 19** 決断力、**感情・態度 20** 自己主張

4）代替戦術と応用、そして対極の意図

感情・態度 9 **柔軟性**：柔軟になるつもりが無いとき、など

こちらも参照 ☞ **感情・態度 1** 礼儀正しさ、**感情・態度 2** 謙虚さ、**感情・態度 13** 感心と称賛、**感情・態度 17** 緊急性

5）ほかの感情や態度一緒に使う、そして特定のEメール用途

感情・態度 16 **正直さ**：同じ機能を果たすさまざまな表現、など

こちらも参照 ☞ **感情・態度 2** 謙虚さ、**感情・態度 4** 感謝、**感情・態度 7** 謝罪、**感情・態度 12** 積極性、**感情・態度 17** 緊急性

1 礼儀正しさ（依頼するとき）
POLITENESS

"Courtesy is the lubricating oil which takes the friction out of life."

— Wilbert E. Scheer

「礼儀は人生の摩擦を取り除く潤滑油」ウィルバート・E・シアー（『The Art of Worldly Wisdom』(1995)の著者）

"... half good manners and half good lying."　　　　　— Mary Wilson Little

「行儀半分、嘘半分」　　　　　メアリー・ウィルソン・リトル（20世紀初頭のアメリカのジャーナリスト）

相手に与えるブランド・イメージ ▷ **思慮深く、直接的**
Considerate and direct

Motives & Content 「礼儀正しさ」が効果のある目的・テーマ

「礼儀正しさ」を表現することが効果的な目的は次のようなものだ。

【目的 1-1】相手に要求を受け入れてもらい、要求通りにしてもらう

【目的 1-2】相手との関係悪化を避ける

【目的 1-3】こちらの要求が相手にとって難しいことであると理解していると示す

【目的 1-4】相手との関係において自分の立場を理解していることを示す

【目的 1-5】相手に弱いと思われないようにする

「礼儀正しさ」を表現することが効果的なテーマ・話題は次のようなものだ。

【1】何かを送ってもらいたい

【2】何かを作ってもらいたい

【3】何かを急いでもらいたい

【4】何かを説明してもらいたい

【5】何かを防いでもらいたい

Tactics 「礼儀正しさ」を使いこなすための戦術

POINT （1）パワーバランス、そして（2）要求の難易度から表現戦術を選択して、あなたの要求を聞き入れてもらえるように読み手を動かす。

【戦術 1-1】 相手が「ノー」と答える余地を調節する

表現例1 **Your cooperation in sending it soon will be appreciated.**
（すぐに送付するようご協力をお願いしたい）→圧力

表現例2 **Could you please send it soon?**
（すぐに送っていただけますか？）→定型的なビジネス上の礼儀正しさ

【戦術 1-2】 相手が要求を受け入れる可能性に応じて適切な圧力をかける

表現例1 **We need you to send it soon.**
（すぐに送っていただく必要があります）→圧力

表現例2 **Is it possible for you to send it soon?**
（すぐにお送りいただくことは可能でしょうか？）→丁寧

【戦術 1-3】 難しいことを頼むときは、適度な遠慮を示す

表現例1 **We need to ask you to send it by tomorrow at the latest.**
（遅くとも明日までには送っていただく必要があります）→圧力

表現例2 **It will be helpful if we can get it by tomorrow at the latest.**
（遅くとも明日までにいただければ、助かります）→真摯に圧力をかける

【戦術 1-4】 相手にとって難しい内容であれば、適度な共感を示す

表現例1 **I want you to send it by tomorrow at the latest.**
（遅くとも明日までに送ってください）→命令口調

表現例2 **I'm sorry to tell you, we need to get it by tomorrow at the latest.**
（申し訳ないのですが、遅くとも明日までには必要なのです）→真摯に圧力をかける

【戦術 1-5】 必要なときには上から目線で表現する

表現例1 **Please be sure to send it by tomorrow at the latest.**
（遅くとも明日までには必ず送ってください）→圧力

表現例2 **Can we get it by tomorrow?**
（明日までには届きますか？）→丁寧

Samples 「礼儀正しさ」を効果的に使った実践例

1 礼儀正しく頼む 30 の方法

ここでは、命令形から丁寧な依頼まで、礼儀正しさに応じてレベル別にリスト化された表現を紹介する。各レベルの基準、表現の定義は以下を確認して、実践例を確認してほしい。

各レベルの基準

● 礼儀正しさの基準 1：読み手が「ノー」と答える権利を認める
【レベル 1 命令】「ノー」と答える権利がない
【レベル 5［丁寧 3］敬意】断ることができる（弱く見られるリスク、断る心理的ハードルが低い）

● 礼儀正しさの基準 2：読み手が応じるだろうという期待から圧力をかける
【レベル 1 命令】（…を要求する）最も強い圧力。読み手が言う通りにするという期待値 100%
【レベル 5［丁寧 3］敬意】言う通りにするという期待値が一番低い

●【レベル 2 圧力】と【レベル 3［丁寧 1］日常的なビジネス表現】との境目
ラインより上：指示や命令による圧力
ラインより下：丁寧な要求。悩むときは、レベル 3、4、5（ラインより下）の表現を使う方が安全

表現の定義

●【レベル 1 命令】トップダウンの命令や指示。圧力の強い順に並べられており、最も強いのは 01 の demand（要求）

●【レベル 2 圧力】のラインより上の表現を使うのにふさわしいのは、ラインより下の表現が、求めている行動を促すには強さが足りない場合。注意：権力や地位が自分より上の相手には使わないこと。強力な理由や、他のパワー表現など、別の手段を使う。

●【レベル 3［丁寧 1］日常的なビジネス表現】日常的な行動についての依頼に使う表現。部下への依頼など、日常的だが望ましい丁寧さ

●【レベル 4［丁寧 2］真摯】日常的ではない行動についての依頼に関する、より深い丁寧さ。例えば、権力や地位で有利な立場にある読み手宛て、もしくは困難な要求

●【レベル 5［丁寧 3］敬意】最も丁寧で、最も弱いレベル
次の場合に適切：1）読み手が書き手より上の立場にある場合、2）依頼に関して説得力のある理由を書き手が持っている場合

注意点

● 主なリスク
1. 状況に合わない表現を使うと、失礼に当たる
2. 丁寧すぎる表現は、断られやすくなる

● 各レベルの表現はあくまで例文で、その他の丁寧なニュアンスを伝える表現もある。

レベル1 命令	01. I demand that you send it by Friday. （金曜日までに送ることを要求する） 02. Send it by Friday. （金曜日までに送りなさい） 03. I want you to send it by Friday. （金曜日までに送ってもらいたい） 04. You have to send it by Friday. （金曜日までに送るように） 05. It is to be sent by Friday. （金曜日までに送付のこと） 06. We require that you send it by Friday. （金曜日までに送ることを求める） 07. We expect you to send it by Friday. （金曜日までに送っていただきたい） 08. It must be sent by Friday （金曜日までに必ず送付のこと）
レベル2 圧力	09. Your prompt attention in sending it by Friday will be appreciated. （金曜日までに送っていただくという迅速な対応に感謝します） 10. Kindly send it by Friday. （金曜日までに送ってください） 11. Please send it by Friday. （どうか金曜日までに送ってください） 12. I need you to send it by Friday. （金曜日までに送っていただく必要があります） 13. I'd like you to send it by Friday. （金曜日までに送っていただきたいです） 14. Would you send it by Friday, please. （どうか金曜日までに送っていただけますか） 15. We'd like to have it sent by Friday, please. （どうか金曜日までの送付をお願いしたいのです） 16. We respectfully request that it be sent by no later than Friday. （遅くとも金曜までの送付を、お願いしたいと思います） 17. Sorry for the rush, but I need it by Friday. （急かして申し訳ないのですが、金曜日までに必要です）
レベル3 [丁寧1] 日常的な ビジネス表現	18. I need to ask you to send it by Friday. （金曜日までの送付をお願いしないといけません） 19. I'd like to ask you to send it by Friday. （金曜日までに送っていただければと思います） 20. Would you (please) send it by Friday? （金曜日までに送っていただけますか？） 21. I would appreciate it if you would send it by Friday. （金曜日までに送っていただけると助かります） 22. Could you (please) send it by Friday? （金曜日までに送っていただけますか？）

レベル4 [丁寧2] 真摯	23. I'd be grateful if you could send it by Friday. （金曜日までにお送りいただければ幸いです） 24. I wonder if you could send it by Friday. （金曜日までにお送りいただけますでしょうか） 25. I wonder if I could ask you to send it by Friday. （金曜日までのご送付をお願いできますでしょうか） 26. Do you think you could have one of your staff send it by Friday? （金曜日までにどなたかスタッフの方にお送りいただくことはできますか？） 27. Would you mind sending it by Friday? （金曜日までにお送りいただいてもよろしいですか？）
レベル5 [丁寧3] 敬意	28. Will you be able to send it by Friday? （金曜日までにご送付いただけますか？） 29. Is it possible for you to send it by Friday? （金曜日までにご送付いただくことは可能ですか？） 30. Do you think you'll be able to send it by Friday? （金曜日までにご送付いただけそうでしょうか？）

2 比較のためのレベルサンプル

次は状況別に、❶～❿のレベルでどう表現が異なるのか比較をしながら実践例を紹介する。

❶【レベル1 命令】対【レベル2 圧力】

状況 デザイナーに伝えるため、ロゴに関する正しい情報を尋ねる	
レベル1 命令	I want you to let me know by tomorrow about the correct logo so I can tell the designers by Friday. （金曜日までにデザイナーに伝えることができるように、明日までに正しいロゴについて教えてもらいたい）
レベル2 圧力	Kindly let me know by tomorrow about the correct logo so I can tell the designers by Friday. （金曜日までにデザイナーに伝えることができるように、明日までに正しいロゴについて教えてください）

❷ 【レベル1 命令】対【レベル3［丁寧1］日常的なビジネス表現】

状況 ライセンスをダウンロードするためのリンクを求める	
レベル1 命令 【要求＋理由】	We urgently require that you send us a new download link for the Data Server Client license. （データサーバークライアントライセンスの新しいダウンロードリンクを至急送っていただきたい）
レベル3 ［丁寧1］ 日常的な ビジネス表現 【フレンドリー、 丁寧＋理由】	Hey John, I need to ask you to send us a new download link for the Data Server Client license. （こんにちは、ジョンさん、データサーバークライアントライセンスの新しいダウンロードリンクを送っていただきたいのですが）

❸ 【レベル1 命令】対【レベル4［丁寧2］真摯】

状況 ライターから雑誌編集者へのお願い：出版日を教えてください	
レベル1 命令 【ライター：出版の費用を出している顧客】	Let us know the situation regarding publication of Manuscript EJP 54321, please, in particular the publication date. （原稿 EJP54321 の出版状況、特に出版日を教えてください）
レベル4 ［丁寧2］真摯 【ライター：原稿掲載を依頼する側】	Could I ask you the situation regarding publication of my Manuscript EJP 54321? I would be grateful if you could tell me when you have determined the publication date. （私の原稿 EJP54321 の出版状況についてお伺いしてもよろしいでしょうか？出版日が決まりましたら、教えていただければ幸いです）

❹【レベル1 命令】対【レベル5 ［丁寧3］敬意】

状況 購入商品の資料請求	
レベル1 命令 【納入業者への命令】	We expect ABC to supply all documentation for the Adapter Assembly. We require all available material for our development of a hands-free product. （ABC 社には、アダプターアセンブリーに関するすべての資料を提供していただきたい。ハンズフリー製品開発のため、入手可能なすべての資料を必要としているのです）
レベル5 ［丁寧3］敬意 【協力的な納入業者へ】	If possible, we'd like to get the latest documentation for the Adapter Assembly. We'd appreciate anything you have available for our hands-free product development. （可能であれば、アダプターアセンブリーの最新資料を手に入れたいと思っています。ハンズフリー製品開発のために、入手可能なものであれば、どんな資料でも助かります）

❺【レベル2 圧力】対【レベル3 ［丁寧1］日常的なビジネス表現】

状況 大学入学許可書発行の依頼＋理由	
レベル2 圧力 【理由＋依頼】	Professor Smith, if I don't get the letter from the university approving my study there, I will not meet my company's application deadline. So I need to receive it this week. （スミス教授、大学からの入学許可書が届かないと、会社の申請期限に間に合いません。ですから、今週中に受け取る必要があるのです）
レベル3 ［丁寧1］ 日常的なビジネス表現	Professor, could I ask you one more time for the document from you approving my study at your university? My company requires it to support my study. （教授、貴大学への留学をサポートいただけるという書類について、再度お願いできますでしょうか？留学支援のために、会社が要求しているものですから）

❻【レベル2 圧力】対【レベル4［丁寧2］真摯】

状況 コスト削減のために新工程の検討を顧客に依頼	
レベル2 圧力 【理由＋依頼】	We need a better price offer, so we think you should change the medication distribution method. （もっといい価格を提示してもらいたいので、医薬品の配給方法を変えるべきだと思います）
レベル4 ［丁寧2］真摯 【依頼＋理由】	Could we ask you to consider a new medication distribution method? We think it would greatly reduce your costs. （新たな医薬品の配給方法をご検討いただけないでしょうか？大幅なコスト削減につながると考えております）

❼【レベル2 圧力】対【レベル5［丁寧3］敬意】

状況 期日を過ぎてからの申請受理のお願い	
レベル2 圧力 【謝罪＋依頼】	I'm sorry to be late to apply, but I would still like you to add my presentation to your program. （申し込みが遅れてしまい申し訳ないのですが、それでも私のプレゼンテーションをプログラムに加えていただきたいのです）
レベル5 ［丁寧3］敬意 【謝罪＋依頼＋言い訳】	I'm very sorry to be late, but is it still possible to add my presentation to your program? I didn't notice that the deadline has passed. （遅れてしまい、大変申し訳ないのですが、私のプレゼンテーションをプログラムに加えていただくことは、まだ可能でしょうか？締切が過ぎていることに気づかなかったのです）

❽【レベル3［丁寧1］日常的なビジネス表現】対【レベル4［丁寧2］真摯】

状況 ホテルの従業員に予約日の訂正を依頼	
レベル3 ［丁寧1］ 日常的なビジネス表現	I'd like to ask you to correct our reservation. Please adjust the date to March 21, not March 27 as in your confirmation. （予約の訂正をお願いします。日付を予約確認書の3月27日ではなく、3月21日に直してください）
レベル4 ［丁寧2］真摯	I would be really grateful if you could correct the date of our reservation to March 21, not March 27 as you confirmed. （私たちの予約の日付を、確定していただいた3月27日ではなく、3月21日に訂正していただけると、大変ありがたいです）

❾ 【レベル3［丁寧1］日常的なビジネス表現】対【レベル5［丁寧3］敬意】

状況 古い見積書の更新依頼	
レベル3 ［丁寧1］ 日常的なビジネス表現	I would appreciate an update of your quotation of three years ago for HH panels. We're considering a purchase of three panels this year. （HH パネルの3年前の見積書の更新をお願いします。今年3枚の購入を検討しています）
レベル5 ［丁寧3］敬意	Is it possible for you to give us a quick update of your HH panel quotation of three years ago? We'd like a quotation for 1 panel, 2 panels and 3 panels. （3年前の HH パネルのお見積もりを、早急に更新していただくことは可能ですか？パネル1枚、2枚、3枚の見積もりをお願いします）

❿ 【レベル4［丁寧2］真摯】対【レベル5［丁寧3］敬意】

状況 新しい納期を受け入れてほしい	
レベル4 ［丁寧2］真摯 【依頼＋理由】	We would be really grateful if you would accept our proposal for a new delivery schedule. We want to avoid any problems the rainy season there may cause. （新しい納期をご提案させていただきますので、ご承諾いただければ幸いです。雨の多い時期特有のトラブルを避けたいのです）
レベル5 ［丁寧3］敬意	Is it possible for you to consider our proposal for a new delivery schedule? Our purpose is to avoid any problems related to the rainy season there. （新しい納期のご提案をご検討いただくことは可能でしょうか？　雨の多い時期に関連するトラブルを避けることを目的としたものです）

Notes, exceptions, and cautions 補足・例外・注意

1 弱く見られるリスクを克服する方法：確たる理由

読み手が「ノー」と答えやすく、あなたからの圧力が少ない丁寧な表現は、読み手が"建前"を理解せず、実際に「ノー」と答えてしまうリスクがある。そうならないためには、強力な理由も一緒に伝えると良い。

次の要素は、強い理由の根拠となり得る
・法律
・ある行動によって生じる結果
・会社の方針
・顧客からの圧力

・明白な緊急性
・相手があなたに負う義務

2 自分の力だけでは不十分な場合：代わりとなるパワーソースに頼る

あなた個人の力では相手を動かすことができないときには、説得力が増す、次のようなパワーソースに頼ると良い

1）自社内のパワーソース（案件による）
・法務担当者
・技術スタッフ
・経理担当者
・IT 責任者
・業務の担当者

2）自社外のパワーソース
・取引先
・顧客
・税務署
・政府の規制機関

3）一般的なパワーソース
・コストの状況
・市場からの圧力
・生産スケジュール
・契約
・気象状況

3 要求が難しくても理由に説得力がある場合

「結論＋理由」は一般的に説得力があり、理解しやすく、誰もが読み慣れた文章の構成だ。

Could I ask you to send us your local tax data soon? **We need to report it** to the national Tax Center by the end of the month.

（地方税の数字をすぐに送っていただけますか？ 月末までに国税センターに申告する必要があるので）

ただし、理由に説得力がある場合は順番を逆にして、「納得できる理由＋必然的な対応依頼」とすることもできる。

As you know, **we need to formalize** our report to the national Tax Center by the end of the month, so **could I ask you to** send us your local tax data soon?

（ご存知の通り、今月末までに国税センターへの報告を正式に行う必要がありますので、地方税のデータを早めに送っていただけますか?）

4 突然の、難しい、もしくは複雑な依頼の緩衝材

いきなり「結論」となる依頼からメッセージを始めた場合、相手からすれば、唐突だったり、急すぎたり、驚いたり、あまりに自己中心的だと感じられたりするだろう。

Hello Mary,
Could you please send your approval for a refund of our product purchase?

（こんにちは、メアリーさん、私たちが購入した商品の返金を承認していただけませんか?）

そんなときは、2段階で「結論」となる依頼をする。
1）トピック（驚きを和らげるための緩衝材）
2）依頼（実際に求めていること）

I need to **make a request regarding our product purchase** of last month. To tell the truth, **I need to ask your approval for a refund** of that purchase. (+ reasons)

（先月購入した商品のことで、お願いしたいことがあります。実は、購入した商品の返金をお願いしたいのですが［＋理由]）

感情・態度

2 謙虚さ
MODESTY

"He who speaks without modesty will find it difficult to make his words good."
— Confucius

「謙虚さに欠ける発言をする人が、そもそもそれを実行できるかどうか疑わしい」

孔子（紀元前 551 - 479、論語）

相手に与えるブランド・イメージ ▶ **謙虚で親しみやすい**
Humble and approachable

Motives & Content 「謙虚さ」が効果のある目的・テーマ

「謙虚さ」を表現することが効果的な目的は次のようなものだ。

【目的 2-1】 確信が持てない中で、情報を提供する

【目的 2-2】 相手の気分を害さないように、悪い知らせを伝える

【目的 2-3】 困難な状況において、相手の協力を促す

【目的 2-4】 相手が受け入れたくないことを、受け入れてもらうよう促す

【目的 2-5】 立場が上の相手に、自信があることを謙虚に伝える

※「謙虚さ」は、守るのが難しい約束をすることを避けるのに役立つ

「謙虚さ」を表現することが効果的なテーマ・話題は次のようなものだ。

【1】 相手を不安にさせる厄介な事実

【2】 相手がやりたがらない可能性のある難しい要求

【3】 相手のプライドを傷つけかねない批判

【4】 相手の反感を買いかねない物議をかもす主張

【5】 その他の相手が考えたくないこと

Tactics 「謙虚さ」を使いこなすための戦術

POINT あなたが伝えようとしている事実、意見、願望などが相手に歓迎されない可能性があるときは、実際には確信があったとしても、少し不確実であるかのように書くことで謙虚さを表現することができる。次のような戦術を使おう。

【戦術 2-1】 あくまで可能性として表現する
表現例1 **I wonder if ...** （ひょっとすると…）
表現例2 **It's possible ...** （もしかすると…）

【戦術 2-2】 遺憾の意や同情を表す
表現例1 **I'm afraid it might be ...** （恐れ入りますが…かもしれません）
表現例2 **I'm sorry to say it might not be ...**
（申し訳ないのですが…ではないかもしれません）

【戦術 2-3】 慎重に、不確実なものとして予測する
表現例1 **It may be/It may not be ...** （…かもしれません／…ではないかもしれません）
表現例2 **It might be/It might not be ...**
（…かもしれません／…ではないかもしれません）

【戦術 2-4】 あくまで個人的な見解とする
表現例1 **I think/I don't think ...** （…と思います／…ではないと思います）
表現例2 **I believe it was ... / I don't believe it was ...**
（…だったと思います／…ではなかったと思います）

【戦術 2-5】 代替案として提案する
表現例1 **I think it may be better to ...** （…した方が良いかもしれません）
表現例2 **Maybe we should consider this instead.**
（代わりにこちらを検討すべきかもしれません）

Samples 「謙虚さ」を効果的に使った実践例

ここでは、「謙虚さ」を表現することが有効な目的別に実践例を紹介していく。

1 確信が持てない中で、情報を提供する

❶ 相手が期待しすぎないよう、称賛は控えめにする

例 Your product **seems** to be **quite** useful, so I would like to hear more about it.

（御社の製品はなかなか便利そうですから、もう少しお話を聞かせていただけますか）

❷ 応えられる可能性の低い要求を相手が言ってきた

例 It **may be that** the deadline you're asking for is going to be **difficult** for us.

（仰っている期日にお応えするのは難しいかもしれません）

2 相手の気分を害さないように、悪い知らせを伝える

❸ 相手が提供してきた製品の質は悪くない。ただ、当方が求めているものではない

例 I'm sorry to say that your product doesn't **quite seem to** fit into our market development plans.

（申し訳ないのですが、御社の製品は我々の市場開発計画には少し合わないようです）

❹ 失敗する可能性が高いことを知ってもらう必要がある

例 We **believe** the authorities will **probably** reject the schedule you suggested.

（当局がご提示のスケジュールを受け入れることは、おそらくないだろうと思われます）

❺ 何が起こったか：提案の理由を控えめに思い出させる

例 I **believe you may** remember that last year we couldn't get a space at the exhibition, so this year we should apply earlier.

（ご承知のとおり、昨年は展示会のスペースを確保できなかったので、今年は早めにお申し込みいただくのが得策かと存じます）

3 困難な状況において、相手の協力を促す

❻ 相手が行動するようにそっと促す

例 I **think** it will be better if we can give them the support they requested.

（先方が要求してきたサポートができるに越したことはないと思います）

❼ どのような結果が待っているか：起こり得る結果を控えめにちらつかせる

例 I'm **afraid that** if we can't get your permission to use Material A, we **may just have to** pass up on this opportunity.

（素材 A の使用許可をいただけない場合は、残念ながらこの機会を断念せざるを得ないかもしれません）

❽ 批判をやわらげるために、ABC の製品の代替用途を提示したい

例 ABC's container **may be** more suitable for domestic shipping. Our engineers **are afraid** it **may not be** strong enough for international voyages.

（ABC 社のコンテナは国内輸送により適しているかもしれません。エンジニアたちが、国際航海には強度が不十分ではないかと危惧しています）

④ 相手が受け入れたくないことを、受け入れてもらうよう促す

❾ より良い成果を得るために、譲歩する

例 If you need to ask for more time, I **may be** able to get the customer to accept a delay.

（さらに時間が必要な場合は、お客様に遅れをご了承いただけるようお願いできるかもしれません）

❿ 相手がやるべきことを、控えめに予測する

例 I **wonder** if you **may** have to submit additional samples to register your product with that company?

（その会社に製品を登録するには、追加のサンプルを提出する必要があるのでは？）

⓫ 相手の落胆を軽減するよう控えめに、悪い予測を知らせる

例 ABC **appears** to be planning to select XY as their gas supplier, not your company, unfortunately.

（ABC 社は御社ではなく、XY 社をガスの供給元に選ぶようですね、残念なことに）

⑤ 立場が上の相手に、自信があることを謙虚に伝える

⓬ 相手を不快にさせることなく、またその用語をめぐる論争を避けるために、なぜ相手の市場では違う意味で使われているのかを控えめに尋ねる

例 Your interpretation of the term "implementation" **seems** to be **a little** different from what we understand here, so could you explain what it means in your market?

（御社の解釈される " 履行 " という用語と我々の理解に少し相違があるようですので、御社の市場において、それが何を意味するのかご説明いただけますか？）

⓭ **相手の責任についてそっと思い出させ、不快にさせることなく行動をとってもらうよう促す**

例 The contract **seems to say** that the documentation has to **be provided** by your side.

（契約書によると、書類は御社がご用意いただくことになっているようですが）

⓮ **相手が答えたくないと思うような質問に、控えめに許可を求める**

例 **If I may**, I'd like to ask you a question about a little problem we had with your payment process.

（もしよろしければ、御社の支払い手続きに関するちょっとした問題について、質問させてください）

Notes, exceptions, and cautions 補足・例外・注意

★ 「謙虚さ」に伴うリスク

謙虚な表現は時に弱々しく見え、相手に反対や反論の余地を与えてしまう。自分が正しいと確信しているのであれば、場合によっては謙虚さを排除し、強い理由を添えて、自信に満ちた書き方をした方が良いときもある。例えば以下のようなトピックについて書くときだ：1）お金、2）法律や規則、3）確信のある技術、4）当方の義務、5）当方の条件や要件。もちろん、控えめに説明しつつも、強い理由で裏打ちすることも、直接的に説明をすることも可能だ。

POINT 【対策】場合によっては、謙虚さを排除した、または強い理由を添えた説明をする。

1 お金について

状況 社内の買掛金担当マネジャーへ

I **think** the payment **may** not have been made yet.

（まだ支払いが済んでいないのではないでしょうか？）

We got another invoice from them today.

（今日先方から新たな請求書が届きました）

まだ支払いが
済んでいない証拠

The payment **hasn't been made** yet. They emailed us another invoice today.

（まだ支払いが済んでいません。今日先方から新たな請求書がメールで届きました）

2 法律や規則がある

状況 サンプルの要求を拒否する

 I'm afraid to say it's **difficult** to provide samples to you.

（残念ながら、サンプルをお渡しすることは難しいです）

規則に反する

 My boss told me we're not allowed to provide samples since you don't have an import license for them.

（まだ輸入許可証をお持ちでないため、サンプルをお渡しすることができないと上司から言われています）

 Unfortunately, we **can't provide** samples to you until you get an import license for them. My boss told me it's against customs regulations.

（残念ながら、輸入許可証を取得されるまでサンプルを提供することができません。税関の規則に違反すると上司に言われました）

3 技術的に不安はなく、相手もそれを知っている

状況 質問に答える

 I'm **afraid** it **might be difficult** to use that software for what you want.

（そのソフトウェアをお望みの作業に使うのは、難しいかもしれませんね）

 It's explained in the Manual on page 52. (+ the technical reason)

（マニュアルの 52 ページに説明が記載されています ［+ 技術的根拠］）

 I'm sorry to say that this software **isn't suitable** for what you want to do. See the Manual on page 52.

（残念ですがこのソフトウェアはご用途に適しません。マニュアルの 52 ページをご参照ください）

4 こちらの条件または要件がある

状況 相手がやるべきことを伝える

 It would be **best** if your proposal **could** comply with our in-house procedures.

（ご提案は、当社の社内手続きに沿っていただけると幸いです）

 We put a priority on proposals using our budget codes.

（私たちは、予算コードを使用した提案を優先します）

 Would you **please make** the following changes to your proposal? **It doesn't comply** with our in-house rules regarding budget codes.

（ご提案を次のように変更していただけますか?今のままでは予算コードに関する社内規定に準拠していません）

感情・態度

3 誠意
SINCERITY

"Sincerity is the face of truth."　　　　　　　　　— Mahlon Van Horne

「誠実さは真実の顔だ」　　　　　　　マロン・ヴァン・ホーン（アメリカの弁護士・裁判官）

相手に与えるブランド・イメージ　**信頼できる、信用できる**
Trustworthy and credible

Motives & Content 「誠意」が効果のある目的・テーマ

「誠意」を表現することが効果的な目的は次のようなものだ。

【目的 3-1】相手にこちらが言っていることを信用してもらう

【目的 3-2】あなたの温かさを示すことで、書いたことを受け入れてもらう

【目的 3-3】相手の懐疑心を乗り越える

【目的 3-4】相手の期待に応える度合いで感情を表す

【目的 3-5】現在、そして未来のために理解と寛容、協力などを得る

「誠意」を表現することが効果的なテーマ・話題は次のようなものだ。

【1】感謝や称賛

【2】後悔や同情

【3】切迫感

【4】熱意

【5】抵抗感

Tactics 「誠意」を使いこなすための戦術

 POINT 3 あなたのメッセージが真摯なもので、その表現も適切だと相手に思ってもらうためには、あなたの感情、確信、意図、動機などを強調する。

【戦術 3-1】 あなたの気持ちが誠実であることを直接伝える

表現例 1 **I sincerely appreciate ...**

（…を心から感謝しています）

表現例 2 **My sincere gratitude for ...**

（…に関して、誠にありがとうございます）

【戦術 3-2】 あなたの気持ちが嘘でも架空のものでもなく、心からの本当の気持ちだと宣言する

表現例 1 **I really think that it would be good for you to ...**

（私は本当に、…がお役に立つと考えております）

表現例 2 **My honest belief is that the right thing to do is ...**

（私の率直な信条としまして、…なさるのが最良の選択と思います）

【戦術 3-3】 感情を強調する

表現例 **I am very thankful for what you achieved.**

（あなたが成し遂げたことに、心から感謝しています）

【戦術 3-4】 感情を増幅させる

表現例 **It's really such a great honor to be able to meet you.**

（お会いできて、本当に光栄です）

【戦術 3-5】 どれほど深く考えているかを伝える

表現例 1 **I'm deeply grateful for your kindness.**

（あなたのご親切に深く感謝しています）

表現例 2 **I was so happy to hear your explanation.**

（あなたの説明を聞いて、とてもうれしかったです）

Samples 「誠意」を効果的に使った実践例

ここでは、感情、行動、意見を強調するなど、❶～⓯の用途別に、効果的に「誠意」を表現した実践例を紹介する。

❶ 心から相手に感謝を示す（もしくは謝意を伝えてもらう）

例 I thank you **sincerely** for your kindness.
（ご親切に、心から感謝します）

例 Please let Ms. Smith know we **really** appreciate her kind support.
（スミスさんに、彼女のご親切なサポートに本当に感謝しているとお伝えください）

❷ 心から謝罪する（もしくは誰かの謝罪を伝える）

例 I'm **very** sorry that we will not be able to accept your kind offer.
（ご厚意を受け取ることができず、大変申し訳ございません）

例 I would like to pass on Mr. Kato's **sincere** regrets.
（加藤さんの心からの遺憾の意をお伝えしたいと思います）

❸ 緊急であることを誠実に伝える

例 We would **sincerely** appreciate it if ABC staff could do it this week at the latest.
（遅くとも今週中に、ABC 社ご担当者にご対応いただけますと大変ありがたいです）

例 We **really** have to ask you for the software update as soon as possible.
（早急なソフトウェアのアップデートを、どうかよろしくお願いします）

❹ 不本意であることを誠実に伝える

例 It would be **really** difficult, I'm sorry to say, to do what you asked.
（残念ながら、ご要望にお応えするのはかなり難しいです）

例 We **very much** regret that we may have to require this condition.
（大変申し訳ありませんが、この条件を付けさせていただくことになるかもしれません）

❺ トラブルを避けたいという誠意を示す

例 This problem is **greatly** troubling us, unfortunately.
（残念なことに、この問題は私どもを大いに悩ませています）

例 We **sincerely** ask for your help to reduce these complaints.
（このような苦情が減少するよう、皆様のご協力を切にお願いいたします）

⑥ 相手を喜ばせるのに十分な誠意ある褒め言葉

不十分な褒め言葉
We like your idea.
（良いアイデアですね）

That's all?? Like?? Was something wrong?
（それだけ？え？何か問題でもあったのかな）→がっかりしている反応

誠意ある褒め言葉
We **really** like your **great** idea.
（とてもいいアイデアで、大いに気に入りましたよ）

I'm happy to hear that.
（そう言っていただけてうれしいです）→嬉しい反応

⑦ 確認に心から感謝する

例 I'd be **truly** grateful if you could confirm the XY schedule soon.
（XY のスケジュールを確認していただけると本当にありがたいです）

⑧ 真摯でありながら同情も示す断り

例 I'm **very** sorry to say we can't fill your order immediately.
（大変申し訳ありませんが、すぐにご注文をお受けすることができません）

⑨ 相手からの提案を誠実に拒否する

例 **Honestly,** we can't wait until the day you promised delivery. We'll run out of stock before then.
（正直に申し上げると、お約束いただいた配達日まで待つことができません。それまでに在庫がなくなるためですから）

⑩ 相手の判断を真摯に受け入れる

例 It's **completely** understandable that rising fuel prices may cause supply problems.
（燃料価格の高騰によって供給に問題が生じる可能性があることは、十分に理解できます）

⑪ 感謝の気持ちを込めた真摯な依頼

例 I'd **very much** appreciate it if you could send us some samples.
（サンプルを送っていただけると、大変助かります）

⑫ 遅れを心から残念に思っていることを伝える

例 I'm **very** sorry for the delay in our reply regarding your show booking inquiry.
（ショーの予約に関するお問い合わせの件、お返事が遅くなり大変申し訳ございません）

⑬ 真摯な意見

例 We believe this version of the agreement is **very** fair for both parties.
（この版の契約は、両者にとって非常に公平なものだと信じています）

⓮ 誠実で力強い称賛

例 As a result of its **amazingly** successful introduction in Japan, we plan to introduce it worldwide.

(日本での導入が大成功したことを受けて、世界規模で展開していく予定です)

⓯ 前進への真摯な評価

例 It will be **really** important to promote promising products in the first quarter.

(第一四半期に有望な製品を販売促進することが、非常に重要になってきます)

Notes, exceptions, and cautions 補足・例外・注意

★「誠意」に伴うブランド・イメージのリスク

誠意の表現も過剰だと、逆に不誠実な印象を与えかねない。

POINT
表現の使用頻度の目安として、1センテンス当たり最大で2回とする。

1 ビジネスや技術に関する説明：それほど誠意を強調する必要はない

客観的な科学やビジネス、もしくは技術に関する記述では、一般的に誠意を強調する必要はない。それらの主張には誠意よりも、控えめな表現が有効な場合が多い。例えば科学雑誌の論文の「考察」欄では、下記のような記述が見られる。

例 XY **may be** a cause of the X phenomenon.

(XY は X 現象の原因である可能性がある)

例 XY **seems** to have an indirect role in the production of N ions.

(XY は N イオンの生成に間接的な役割を果たしているようだ)

2 よりフォーマルな（ビジネス向けの）言葉：それほど感情を前面に出す必要はない

 I **really need to** ask you to send the transportation records for May.

(どうしても5月の交通費の記録を送ってもらわないといけません)

 The Accounting Department requires all transportation records for May.

(経理部は5月の、すべての交通費の記録を必要としています)

3 誠意を示せば、あなたの他の感情表現も信憑性が高まる

誠意を込めることで、相手の尽力の度合いに見合った感謝の言葉を述べることができる。

I'm **really** grateful for everything you did to help us.

（私どものためにご尽力いただき、心より感謝しております）

誠意を込めることで、悪い知らせを受け止める相手の反応をやわらげることができる。

I'm **very** sorry that we will not be able to do what you expected.

（ご要望にお応えすることができず、大変申し訳なく思っています）

誠意を込めることで、スケジュールの重要性を伝えることができる。

We **really** have to ask you to send it by the 10th at the latest. Our tests starting on the 11th are **very** important to us.

（遅くとも 10 日までにお送りいただく必要があります。テストを 11 日に始めることが、私たちにとって非常に重要なのです）

こちらの抵抗感が相手に伝わっていないとき、誠意を込めることで理解を促すことができる。

It would be **truly** difficult, I'm sorry to say, to do what you asked.

（ご要望にお応えするのは、申し訳ないのですが、本当に難しいことなのです）

感情・態度

4 感謝
GRATITUDE

"When life is sweet, say thank you and celebrate. When life is bitter, say thank you and grow."
— Shauna Niequist

「人生がうまく行っているときは、ありがとうと言って祝いましょう。人生がうまく行かないときは、ありがとうと言って成長しましょう」
ショーナ・ニークウィスト（作家・ブロガー）

"We hope that, when the insects take over the world, they will remember with gratitude how we took them along on all our picnics."
— Bill Vaughan

「昆虫が世界を制覇したとき、われわれが彼らをピクニックに連れて行ってあげたことへの感謝の気持ちを忘れていませんように」
ビル・ヴォーン（『リーダーズ・ダイジェスト』誌コラムニスト）

相手に与えるブランド・イメージ ⟩ **積極的な他者への感謝**
positively appreciative of others

Motives & Content 「感謝」が効果のある目的・テーマ

「感謝」を表現することが効果的な目的は次のようなものだ。

【目的 4-1】 相手のこれまでの、もしくはこれからの尽力に感謝する

【目的 4-2】 相手が努力と評価してもらいたいと思っていることを、理解していることを示す

【目的 4-3】 将来の協力を得るために感情的な圧力をかける

【目的 4-4】 拒否などの悪い知らせを伝えるときに、相手の気持ちをフォローする

【目的 4-5】 相手がこちらに合わせることを期待、もしくは要求することを示す

「感謝」を表現することが効果的なテーマ・話題は次のようなものだ。

【1】 製品やサービス

【2】 出荷や許可などの行動

【3】 コミュニケーションへの返答

【4】 支援、共感、称賛などの態度の提示

【5】 見積もりや仕事の依頼

Tactics 「感謝」を使いこなすための戦術

 POINT 相手のこれまでの、もしくはこれからの尽力に、心から、または相手を動かす戦術として、感謝する。

【戦術 4-1】 感謝を伝える

表現例 1 **I appreciated your kind help.**

（ご親切にありがとうございました）

表現例 2 **My appreciation for your kind help.**

（ご親切に感謝いたします）

【戦術 4-2】 ありがたいという気持ちを伝える

表現例 1 **I would be grateful for your kind help tomorrow.**

（明日もよろしくお願いします）

表現例 2 **My gratitude for your kind help yesterday.**

（昨日は大変お世話になりました）

【戦術 4-3】 お礼を言う

表現例 1 **Thank you for your kind help last week. I really appreciated it.**

（先週はお世話になりました。本当に感謝しています）

表現例 2 **I am really grateful for your kind help last week. Thank you very much!**

（先週は本当に助かりました。ありがとうございました！）

【戦術 4-4】頼りにしていることを伝える

表現例1 **I really appreciate your kind help.**

(ご親切に対応していただき本当にありがとうございます)

表現例2 **Thanks to you, we could finish on time.**

(おかげさまで、期日に間に合いました)

4
感謝

【戦術 4-5】引き続き感謝の気持ちを伝える

表現例1 **As always, our great appreciation.**

(いつもながら、本当にありがとうございます)

表現例2 **Thank you for your continued support.**

(今後ともよろしくお願いします)

Samples 「感謝」を効果的に使った実践例

人は親切にされたら、それに報いるために感謝の気持ちを表す。それが「普通の感謝」だ。それとは別に、自分にとってプラスになるような行動を相手に促すために、あえて感謝を伝えることがある。それは「戦術的感謝」、つまり見返りとしての協力や行動を期待して表明される感謝だと考えられる。ここでは、**1**「普通の感謝」と**2**「戦術的感謝」を軸とし、意図別に実践例を紹介していく。

1 普通の感謝：してもらったこと、してもらうことへの感謝の表現

❶ あなたのためにしてくれたことに対して、感謝とお礼を伝えたい

例 I **appreciated** your help.

(助けていただき、感謝しております)

例 **My gratitude** for your kind help yesterday.

(昨日は親切に助けていただいて、ありがとうございました)

❷ これからしてくれることに対して、感謝やお礼を伝えたい

例 I will be grateful for your **kind help tomorrow**.

(明日助けていただけると、大変ありがたいです)

例 I will really appreciate it **if you can help me tomorrow**.

(明日助けていただけますと、本当に助かります)

❸ 自分が何を受け取って感謝しているかを伝えたい

例 We greatly appreciate **your monthly reports**.

(毎月のご報告に大変感謝しております)

例 Thanks so much for **the package**. I really appreciate it.

(荷物を送ってくれて、本当にありがとう。とても助かります)

④ ありがたいと思っていることを強調したい

例 I was **so** grateful for your help last week.
（先週手伝ってもらって、非常にありがたかったです）

例 I **really** appreciate what you're doing to assist us.
（私たちのためにしてくださっていることに本当に感謝しています）

⑤ 具体的に何をしてくれたことに感謝をしているのか、相手に伝えたい

例 We greatly appreciate your monthly reports. **They really help us to confirm that we are on schedule**.
（毎月のレポートには大変感謝しています。予定通りに進んでいることを確認するのに、とても役立っています）

⑥ お礼と感謝の意を伝えたい

例 **Thank you** for your kind help last week. **I appreciated it**.
（先週はお世話になりました。感謝しています）

例 **I appreciate** your kind help last week. **Thank you** very much.
（先週助けていただき、感謝しています。ありがとうございました）

⑦ 誰かの感謝を伝えたい

例 **Mr. Sato** asked me to tell you he really **appreciated your help**.
（佐藤さんから、あなたの協力に本当に感謝していると伝えてほしいと言われました）

⑧ 手助けへの感謝に加えて、何かを約束する

例 I will **do everything I can** to show my appreciation for everything you have done for us.
（私たちのためにいろいろとしていただいたことへの感謝の印として、できる限りのことをさせていただきます）

⑨ 具体的な恩恵を強調したい

例 I'm so grateful for how much you **helped us to overcome our design problems**.
（デザイン上の問題を解決するためにご尽力いただいたこと、大変ありがたく思っています）

⑩ 感謝の気持ちが長期にわたっていることを示したい

例 **As always**, I would like to express our great appreciation for your **continued support** of our office.
（日頃より当事務所をご支援いただき、誠にありがとうございます）

⑪ 相手がやってくれたことを褒めたい

例 I was so grateful for your **quick and effective** support.
（迅速で効果的なサポート、本当にありがたかったです）

2 戦術的感謝：さらに別の動機を支えたり、協力を促したりするための感謝の表現

⑫ 相手の行動を促すために、感謝を伝えたい

例 I would really **appreciate your kind help** tomorrow.

(明日手伝っていただけると、大変ありがたいです)

⑬ 難しい締切の要求も、理由を伝えることでやわらげたい

例 I need to send the information by the end of the month, so I would **be grateful if you could send it here by the 20th**.

(今月中に情報を送る必要があるため、20日までにお送りいただけると、大変ありがたいです)

⑭ 相手が拒絶を受け入れやすくなるようにしたい

例 We **greatly appreciate your kind offer**, but at this time we are not ready to receive a visit from you.

(お気持ちは大変ありがたいのですが、現時点ではご訪問をお受けする準備ができておりません)

⑮ 悪い知らせを、読み手にとってより受け入れやすいものにしてあげたい

例 We regret that our Consultation Service fees have had to be increased, and we are **grateful for your understanding**.

(相談料の値上げを余儀なくされたことをお詫び申し上げるとともに、ご理解をいただきありがとうございます)

⑯ ボトムアップの面倒なお願いを、説得力のあるものにしたい

送信先 本社出荷部門へ

例 We would **really appreciate** it if you could change the shipping carton from the next shipment.

(次回出荷分より、配送用ダンボールを変更していただけますと幸いです)

⑰ 相手がこちらの要求や規則などに従うことが期待されている、もしくは求められていることを伝えたい

例 I will **appreciate your support** regarding these requirements. May I have your reply by the end of the week, please?

(これらの要件について、ご協力をお願いします。今週中にお返事をいただけますか？)

⑱ 相手のやり方を変えるよう求める前に、相手の努力を認めたい

例 We are **really grateful for the samples** you have been sending, but we need to request a change in the next lot of samples.

(いつもサンプルをお送りいただき、大変感謝しておりますが、次回お送りいただくときは、別のサンプル品をお願いできますでしょうか)

⑲ **相手に努力を促したい**

例 We will **appreciate your efforts** to be sure these delivery problems are not repeated. **Thank you as always** for your **kind cooperation**.

(このような配送の問題が繰り返されないよう、ご尽力をお願いしたいと思います。いつもご協力いただき、ありがとうございます)

Notes, exceptions, and cautions 補足・例外・注意

1 メールの書き出しや結びで感謝の気持ちを伝える方法

状況 直近の出張でお世話になったことを伝えるメールの書き出し

例 Hello Mary,

Thank you for your help last week. We **really appreciated** your assistance and your kind hospitality.

(こんにちは、メアリーさん、先週はお世話になり、ありがとうございました。ご協力と親切なおもてなしにとても感謝しています)

状況 あるいは、そのメールの結びに

例 By the way, we were very **grateful** for your kind help last week. **Thank you very much.**
Hiroshi

(ところで、先週ご協力いただき、とてもありがたく思っています。ありがとうございました。ヒロシ)
→ "By the way" と書くことで、別のトピックであることを示す

2 Appreciation と gratitude の微妙な違い

フォーマル度："appreciate"（動詞：感謝する）、"my appreciation"（名詞：私の感謝の気持ち）が少しフォーマルでビジネス指向であるのに対し、"grateful"（形容詞：ありがたく思う）、"a debt of gratitude"（名詞：恩義）はもう少し個人的で温かみがある。

状況 ビジネス上の相手に対して

例 **We appreciate** your prompt response to our request.

(迅速なご対応に感謝いたします)

状況 友人や同僚に対して

例 **I'm really grateful** to you for sending it so quickly.

(こんなに早く送ってくれて、本当にありがたいです)

実際にはどちらの表現もよく使われる。

状況 ビジネス上の相手に対して（このような言い方も可能）

例 **I'm very grateful** for your quick response.
（迅速なご対応、とてもありがたく思います）

状況 友人や同僚に対して（このような言い方も可能）

例 **My sincere appreciation** for all that you did.
（ご尽力に心から感謝します）

3 感謝の気持ちの強さ

"gratitude" も "appreciation" もどちらを使ってもいい。

例 My **gratitude** for your kind support.
（温かいご支援、ありがとうございます）

例 My **appreciation** for your kind support.
（温かいご支援に感謝申し上げます）

それでも、"gratitude" は "appreciation" よりも深く、より個人的な印象を与える。

例 I am really **grateful** for your kindness.
（あなたの優しさを、とてもありがたく思っています）

例 ABC **appreciates** your kind support.
（ABC 社は、温かいご支援に感謝いたします）

相手に断られる可能性があるときは、"grateful" を使うことが多い。

例 I would be really **grateful** if you could send the codes within today.
（今日中にコードを送っていただけると、本当にありがたいです）

相手がいつも受け入れてくれるような日常的な要求については、"appreciate" を使うことが多い。

例 I would **appreciate** it if you would send the report by Friday, as usual.
（いつものように金曜日までにレポートを送っていただけると助かります）

"grateful" は形容詞で、"appreciate" は動詞である点に注意。それぞれの名詞形は "gratitude" と "appreciation"。

5 シンパシー
SYMPATHY

"Though sympathy can't alter facts, it can help to make them more bearable."

— Bram Stoker

「同情は事実を変えることはできないけれど、事実をより耐えやすくする手助けにはなるでしょう」

ブラム・ストーカー（『ドラキュラ』(1897) を書いたアイルランド人作家）

相手に与えるブランド・イメージ ＞ **親身になってくれて、思いやりのある**
Empathetic and compassionate

Motives & Content 「シンパシー」が効果のある目的・テーマ

「シンパシー」を表現することが効果的な目的は次のようなものだ。

【目的 5-1】 悪い知らせを受けた人を慰め、支える

【目的 5-2】 悪い知らせを伝えるとき、相手が受け入れやすく、あなたも書きやすいようにする

【目的 5-3】 立ち入ったことを書かないといけないときに、申し訳なさを示す

【目的 5-4】 物事がうまく行っていないときにも協力的な関係を維持する

「シンパシー」を表現することが効果的なテーマ・話題は次のようなものだ。

【1】 相手に起こった個人的な悲しい出来事や、報告しなくてはいけない当方の悲しい出来事

【2】 自然災害など、事業に影響を及ぼす出来事

【3】 安全認証の不取得など、あなたのビジネスに関連する相手の失敗

【4】 相手が順守しなければならない、難しい要件

【5】 相手の要望を拒否する

Tactics 「シンパシー」を使いこなすための戦術

【戦術 5-1】 自分も深く受け止めたことを表す

表現例 **I was very sorry to hear ...**

（…と伺って、とても残念に思っていました）

【戦術 5-2】 悪い知らせを伝えることへ個人的な申し訳なさを表す

表現例 1 **I'm sorry to have to inform you ...**

（このようなお知らせをしなければいけないのは残念ですが…）

表現例 2 **I'm afraid I have to say ...**

（残念なことに…）

【戦術 5-3】 残念な事態となったことへの同情を表す

表現例 1 **It was so unfortunate that …**

（…はとても不運でした）

表現例 2 **It is really difficult ..., I am sure ~**

（…は本当に難しいですが、きっと～だと思います）

【戦術 5-4】 救済案か代替案を提供する

表現例 1 **If possible, we're ready to ...**

（可能であれば、私たちは…する準備ができています）

表現例 2 **If it would help you in this situation, we'd like to ...**

（この状況でお役に立てるなら、私たちは喜んで…します）

【戦術 5-5】 ポジティブさを加える

表現例 1 **We really have worked hard to avoid ... but**

（私たちは…を避けるために本当に一生懸命働きましたが）

表現例 2 **We wish that circumstances had been different but ...**

（状況が違っていればよかったのですが…）

Samples 「シンパシー」を効果的に使った実践例

自分が原因である場合を含めて、相手が困った状況に直面しているときにシンパシー（同情・共感）を表明する。下記で紹介する❶～⓬の状況別の実践例は、申し訳なさは表しつつも、書き手の落ち度は認めていない。相手の困難な状況に対して、丁寧な配慮を示しているだけだ。

❶ 遅れたことをわび、良い知らせを伝える（社内メール）

例 **Sorry to have taken so long** to decide this, but our Lab has finally approved printing records for the XY patient group.

（お待たせしてすみません、当研究所が XY 患者グループの診療記録の印刷を承認しました）

❷ 支払い遅延の督促：控えめにシンパシーを伝えつつ、行動を促す

例 **Sorry for the rush,** but this matter is urgent. I need to ask you once again when we can expect payment for the XY. This payment was due Oct. 21 but we have still not received it.

（急かすようで申し訳ないのですが、本件は急を要します。XY へのお支払いがいつになるか、再度お伺いいたします。10 月 21 日が支払期限でしたが、まだ受け取っておりません）

❸ 要望に応えられなかった：役員との会談を設定できなかった

例 I have been asked to pass on Mr. Sato's **sincere regrets that he was not able to meet Mr. Ford. Unfortunately,** Mr. Sato's very busy schedule prevented a meeting between them when Mr. Ford visited Japan last Monday.

（弊社の佐藤が、フォード氏とお会いできず大変残念に思っていると申しております。先週の月曜日にフォード氏が来日された際、あいにく佐藤のスケジュールが合わず、会談が叶いませんでした）

❹ 提案に対する意見の相違：控えめな称賛を交えて伝える

例 The paint problem is rare, but we guarantee the product, so all parts must have the XY coating. So **I'm afraid to say** we won't be following your recommendation, although **we appreciate your input**.

（塗装に問題があることはまれですが、製品保証をしている以上、すべての部品に XY コーティングを施す必要があります。そのため、ご意見はありがたいのですが、残念ながらご助言を採用することはできません）

❺ 製品汚染に関する報告

例 **I'm sorry to have to pass on this bad news,** but we have found contamination in Lot 345 of XY Resin received from ABC. Would you like us to return it to you, or discard it here?

（残念なお知らせですが、ABC 社から受領した XY 樹脂のロット 345 に汚染が確認されました。御社に返送するか、当方で破棄するか、ご教示ください）

❻ ちょっとした不便：地位のある相手に礼儀としてシンパシーを表す

例 **I'm sorry to bother you again,** but I need to confirm if the following document numbers are correct.

（度々お手数をおかけして申し訳ありませんが、以下の書類番号が正しいことを確認させていただけますでしょうか）

❼ 問い合わせが遅くなった

例 We have decided to duplicate your tests here in Tokyo next month. **I'm very sorry for the short notice,** but can you get approval to visit us here for the tests? I'd appreciate it if you could email me on this tomorrow.

（来月、東京にて製品テストを再度行うことになりました。急で申し訳ないのですが、テストに立ち会っていただくことは可能でしょうか？ 明日中でご返信いただければ幸いです）

⑧ 悪い知らせ：失敗のコストを払ってもらう

例 We heard from our shipper that your packages have no handles, and this is against the regulations. So unfortunately we have to return them to you for repacking. **And I'm afraid to say that** any additional transport will have to be at ABC's cost.

（荷送人から、ご送付いただいた荷物には取手がないと聞きましたが、これは規定違反にあたります。そのため残念ながら再梱包のため、お戻ししなくてはいけません。また、恐れ入りますが、追加輸送費は ABC 社のご負担とさせていただきます）

⑨ 相手側に再度行動を求める

例 **I'm afraid I have to ask you again** to send replacements for the defective sound equipment I reported. **Sorry for all the trouble**, but we need your urgent action on this, so could you let me know by Friday when you will replace it?

（先日ご報告した音響機器の不良品について、代替品をご送付いただくよう、再度お願いいたします。お手数をおかけして申し訳ないのですが、早急にこの件にご対応いただきたく、いつ交換していただけるか、金曜日までにご連絡いただけますか？）

⑩ 相手のシステム上の問題についての残念な知らせ

例 **We regret to have to report** that we have found defective products that indicate there are quality inspection system problems at ABC.

（遺憾ではございますが、ABC 社の品質検査体制に問題があることを示す不良品が発見されましたので、ご報告させていただきます）

⑪ 二重に悪い知らせ：2 カ国における製品の拒絶

例 I was sorry to hear your Compound A has been rejected by the US authorities. If that is so, **we very much regret that we can no longer consider Compound A** for the project we have been discussing.

（化合物 A が米国当局に却下されたとのこと、残念に思います。従いまして、大変遺憾ではございますが、お話ししてきたプロジェクトに化合物 A を検討することができなくなりました）

⑫ 値上げの知らせ

例 **We regret that** our Engineering Service fees have had to be increased, in spite of our continuing efforts to control costs. We greatly appreciate your understanding in this matter.

（値上げしないよう精一杯やって参りましたが、残念ながらこの度エンジニアリング・サービス料金を値上げせざるを得なくなりました。何とぞご理解を賜りますよう、お願い申し上げます）

5
シンパシー

1 「シンパシー」の表現に伴うリスク

シンパシーも度を越すと、あなたが過度に感情的な性格であるような印象を与えかねない。「シンパシー」は慎重に表現する必要がある。

2 英語力に関してシンパシーに満ちた姿勢は必要ない

Sorry for my poor English. Please ask me if there is any unclear point.

（拙い英語で申し訳ありません。不明な点があれば聞いてください）

→これは文法に間違いがあるが、十分理解できる文だ。

Sorry for my poor English. Please feel free to ask if any points are not clear.

（拙い英語で申し訳ありません。不明な点がありましたらご遠慮なくお尋ねください）

→これは申し分ない英語だ。つまり文法に問題もない。このような英語の拙さを詫びるシンパシーに満ちた言葉は、論理的に破綻している。

[筆者の意見]

あなたの英語を申し訳なく思う必要はない。ただし、正しく内容が伝えられているかが気になる場合、英語に不備がある可能性に言及することはある。

・オリジナル：文法の間違いはあるものの、理解できる
・英語について謝るのに加えて、なんでも聞いてほしいと伝える

Sorry for my poor English. Please feel free to ask if any points are unclear.

（拙い英語で申し訳ありません。何か明確でない点があれば、ご遠慮なくお尋ねください）

感情・態度

6 自制
RESTRAINT

"What you say online should be something you wouldn't mind seeing on a billboard with your face on it."
— Lori Deschene

「オンラインで発する言葉は、自分の顔がついた大きな看板に掲載されても恥ずかしくないものであるべきだ」
ロリ・デシェン（自己啓発サイト TinyBuddha.com の創設者）

相手に与えるブランド・イメージ ▷ **駆け引きがうまく、尊敬の念を持った**
Diplomatic and respectful

Motives & Content 「自制」が効果のある目的・テーマ

「自制」を表現することが効果的な目的は次のようなものだ。

【目的 6-1】 両者の間にトラブルがあっても、個人的には良好な関係を保つ意思があることを伝えて読み手を安心させる

【目的 6-2】 トラブルが生じている間、感情的な対応を控える

【目的 6-3】 拒絶など、読み手の利益に反する、あなたの否定的な行動をやわらげる

【目的 6-4】 批判をする際は大ごとにならないよう、思慮深く程度を判断する

【目的 6-5】 あなたが対処を迫られた状況は、不可抗力だったことを示す

「自制」を表現することが効果的なテーマ・話題は次のようなものだ。

【1】 読み手が待っているこちらの行動に遅れが出ている

【2】 金銭にまつわる決定の変更：値上げ、予算削減など

【3】 提案の却下、依頼の拒否

【4】 読み手に悪い影響を与えかねない要求などの決定

【5】 人や製品の成績に対する評価

Tactics 「自制」を使いこなすための戦術

 POINT 相手のために、あなたが自制心を働かせているのが伝わるようにしながらも、否定的な態度や行動をさらけ出さないようにする。

【戦術 6-1】 相手が期待する行動や判断を、あなたができないことを示す

表現例1 **we cannot**（できません）
表現例2 **we are not able to**（できません）

【戦術 6-2】 相手に否定的な影響を与える行動や判断について、消極的な姿勢を示す

表現例1 **we must**（しなければならない）
表現例2 **we have to**（しなければならない）
表現例3 **we are obliged to**（せざるを得ない）

【戦術 6-3】 相手への悪影響について、そうでなければよかったと思っていることを示す

表現例1 **unfortunately**（残念ながら）
表現例2 **I regret to say**（残念ながら）
表現例3 **I'm sorry to have to tell you**（残念なことにお伝えしなければいけない）

【戦術 6-4】 相手への悪影響を、できることなら避けたかったことを示す

表現例1 **we hoped to avoid**（避けることを願っていた）
表現例2 **we wanted to avoid**（避けたかった）

【戦術 6-5】 相手に伝えることで、自分自身にどのような影響があるかを示す

表現例 **to be honest**（正直なところ）

Samples 「自制」を効果的に使った実践例

ここでは、「自制」が求められる悪い知らせについて❶〜⓯の内容別に実践例を紹介していく。

❶ 悪い知らせ：あなたの提案に従うことができない

例 **I'm afraid** we **won't be able to** follow your suggestion on changing the medical equipment until we verify safety spec compliance.

（医療機器の変更については、安全規格への適合性を確認するまでは、残念ながらご提案に従うことはできません）

❷ 悪い知らせ：新方針は、あなたに迷惑をかけることになる

例 **Sorry to trouble you,** but we need you to update all PR materials for consistency with our new Brand Policy.

（お手数をおかけして申し訳ないのですが、新しいブランド方針に一貫性を持たせるために、すべての広報資料を更新してもらう必要があります）

❸ 悪い知らせ：貴社製品の採用は難しい

例 About your tube-type cleanser, I'm **afraid we can't** consider it until next year, but **to be honest,** similar previous products have done **rather** poorly in our market.

（チューブタイプのクレンザーについては、残念ながら来年まで検討することはできないのですが、正直なところ、過去の類似製品は、私たちの市場ではかなり不振でした）

❹ 悪い知らせ：面会の依頼に応えられない

例 Kenny, **regrettably,** I **probably** won't be able to meet you in Tokyo on the 24th since I'll **likely have to be in Munich** for all of February. But **Hiromi will be there** to see you.

（ケニーさん、残念ながら2月いっぱいはミュンヘンにいなければならないので、24日に東京でお会いすることはできないと思います。でも、ヒロミさんがお会いできます）

❺ 悪い知らせ：その市場でのビジネスの失敗は当社に問題がある可能性がある

例 I **think** we're going to **have to** look carefully at our own way of doing business in that market. I **don't think** it's enough **just** to blame our results on their poor economy.

（私たちは、その市場における自分たちのビジネスのやり方を注意深く見ていかなければいけないと思います。この結果を不景気のせいにするだけでは不十分だと思います）

6
自制

❻ 悪い知らせ：もう１つ面倒なことをお願いする必要がある

例 I **realize it's troublesome**, but **can you** make your QC flow chart for the meeting slides in English also? Otherwise, **I'm afraid** Mr. Smith won't know what's going on.

（面倒だとは思いますが、会議のスライドの QC フローチャートも英語で作ってもらえませんか？そうでないと、スミスさんには何が起こっているのかわからないと思います）

❼ 悪い知らせ：あなたは失敗したので、もう一度やってもらわないといけない

例 I **regret** I **have to tell you** that a packing error has **resulted in** product breakage, and we need you to resupply Product G12345 (220 pcs), correctly packed. (See photos)

（申し上げにくいのですが、梱包のミスで製品が破損してしまったので、製品 G12345 ［220 個］を正しく梱包して、再送していただく必要があります。［写真ご参照のこと］）

❽ 悪い知らせ：あなたは仕事の期限を守らないことが多い

例 We **really need ABC's** delivery performance to be improved. **Unfortunately,** recent deliveries have been consistently later than the dates **promised**.

（ABC 社の配送実績を改善していただく必要があります。残念ながら、最近の納品は一貫して約束の期日を過ぎています）

❾ 悪い知らせ：あなたの仕事を当社が受け入れる条件

例 Can you please **confirm if** the backgrounds for all the ad campaign photos you took are all the same? If not, another shoot will be necessary, **I'm sorry to say**.

（撮影された広告キャンペーン写真の背景がすべて同じかどうか、ご確認いただけますか？そうでない場合、申し訳ありませんが、再度撮影していただく必要があります）

❿ 悪い知らせ：要求されたデータが遅れる

例 We haven't got final approval for our sales estimates yet, so I'm afraid you'll have to wait a little longer for them. There's still a **possibility** they'll **have to** be revised.

（まだ最終的な承認を得ていないので、売上予測はもう少しお待ちください。そしてまだ修正しないといけないかもしれません）

⓫ 悪い知らせ：値上げはあなたのせいだ

例 **Sorry** about the increase in the assembly fee. Since **we couldn't get** the parts from you when we expected, we **had to** assemble them in Japan to be in time for the exhibition.

（組み立て料金の値上げについては申し訳ありません。御社から部品が届くのが予想していたより遅かったため、展示会に間に合わせるために日本で組み立てざるを得なくなったのです）

⑫ 悪い知らせ：やりたくなかったことをやってもらわないといけない

例 I'm **afraid we can't accept** that product without you performing the X test on it. Your documentation has no X data, and we do need to confirm X-spec compliance.

(X テストを実施していただかないと、その製品を受け入れることはできません。いただいた文書には X に関するデータがありませんし、当社では必ず X スペックへの適合性を確認する必要があります)

⑬ 悪い知らせ：御社の製品はまだ採用できない

例 I'm **happy to report** that we will be able to use your AB-based material, though not until AB safety studies are published, **possibly** by the end of the year if we're lucky.

(喜ばしいことに、御社の AB に基づいた素材を使用することができそうです。ただし、それは AB の安全性研究が発表されてからのことで、運が良ければ年内には発表されそうです)

⑭ 悪い知らせ：貴社の日本向け製品は品質が劣っているようだ

例 **Unfortunately**, Lot X3 of your product we purchased in Japan doesn't comply with our purchase specs. **Actually,** it **seems to be** inferior to the product we bought in the U.S.

(残念ながら、日本で購入した貴社製品のロット X 3は、当社の購入仕様に適合していません。実際には、米国で購入したものよりも劣っているようです)

⑮ 悪い知らせ：輸入認証は国家認証でなければいけない

例 **Sorry,** but **it seems** your local licensing won't get approval from the Tokyo Animal Quarantine office for poultry import. It must be marked "Ministry of Agriculture, Republic of France."

(残念ながら、地元当局の認証では、東京の動物検疫所から鶏肉輸入許可は下りないようです。『フランス共和国農務省』と記載されている必要があります)

6
自制

★「自制」の表現に伴うリスク

悪い知らせは、読み手に与える影響を考慮し、思慮深く自制気味に伝えるものだ。例えば、共感を示したり、相手が被る悪影響に残念な気持ちを表したり、困難を抱えているときは理解を示したり、こちらの都合を伝えるときは謙虚さを示したりする。これは長期的にビジネス関係を維持するためだが、同時に避けるべきリスクもある。

1 リスク1：曖昧さ

相手を気遣うあまり、曖昧にならないようにする必要がある。読み手の気持ちに配慮すると共に、状況を正確に理解してもらわなくてはいけないからだ。

実践例の文を見てもらいたい。さまざまな悪い知らせが、配慮の戦術と共に紹介されている。15の例文のどれをとっても、悪い知らせなど本当は存在しないのかも、と思わせる曖昧さはないはずだ。

また、曖昧さによって信頼が失われる可能性や、一部の非友好的な関係者が意図的に曖昧さを利用して、不利な噂を流す可能性も避けたい。つまり「自制」は、基本的な事実が曲解されることのない程度に、使う必要がある。

2 リスク2：弱さ

他のソフトな感情や態度と同様に、悪い知らせを伝える度に「自制」していると、読み手に弱いという印象を与えるリスクがある。そのため、逆上した読み手があなたの伝えた悪い知らせに対して、反撃してくる可能性さえある。

弱いと誤解されることを防ぐには、確たる自信を持って、理由を述べることだ。

感情・態度

7 謝罪 (あなたに非があるとき)
APOLOGY

"An apology is the superglue of life. It can repair just about anything."

— Lynn Johnston

「謝罪は人生の接着剤。ほぼなんでも修理できる」　　　リン・ジョンストン（カナダ人漫画家）

"Never explain — your friends do not need it and your enemies will not believe you anyway."

— Elbert Hubbard

「決して説明するな──友人には必要ないし、敵はどうせ信じないだろう」

エルバート・ハバード（アメリカの芸術家・哲学者）

相手に与えるブランド・イメージ ▷ **責任感とプロ意識のある**
Accountability and professional

Motives & Content 「謝罪」が効果のある目的・テーマ

「謝罪」を表現することが効果的な目的は次のようなものだ。

【目的 7-1】 自分の失敗で迷惑をかけたときに、相手に安心感を与え、理解を求める

【目的 7-2】 良好な関係を維持するため、許しを請い、受け入れてもらう

【目的 7-3】 自分の過ちを償うため、責任を認める

【目的 7-4】 相手の失望を受け入れる

【目的 7-5】 謝罪文を書きやすく、相手にとっても受け入れやすくする

「謝罪」を表現することが効果的なテーマ・話題は次のようなものだ。

【1】 あなたが犯した厄介なミス

【2】 守れなかった約束

【3】 納品、作業完了などの重大な遅れ

【4】 相手をがっかりさせた行動

【5】 相手を困らせた事柄へのあなたの関与

【戦術 7-1】悔恨の思いを表しつつ、ミスを伝える

表現例 **I'm afraid to say that we ...**

（申し訳ないことに、私どもは…［ミスを犯しました]）

【戦術 7-2】自分の関与を悔やむ

表現例 1 **I'm sorry that we sent the wrong item.**

（間違った商品をご送付してしまい、申し訳ありませんでした）

表現例 2 **We sincerely apologize for ...**

（[ミスをして／やるべきことができず] 心からお詫び申し上げます）

【戦術 7-3】責任の所在がはっきりしない場合は、状況に焦点を合わせる（受動態）

表現例 **I'm sorry that the wrong item was delivered.**

（間違った商品が送付されてしまい、失礼致しました）

【戦術 7-4】許しや理解を求める

表現例 **We would appreciate your kind understanding.**

（何卒ご理解を賜りますようお願い申し上げます）

【戦術 7-5】失敗を中和する

表現例 1 **... this situation** （…この状況）

表現例 2 **... this matter** （…本件）

表現例 3 **... this problem** （…この問題）

表現例 4 **... these circumstances** （…これらの状況）

Samples 「謝罪」を効果的に使った実践例

自分に非がある場合に謝罪文を書くということは、その責任を取る、さらには間接的に解決策についても責任を取ることを意味する。しかし、当事者ではあるものの、礼儀として、表面上は責任を取っているように見せるために謝罪することもある。例えば次のようなものだ。

1 こちらが問題を起こした

❶ システム不具合による問題：お詫びと解決策

例 **We apologize for any problems** you had from our mail system. We have taken care of the input irregularities so we expect that should take care of the situation.

（この度は弊社メールシステムにてご迷惑をおかけして、申し訳ございませんでした。入力の不具合に対処しましたので、解決する見込みです）

❷ 自分のミスによる問題：お詫び、説明、そして解決策

例 **Very sorry** for sending the incorrect information because of a mistake in data input. I appreciate your understanding. We expect to resolve the problem by Friday.

（データ入力ミスにより、誤った情報を送信してしまい、本当にすみませんでした。ご理解を賜りますようお願いいたします。金曜日までに問題を解決できる見込みです）

❸ 配送サービスの決済システムに起因する問題：お詫びと解決策

例 **Our apologies** for burdening you with this payment problem of our courier. We will make sure that there are no extra costs passed on to you from it.

（この度は、宅配便のお支払いに関する問題で、お客様にご負担をおかけして申し訳ございませんでした。本件でお客様に追加費用が発生しないようにいたします）

2 関与はしているが、私の責任ではない

❹ 問題は外部組織にあるが、余波の責任を負う

例 **I'm very sorry to say** that we cannot report the test results for a few weeks because of trouble at the test analysis institute. **Unfortunately,** no other organization can run these tests.

（大変申し訳ありませんが、試験分析機関のトラブルにより、数週間は試験結果をご報告することができません。残念ながら、このようなテストを実施できる機関は他にありません）

❺ 実際の問題は、相手が時間を要する突然の追加要求をしてきたこと

例 **Very sorry for our delayed reply** to your additional questions. **I'm afraid** it's going to take us more time to respond to them.

（追加のご質問へのお返事が遅くなり大変申し訳ございません。すみませんが、回答までもう少し時間がかかりそうです）

❻ 問題は、当社仕入先からの供給不足にあるため責任を負う

例 **I'm very sorry to have to tell you** that we are not sure when your video game pre-order will be available, as supplies are now out of stock. I will let you know as soon as new items are in stock again.

（大変申し訳ございませんが、現在仕入先にて在庫切れとなっており、ご予約のゲームソフトの入荷がいつになるかわからない状況です。新しい商品が入荷次第お知らせいたします）

❼ 問題は、メーカーの文書提供が遅れていること：影響の少ない問題で、責任の所在には言及せず、軽く謝罪する

例 **Sorry for the delay** in providing tech data sheets. DEF is expected to deliver them by the end of January. We will inform you as soon as we receive delivery schedule updates.

（技術データシートの提供が遅れて、すみません。DEF 社からは、1 月末までに届く予定になっています。配送予定が更新され次第ご連絡申し上げます）

❽ 問題は、予測不可能な技術的なもの：問題を説明し理解を求める

例 **We regret to report that** the chemical targets cannot be decided by mid-July as we expected. X-fluid had unexpected complications. **So I'm afraid to say** we will need at least another two weeks.

（残念なことに、予定していた 7 月中旬までターゲットとなる化学物質を決定することができませんでした。X- 流体には想定外の問題がありました。ですから残念ですが、少なくともあと 2 週間は必要です）

❾ 問題は、会社が休みだったこと：カジュアルな謝罪と時間の猶予のお願い

例 Thank you very much for your email and **sorry for the delay of our reply**. We were shut down due to our summer holiday on Friday. Could you wait just a little longer for your items, please?

（ご連絡いただき、ありがとうございます。そして返信が遅くなり、失礼いたしました。金曜日は夏季休暇でお休みをいただいておりました。ご指定の商品につきましては、もう少しお時間をいただけますと幸いです）

3 不測の事態であり、どうしようもない。謝罪は礼儀のためだ

⑩ 問題の本質は、相手の要望が非現実的だった：謝罪と限定的な約束

例 **I regret that I will not be able to** meet your request for the information by May 16. I'm **afraid to say** that answering your additional questions still requires more time. I will try to answer by the end of the month.

（残念ながら、5 月 16 日までに情報を、とのご要望にお答えすることができません。恐れ入りますが、追加のご質問にお答えするにはさらに時間がかかります。今月中にはお答えできるよう努力いたします）

⑪ 問題はよくあることで、影響が少ない：謝罪と生じる結果を伝える

例 **I regret that I will not be able to attend** the ABC Congress because of a work emergency, so **regrettably,** I must cancel my registration.

（仕事の都合で ABC 会合に参加できなくなりましたので、残念ながら登録をキャンセルさせていただきます）

4 礼儀として謝るだけ

⑫ 問題はよくあること：礼儀上、謝罪の言葉を含めているだけ

例 We really appreciate your work on this matter and **we apologize for** any trouble it might have caused you and Mr. Sato. Could you also please **pass on our thanks and apologies** to him?

（本件にご尽力いただき、厚く御礼申し上げるとともに、佐藤様にもお手を煩わせて失礼いたしました。佐藤様にもお礼とお詫びをお伝えいただけますでしょうか？）

Notes, exceptions, and cautions 補足・例外・注意

1 相手のせいにしない

まるで相手のせいだと言わんばかりの言い訳をしないようにする。次のような説明は、相手の質問を批判しているように聞こえる。

I'm sorry to be late answering your questions. It took me some time to understand them.

（ご質問にお答えするのが遅くなって申し訳ありません。ご質問を理解するのに時間がかかってしまいました）

2 相手の優先度が低いかのような説明はしない

自分の他の仕事の方が、相手より重要であるかのような説明は、事実だとしても避ける。

I'm sorry I can't meet you on Friday. I have an important meeting.

（金曜日にお会いできないのは残念です。大事な会議が入っているんです）

I'm sorry I have a previous commitment on Friday. How is next Monday?

（金曜日は先約があり、申し訳ありません。来週の月曜日はいかがですか?）

3 謝罪に代えて

説明は「謝罪」の代わりになる。

We are really sorry for making you wait and being unable to give you a reply.

（お待たせしてしまい、またお返事を差し上げることができず、本当に申し訳ございませんでした）

We understand your urgency but we would be grateful if you could wait until early next week for our reply.

（お急ぎなのは承知しておりますが、返信は来週初めまでお待ちいただけますと幸いです）

「理解」も「謝罪」の代わりになる。

We understand your urgency, but we would appreciate it if you wouldn't mind waiting until early next week for our reply.

（お急ぎなのは承知しておりますが、来週初めまで返信をお待ちいただけますと幸いです）

4 Eメールでの謝罪のフォーマル度

Eメールでの謝罪の7割はカジュアルな傾向にある。

		sorry	40%	
sorry	40%	unfortunately	20%	
unfortunately	20%	I'm afraid	8%	
apologize	17%	カジュアル合計	68%	
regret	14%	apologize	17%	
I'm afraid	8%	regret	14%	
		フォーマル合計	31%	

8 理解
UNDERSTANDING

"... finding echoes of another person in yourself."　　　— Mohsin Hamid

「…自分の中に他人の響きを見つける」　　　モーシン・ハミッド（パキスタン系イギリス人作家）

"What fault of mine most nearly resembles the one I am about to criticize?"
　　　— Marcus Aurelius

「私のどの欠点が、これから私が批判しようとしている欠点に最も似ているだろうか？」
　　　マルクス・アウレリウス（ローマ皇帝［在位 161-180］、ストア派哲学者）

相手に与えるブランド・イメージ　**オープンマインドで思いやりのある**
Open-minded, considerate

Motives & Content 「理解」が効果のある目的・テーマ

「理解」を表現することが効果的な目的は次のようなものだ。

【目的 8-1】 こちらが難しい要求をしていると認めることで、相手の協力意欲を維持する

【目的 8-2】 相手が辛い時期を過ごしていることに理解を示し（そして調整し）、困難な状況を打開する手助けをする

【目的 8-3】 相手との共通点を強調することで、反対意見を述べたときに生じる摩擦を和らげる

【目的 8-4】 相手の視点を軽んじているのではなく、慎重に考慮した上で反対意見を述べたことを理解してもらう

【目的 8-5】 相手の困難に理解を示すことで、後にそれを言い訳にして必要な行動を避けることを防ぐ

「理解」を表現することが効果的なテーマ・話題は次のようなものだ。

【1】こちらの新しい方針に仕事を合わせるよう要請する

【2】面倒な手続きに従ってもらわないといけないことを説明する

【3】取引中止を表明する

【4】こちらの仕様に合わせるように要請する

【5】相手が不必要だと思っていることをやってもらう必要性を伝える

Tactics 「理解」を使いこなすための戦術

 POINT 相手の状況に、特にこちらの要求が困難の一因となっている場合は、共感を示す。

【戦術 8-1】 ある出来事によって気付かされたことがある
表現例 **I realize ...** (…ということがわかっています)

【戦術 8-2】 あることを正確に把握できた
表現例 **I understand ...** (…と理解しております)

【戦術 8-3】 あることの価値や影響を受け入れる
表現例 **I appreciate ...** (…を十分理解しております)

【戦術 8-4】 ある情報を争点ではなく事実として受け入れる
表現例 **I know ...** (…を知っています)

【戦術 8-5】 以前争点となっていた、あることを認める
表現例 **I recognize ...** (…と認識しています)

Samples 「理解」を効果的に使った実践例

ここでは、読み手の状況に理解を示す英語表現、こちらの状況に理解を求める英語表現など、困難な状況に対処するための英語表現を、対処法別に紹介する。

1 相手の立場に理解を示しつつも、相手にとって困難なことを要求する

❶ 相手の困難さを理解しつつも、なぜ行動を起こしてもらう必要があるのかを説明する

例 **I understand** that this is short notice, but we **need to ask you to update** your PR materials. Our national campaign slogan has been refreshed.

（急なお願いなのはわかっていますが、広報資料の更新をお願いしなくてはいけません。全国キャンペーンのスローガンが刷新されたのです）

❷ 複雑な事情に同情しつつも、合わせてもらう必要性を訴える

例 The new accounting system comes on line from April 1. **I realize that** this requires a lot of staff retraining, but **we need everyone to** be ready by March 31.

（新しい会計システムが4月1日に稼働します。スタッフの再研修が大いに必要なことはわかっていますが、全員が3月31日までに準備を整える必要があります）

❸ 相手のニーズに共感を示しつつ、こちらの状況を伝える

例 We are considering your suggestions on workflow, but **we require performance reports** before we act on them. Thank you for **your kind understanding**.

（ワークフローに関するご提案は検討中ですが、実行に移す前に性能報告が必要です。何卒ご理解のほどよろしくお願い申し上げます）

2 相手の立場に理解を示し、調整する

❹ 相手の過程に関する説明を理解し、受け入れていることを示す

例 **We understand**, as you shared with us, that if we use the AB process, emission levels will be acceptable. **So we are working now** to adopt it.

（ABプロセスを採用すれば、共有していただいたように、排出レベルが許容範囲内に収まることを理解しております。そのため、現在その採用に向けて取り組んでいるところです）

❺ 相手の予測を理解し、受け入れる

例 Your report helped us **realize** that switching to that machine will increase product yield. So we plan to purchase one set of the machinery for testing.

（あなたの報告書のおかげで、その機械に切り替えることで生産歩留まりが向上することがわかりました。そこで、試験的にその機械を1セット購入することを予定しています）

❻ 相手の製造コスト分析を受け入れる

例 We **recognize** from your report that it may be cheaper to produce there, so we are moving to establish a test facility for that purpose.

（あなたの報告書から、現地で生産した方がコストを抑えられるかもしれないことを認識しており、そのための試験設備を設立する方向で動いています）

❼ 相手の問題を理解し、解決に取り組んでいる

例 We **realize** this proposal may not be the best for you, so we are working on adding new conditions to take care of your concerns.

（私たちは、この提案が御社にとって最良のものではない可能性があることを承知しております。そのため、ご心配を解消できるよう、新たな条件の追加に取り組んでおります）

❽ 相手があなたの望む解決策を採用するなら、助ける義務が生じることを受け入れる

例 AGJ **appreciates** that this method may not be the easiest for you. So we will provide production materials and technical assistance to help you with it.

（AGJ は、これが御社にとって最も簡単な方法ではないことを十分理解しております。そこで、AGJ は生産資材と技術サポートを提供し、御社のお手伝いをいたします）

3 あなたが必要としているものを理解し、受け入れてくれるよう相手にお願いする

❾ 相手の分析を部分的には受け入れつつ、問題があることについて理解を求める

例 **As you pointed out**, if we use the AB process, emission levels will be acceptable. But we **ask you to understand** that tests of AB show inconsistent product quality.

（ご指摘の通り、AB プロセスを使用すれば、排出レベルは許容範囲内に収まります。しかし、AB プロセスのテストでは、製品の品質にばらつきが生じることをご理解ください）

⑩ 相手の予測のメリットは受け入れつつ、デメリットがあることへの理解を求める

例 **Yes,** that process increases product yield. But we **ask your kind understanding** that wc won't be able to use it unless product purity is improved.

(はい、そのプロセスは製品の歩留まりを向上させます。しかし、製品の純度が向上しない限り、使用することはできないことをご理解いただければと思います)

⑪ 相手のコスト面での優位性は知っているが、規制の難しさへの理解を求める

例 **We realize** it may be cheaper to produce in your country, but **please understand** that your local rules make it impossible to produce at a profit.

(あなたの国で製造する方がコストを抑えられるかもしれないことはわかっているのですが、あなたの国の規制では利益を上げる製造が不可能であることをご理解ください)

⑫ もっと迅速な対応が望ましかったことは認めつつ、こちらの予定への理解を求める

例 It would have been best if we could have sent it by Friday. Sorry about that, but we're trying for next Tuesday. **Thanks for your understanding** and kind cooperation.

(金曜日までにお送りするのがベストでした。すみませんでした。ですが、来週の火曜日を目指しております。ご理解とご協力をお願いいたします)

⑬ あなたの提案が相手にとって理想的なものではないことを理解した上で、現状では最良のものであることを受け入れてもらう

例 We realize this proposal is not the best for you. But it's the best we can do now, so we would really be **grateful for your kind understanding** and acceptance.

(私たちは、この提案が御社にとって最良のものではないことを承知しております。しかし、これが現状では当社にできる精一杯のことですので、何卒ご理解とご了承を賜りますようお願い申し上げます)

⑭ 問題が発生する可能性があることがわかっているので、フィードバックを求める

例 I **understand** that this revision may cause some problems. So we will appreciate your **keeping us informed** of what's happening at your end.

(今回の改訂で何かとご迷惑をおかけすることもあるかと思います。そのため、そちらで起きていることを逐一お知らせいただければ幸いです)

Notes, exceptions, and cautions 補足・例外・注意

1 頻繁に求めすぎない

相手が嫌がることに理解を求めるのは、メール1通につき1回だけにしておく。あまりに頻繁にやると、自分の権力を相手に対して不当に使っていると思われかねない。

2 相手が理解していない、あるいは理解しようとしないと確信できる場合は、この戦術は避ける

3 拒否するのは難しいものだと理解する

このような理解の要請は、さらに配慮の表現が加わらない限り、相手に選択の余地がないかのようなプレッシャーを与えがちだ。

I would be **grateful** for **your kind understanding in considering** these requests.

（以上のお願いにご理解賜りますよう、何卒よろしくお願い申し上げます）

4 弱く見られないよう、共感や理解はほどほどに

あまりに弱腰だと、メールの威力が損なわれる。

次の例は期日を守れなかったジョンに対して、理解を示しすぎている。

Hi John,

I hope you're doing well. I **know how distressing** it is to miss a deadline. I **completely understand** why this happened. We're all human, and I **know it's not always possible** to finish on time. Just take as much time as you need.

（こんにちは、ジョンさん。大丈夫ですか。期日を守れないことがどれほど苦しいか、よくわかります。なぜこのような事態が起こったのか、完全に理解できます。人間だから、時間通りに終わらないこともあると思います。必要なだけ時間をかけてください）

→ここまで理解を示すと、ジョンはすべての責任から逃れることになる。

Hi John, and thanks for letting us know about the project deadline. So, I'd appreciate you letting us know as soon as possible when you can complete it. As **I'm sure you can understand**, ABC Co. is quite anxious about when they'll be able to receive the items we promised them.

（ジョンさん、こんにちは。そしてプロジェクトの期日についてご連絡いただきありがとうございます。いつまでにプロジェクトを完了できるか、できるだけ早くお知らせいただけると助かります。よくご存知と思いますが、ABC社は約束した商品がいつ届くのか、かなり心配しています）

→ジョンに時間的プレッシャーをかけ続け、顧客の問題を理解しているかどうか尋ねる。

感情・態度

9 柔軟性
FLEXIBILITY

"... the art of moving around obstacles without losing your balance."　　Anon

「…バランスを崩さずに障害物を回避して動く術」　　無名

相手に与えるブランド・イメージ　**適応力があって、協力的な**
Adaptable and collaborative

Motives & Content 「柔軟性」が効果のある目的・テーマ

「柔軟性」を表現することが効果的な目的は次のようなものだ。

【目的 9-1】将来の出来事に対処するための自らの心構えを示す

【目的 9-2】相手の状況に配慮することで、相手の心を引きつける

【目的 9-3】他者からの意見を積極的に受け入れることで、他者を勇気付ける

【目的 9-4】状況に応じて行動を調整するよう、周囲を動かす

【目的 9-5】適応にも限度があることを周囲に知らせる

「柔軟性」を表現することが効果的なテーマ・話題は次のようなものだ。

【1】計画
【2】製品
【3】規制
【4】プロセス
【5】スケジュール

Tactics 「柔軟性」を使いこなすための戦術

POINT 状況に応じて変化する用意があることを表現する。

【戦術 9-1】 状況にどのように適応していくかを伝える

表現例 adapt（適応する）, modify（修正する）, alter（変更する）, reorganize（再編成する）, revise（修正する）, improve（改善する）, upgrade（アップグレードする）, enhance（強化する）, make available（入手可能にする）

【戦術 9-2】 どれだけ早く適応する用意があるかを見せる

表現例 prompt（即座の）, speedy（迅速な）, quick（素早い）, immediate（即時の）, in a timely manner（タイミングよく）

【戦術 9-3】 どの程度変化に近づいているかを説明する

表現例 considering（検討中）, willing to（～する意思がある）, happy to（喜んで～する）, ready to（すぐに～できる）, planning to（～する予定だ）, going to（～することになっている）

【戦術 9-4】 行った調整がいかに素晴らしいかを示す

表現例 different（違っている）, out of the ordinary（並外れた）, new（新しい）, distinctive（異彩を放つ）

【戦術 9-5】 柔軟性の限度をはっきりさせる

表現例 Japanese law（日本の法律）, our compliance rules（我が社の順守事項）, what my boss will accept（上司が承諾すること）

Samples 「柔軟性」を効果的に使った実践例

ここでは、柔軟性が必要な事柄と、それに影響を与える **1**〜**12**の状況別に実践例を紹介していく。それぞれ❹（相手への）柔軟性の求め方と、❺（こちらからの）柔軟性の示し方を紹介する。

1 問題発生による管理システムの変更
❹柔軟性の求め方

例 We need to adapt to X and Y, so I think we're going to need **dynamic upgrades in our US distribution management**.

（X と Y に適応するためには、米国の流通管理の大胆なアップグレードが必要だと思います）

❺柔軟性の示し方

例 To adapt to the X and Y problems you informed us of, we're planning **dynamic upgrades in our US distribution management**.

（お知らせいただいた X と Y の問題に適応するため、私たちは米国の流通管理の大胆なアップグレードを計画しています）

2 問い合わせ数を増加させるために URL を変更する
❹柔軟性の求め方

例 In order to attract more inquiries, we need **an urgent change of the url**.

（より多くの問い合わせを募るためには、URL の変更が急務です）

❺柔軟性の示し方

例 If you think **it would be better for attracting** inquiries, I've decided **to change** the url right away, from info@ABC to contact@ABC.

（その方が問い合わせを増やすにはより効果的なので、すぐにでも URL を info@ABC から contact@ABC に変更することにしました）

9
柔軟性

3 入場者数を増やすためのスタッフ増員
Ⓐ柔軟性の求め方

例 We need **more staffing** if we're going to increase attendance.
（入場者数を増やすには、もっと人員が必要です）

Ⓑ柔軟性の示し方

例 If you can show that it would really lead to increases in attendance, **I'll provide more staff**.
（それが本当に入場者数の増加につながると証明できれば、人数を増やすつもりです）

4 顧客の新任マネージャーへの挨拶を計画
Ⓐ柔軟性の求め方

例 I suggest you wait a little before you **contact that company**, so that the new manager who's joining them next month has time to think about what he wants to do.
（来月着任する新しいマネージャーの予定がはっきりするまで、あの会社への連絡はもう少し待つことをお勧めします）

Ⓑ柔軟性の示し方

例 I agree, **let's not contact that company yet**, so that the new manager who's joining them next month has time to think about what he wants to do.
（そうですね。来月着任する新しいマネージャーの予定がはっきりするまで、あの会社への連絡はまだやめておきましょう）

5 地元販売会社の利用を可能にする新しい小売システム
Ⓐ柔軟性の求め方

例 I think we should consider **adopting this new retail system, "X-pert,"** so that we can change to a local support vendor.
（地元のサポートベンダーに変更できるよう、この新しい小売システム "X-pert" の採用を検討すべきだと思います）

Ⓑ柔軟性の示し方

例 If we **adopt this new retail system, "X-pert,"** we'll also be able to change the support vendor from MX of Belgium to a local company, as you suggested.
（この新しい小売システム "X-pert" を採用すれば、ご提案いただいたように、サポートベンダーをベルギーの MX から地元の会社に変更することも可能になります）

6 売上予測が変更される可能性があるため、最終的な承認を待つ必要あり

❹柔軟性の求め方

例 Is there a **possibility they will need us to change these estimates**? Is that why we haven't received final approval for them yet?

（この売上予測を変更するよう求められる可能性はありますか？それがまだ最終的な承認を得ていない理由ですか？）

❺柔軟性の示し方

例 There's a **possibility the manager will require us to change the sales estimates**. That's why we haven't got final approval for them yet.

（マネージャーから売上予測の変更を要求される可能性はあります。そのため、まだ最終的な承認は得ていないのです）

7 条件を満たしている受注システムの変更を承認

❹柔軟性の求め方

例 I **suggest that we change the order system** according to my plan. It complies with Spec 004A, so we can do it without changing the present platform.

（私の計画に従って受注システムを変更することを提案します。スペック 004A に適合していますので、現在のプラットフォームで使用可能です）

❺柔軟性の示し方

例 Your **suggestion to change the order system** complies with Spec 004A for all types of orders, so **we can do it** without changing the present platform.

（受注システムを変更するというご提案は、すべての種類の注文についてスペック 004A に適合していますので、現在のプラットフォームを変更することなく行うことができます）

8 製品販売寿命に基づく新製品の発売点数の変更
Ⓐ柔軟性の求め方

例 Shouldn't we **make plans to launch more new products** than before? These days, the product life cycle is much shorter than it used to be.

（以前よりも多くの新製品を発売する計画を立てるべきではないでしょうか。最近では製品の販売寿命は以前よりはるかに短くなっています）

Ⓑ柔軟性の示し方

例 We need to **launch more new products** these days because the product life cycle is much shorter than it used to be.

（製品の販売寿命が以前よりはるかに短くなっているため、最近ではより多くの新製品を発売する必要があります）

9 工程分析結果について予期せぬ変化が見られるときの対応
Ⓐ柔軟性の求め方

例 If the XY process results change, won't we **need a speedy test** to find out why?

（工程 XY の結果が変われば、その原因を突き止めるための迅速なテストが必要ではないでしょうか？）

Ⓑ柔軟性の示し方

例 If your XY process results change, I'm going to **perform a quick XY test** to find out why.

（工程 XY の結果が変われば、簡単な XY テストをして原因を探ります）

10 欧州における試験方法の新しい要求事項
Ⓐ柔軟性の求め方

例 What's the **plan to change our test method** to adapt to the new European requirements?

（欧州の新しい要求事項を満たすために試験方法を変更する計画とはどのようなものですか？）

Ⓑ柔軟性の示し方

例 Our **test method has to be changed** to adapt to the European market's new requirements.

（欧州市場の新しい要求に適応するために、試験方法を変更する必要があります）

11 現在の納入業者の供給能力に照らして、業者リストを変更
Ⓐ柔軟性の求め方

例 Can we please ask ABC to **authorize a new vendor** for the vendor's list? Vendor DE says they cannot increase their supply at all.

（納入業者のリストに新しい業者を承認するよう、ABC 社にお願いできませんか？業者の DE は、供給量をまったく増やせないと言っています）

Ⓑ柔軟性の示し方

例 We need ABC to **authorize adding a new vendor to their vendor's list** because the present vendor cannot supply the quantity we need.

（現在の業者では必要な数量を供給できないため、ABC 社に納入業者リストへの新たな業者の追加を承認してもらう必要があります）

12 製品の品質に影響する包装
Ⓐ柔軟性の求め方

例 We'd really appreciate it if you could **change the shipping box**, since the present box crushes your beautiful product.

（現在の箱では、せっかくの美しい商品がつぶれてしまうので、配送用の箱を変えていただけるとありがたいです）

Ⓑ柔軟性の示し方

例 We will **change the shipping box to a larger one**, to protect the product from being crushed by the box.

（商品つぶれ防止のため、配送用の箱を大きいものに変更させていただきます）

Notes, exceptions, and cautions 補足・例外・注意

★柔軟になりたくないとき

なりたくない、なる覚悟ができていない、なる用意ができていない、なることはない、抵抗する覚悟ができている、抵抗する用意ができている。このような状況に置かれている場合には、以下の例を参照してほしい。

1 あなたの理由：相手が求める変更は時期尚早だと考える

例 I am **unwilling to make the adjustments you suggested** to our business plan at this time. It's too early to depart from our current plan.

（現時点では、ご提案いただいた事業計画の調整を行うつもりはありません。現在の計画から離れるのは時期尚早です）

2 あなたの理由：変更はスケジュールの遅れを引き起こす可能性があると思う

例 I am **unlikely to accept any design change proposals**. Changing designs now will delay our project schedule.

（いかなるデザイン変更も受け入れることはないと思います。今デザインを変更すると、プロジェクトのスケジュールが遅れてしまいます）

3 あなたの理由：変更は現状を悪化させると思う

例 I am **ready to resist any suggestions** that could have a negative effect on my business.

（事業に悪影響を及ぼしかねないいかなる提案にも、断固として抵抗する覚悟です）

4 あなたの理由：相手が求める変更は実際、売上減少につながると思う

例 I **will not make any of those changes** because they could have a negative effect on sales in the next term.

（来期の売上に悪影響を及ぼす可能性がある以上、そのような変更を行うつもりはありません）

5 あなたの理由：変更は欠陥製品につながる

例 We **are not going to change the synthesis process**. Many companies in our industry have reported that doing so **can result in defects**.

（合成過程を変えるつもりはありません。多くの同業他社が、そのような変更によって欠陥が生じる可能性があることを報告しています）

6 あなたの理由：現状は代替案を上回る

例 I'm **not going to change** the current method. It has given us better results than any of the changes that we tested.

（今の方法を変えるつもりはありません。私たちが試したどの方法よりも、良い結果が出ていますので）

感情・態度

10 敬意
DEFERENCE

"Be humble, be gracious, and make peace with inner fears ..."　　　　— Anon

「謙虚であれ、慈悲深くあれ、そして内なる恐怖と和解するのだ…」　　　　　不明

"I just think that we show an awful lot of deference to chefs in our culture and maybe not enough deference to customers."　　　　— Pete Wells

「我々の文化では、シェフに対して多大な敬意を示すが、客に対する敬意は足りないように思う」

ピート・ウェルズ（料理評論家）

相手に与えるブランド・イメージ ＞ **立場のある人に敬意を払う**
Respectful towards people of status

10
敬意

Motives & Content 「敬意」が効果のある目的・テーマ

「敬意」を表現することが効果的な目的は次のようなものだ。

【目的 10-1】地位、名声、年功が自分より上の相手に助けてもらう
【目的 10-2】相手の仕事の範疇ではないことをやってもらう
【目的 10-3】普段頼んでいることよりも難しいことをやってもらう
【目的 10-4】自分には要求する権利のないことを求める
【目的 10-5】個人情報など、デリケートなアプローチが必要なものを求める

「敬意」を表現することが効果的なテーマ・話題は次のようなものだ。

【1】上司、顧客等、自分より立場が上の人に行動をお願いする
【2】著名な専門家に指導や助言を求める
【3】顧客、重要なマネージャーなどからの主張、苦情等に対応する
【4】顧客への不備、ミスを詫びる
【5】直接は担当していない関係者に情報を求める

POINT 相手にアプローチするための許可や同意を求めることで、本心からであれ上べだけであれ、相手の立場を尊重していることを示す。

【戦術 10-1】相手にアプローチする許可を求める

表現例1 **If I may, could I ask you to ...?**

（よろしければ、…するようお願いできますか？）

表現例2 **If I may ask, could you please ...?**

（もしよろしければ、…するようお願いできますか？）

【戦術 10-2】相手にアプローチをしても構わないか尋ねる

表現例1 **If you don't mind, I'd like to ...**

（もし差し支えなければ…をさせていただきたいのですが）

表現例2 **If it's ok ...**

（もしよければ）→カジュアル

【戦術 10-3】相手にアプローチすることを受け入れてもらう

表現例 **If you'll allow me to, I'd like to ...**

（恐縮ですが…してもよろしいでしょうか）

【戦術 10-4】相手にとって可能であるかどうかを尋ねる

表現例 **If it's possible, I need to ask you to ...**

（もし可能なら、…していただくようお願いしたいのですが）

【戦術 10-5】立場のある人物に悪い知らせを告げる

表現例 **If I may, I would like to respectfully remind you ...**

（謹んで申し上げますと、…ということになっております）

Samples 「敬意」を効果的に使った実践例

ここでは、自分ではコントロールできない状況別に、自分より力のある人に対して行動を促す表現の実践例を紹介していく。

1 自分より地位、名声、年功が上の人の助けを求めるとき

❶ 立場などが自分より上の人の援助を必要とする際に、許可を求める

例 Professor Smith, **if I may, I would like to ask for** the details of Dr. Nakamura's flight to Tokyo, so that we can arrange to meet her at Narita.

（スミス教授、もしよろしければ、中村先生と成田で落ち合う手配をするために、中村先生の東京行きのフライトの詳細をお教え願えますでしょうか）

❷ 地位のある人物に、まだ返信をもらえていないことを再度伝える。ただ忘れているだけの可能性があるため、敬意をもって思い出すことを促す

例 **If you'll allow me to**, I would like to ask you **once again** for your reply to my mail of August 7.

（恐縮ですが、8月7日付のメールへの返信を、再度お願いしてもよろしいでしょうか）

❸ 購入の決断が迫っているので、見積もりを早く出してもらいたい

例 **If I may ask**, I'd be **grateful** if we could get your quotation for the legal services by Friday next week at the latest.

（もしよろしければ、遅くとも来週の金曜日までに、法律相談料の見積もりを出していただけますと幸いです）

❹ 社内の専門家に、新しいアイデアを検討することを提案したい

例 **If I may make a suggestion,** comparing our products to other maker's products might be useful.

（ご提案させていただくとすれば、他社製品と当社の製品を比較することが有効かもしれませんね）

❺ 顧客を失望させたので、説明させてほしいと頼みたい場合

例 **If you'll allow me to,** I'd like to explain why the shipment will take longer than the usual four days.

（もしよろしければ、発送に通常の4日よりも時間がかかる理由をご説明したいのですが）

❻ 相手のメッセージの曖昧な点を明らかにしたい：専門家が推奨する製品について

例 **If you don't mind,** I'd like to **ask if you could** confirm the correct software version for this application.

（差し支えなければ、このアプリケーションの正しいソフトウェアのバージョンをご確認いただけますでしょうか）

10 敬意

2 相手の仕事の範疇ではないこと、もしくは普段以上に困難なことを要求するとき

7 あなたのために何かをする義務のない人にものを尋ねるときは、まず許可を得る

例 **If you don't mind me asking,** could you show us your market research for Q1 next year?

（差し支えなければお伺いしたいのですが、来年第1四半期の市場調査を見せていただけますでしょうか？）

8 あなたの質問に答えるのが誰の仕事かわからない：仕事相手と同じチームの人が送付してきたファイルについて尋ねたい

例 Thank you for the files we got from Mary yesterday. **Is it all right if I ask you** a couple of questions about them?

（昨日メアリーさんから受け取ったファイル、ありがとうございました。それについて、いくつかお伺いしてもよろしいでしょうか？）

9 難しいとわかっていることを聞くだけ聞いてみる

例 **If you don't mind, I'd like to ask you** for a big favor. Do you think you could give us some guidance on the new project management tool?

（差し支えなければ、折り入ってお願いがあります。新しいプロジェクト管理ツールについて、ご教示いただけますでしょうか？）

10 ABC 社がまだ履行していない約束について言及する

例 If I **may, I would like to respectfully** mention ABC's agreement on delivery conditions.

（もしよろしければ、納入条件に関する ABC 社の合意について、謹んで申し上げたいと思います）

11 顧客の銀行情報が必要なので、必要な理由を伝えて、控えめに尋ねる

例 **Do you mind if** I ask for ABC's bank account details? We need to deposit the refund ABC is owed.

（ABC 社の銀行口座の詳細をお伺いしてもよろしいでしょうか？ ABC 社への返金を送金させていただく必要があるのです）

3 要求する権利のないもの、デリケートなアプローチが必要なものを得ようとするとき

12 断られても仕方のない相手の助けを必要とするときは、まず了承を得る

例 **If I may ask,** could you let me know if Mr. Smith is planning to take part in the product demonstrations?

（もしよろしければ、スミスさんが製品のデモンストレーションに参加する予定があるかどうか、教えていただきたいのですが）

⑬ 聞く権利がないことは承知の上で尋ねる

例 **If you'll allow me to,** I'd like to ask for your help regarding …

（お許しいただけるのなら、…についてお力添えをお願いできれば幸いです）

⑭ その行動を求める権利はまったくないけれど、許諾を得られるよう敬意を持って尋ねる

例 **If you'll be kind enough to allow me to,** I'd like to ask for your help regarding the order processing problems.

（もしもお許しいただけるのであれば、注文処理の問題についてお力添えをお願いしたいのですが）

⑮ 実際の環境に合わせて手続きを変更することを、本社に許可してもらいたい

例 **If it's acceptable to you,** we'd like to register both actors and directors in the same database.

（もしよろしければ、俳優と監督を、同じデータベースに登録したいと考えております）

⑯ 契約不履行というデリケートな問題を扱う際には、適切な敬意を持って尋ねる

例 **If I may respectfully confirm with you** about the Delivery section of our agreement, our understanding is that we should have received it by last week.

（謹んで確認させていただきたいのですが、契約書の納品に関する項目によりますと、先週末までに受け取るお約束だったかと思います）

⑰ 機密事項と思われる情報をもらえるか尋ねる

例 **If you can permit it,** I'd appreciate it if you could let us know the health insurance status of Premium members.

（可能であれば、プレミアム会員の健康保険の加入状況を教えていただけるとありがたいです）

⑱ 人事記録システム関連の提案をするために、社内情報を聞く必要がある

例 **If it's possible, I'd like to** confirm a couple of things about the ABC system.

（可能であれば、ABC のシステムについて確認させていただきたい点がいくつかございます）

10
敬意

Notes, exceptions, and cautions 補足・例外・注意

1 敬意を払いすぎるリスク

敬意を払いすぎると、弱い印象を与えかねない。時として自信に満ちた態度の方が、読み手にとっては魅力的で説得力があり、感動的でさえある場合もある。

もし敬意が効果的でないと思うなら、別の態度を使おう。あなたの目的は、自分を良く見せることではなく、あなたが望むことを受け入れてもらうことだ。

2 効果を強める方法

他のソフトな態度と同様、説得力のある理由を加えることで、読み手を説得する力を高めることができる。

3 敬意を込めた悪い知らせ

相手に悪い知らせを伝えたり、難しいことをお願いしたりするときには、"respectful"（丁重な）や "respectfully"（謹んで）を付けるのが適切だ。

例 We **respectfully** request that the contract provisions be complied with from next month.

（謹んで、来月からの契約条項の順守をお願いいたします）

4 敬意を込めた拒絶

敬意と拒絶は矛盾しがちだ。

 If you'll allow me to, I **have to refuse** your request.

（可能でしたら、ご要望はお断りしたいと思います）

拒絶には、「シンパシー」や「謙虚さ」の方がより適切でしっくりくる。

 I'm **sorry to have to report** that meeting your request **may be difficult**.

（残念ながら、ご要望にお応えするのは難しいかもしれません）

11 協調性
COOPERATIVENESS

"The strength of the team is each individual member. The strength of each member is the team."
— Phil Jackson

「チームの強さはメンバー一人ひとりの力。メンバー一人ひとりの強さはチームの力」

フィル・ジャクソン（マイケル・ジョーダンとシカゴ・ブルズのコーチ。スポーツ心理学の実践者として有名）

相手に与えるブランド・イメージ

チーム重視で、他人に助けを惜しまない
Team-oriented, helpful to others

Motives & Content 「協調性」が効果のある目的・テーマ

「協調性」を表現することが効果的な目的は次のようなものだ。

【目的 11-1】満足のいく建設的な関係を築く

【目的 11-2】相互理解によって問題を解決する

【目的 11-3】互いに基本的な善意を持って交渉する

【目的 11-4】実務的な協力に積極的に報いる

【目的 11-5】オープンで協力的な姿勢を通じて新たな仕事仲間を呼び込む

「協調性」を表現することが効果的なテーマ・話題は次のようなものだ。

【1】情報を共有する

【2】仕事ぶりを評価する

【3】問題を解決する

【4】意見の相違を乗り越える

【5】決断を下す

Tactics 「協調性」を使いこなすための戦術

POINT 支援をしたり、求めたりすることを含めて、他者と協力する積極的な姿勢を表現する。

【戦術 11-1】これから一緒にする仕事への前向きな期待を表す

表現例 We are <u>looking forward to</u> proceeding with this project with you.

（ご一緒にこのプロジェクトを進められることを楽しみにしています）

【戦術 11-2】一緒にした仕事への満足と感謝を示す

表現例 <u>Thanks as always for your great support</u> in our work. We appreciate <u>the opportunity to work with you</u> on this.

（いつも私どもの仕事に多大なご支援をいただき、ありがとうございます。この件で一緒にお仕事する機会を与えていただき、感謝しております）

【戦術 11-3】相手からの将来的な貢献を価値あるものと考えていることを示す

表現例 We hope you will <u>feel free to make suggestions any time</u>.

（いつでもお気軽にご提案いただければと思います）

【戦術 11-4】相手を支援する用意があることを表す

表現例 If there's <u>anything you need, please feel free to</u> ask us.

（何か必要なものがございましたら、遠慮なくお尋ねください）

【戦術 11-5】問題解決のためなら妥協の余地があることを示す

表現例 We're <u>ready to consider a change</u> if our plan is difficult for you.

（私どものプランが難しい場合、変更を検討する用意があります）

Samples 「協調性」を効果的に使った実践例

ここでは、有利な結果を得るために協調性を効果的に使った実践例を、さまざまなシナリオごとに紹介していく。

1 協力を申し出る

❶ この協力を素晴らしい機会ととらえていることを伝える

例 I'm very much **looking forward to** the **chance to work with you**.

(ご一緒に仕事ができることを、とても楽しみにしています)

❷ 将来的な関係構築に前向きであることを示す

例 I am **really anticipating working with you** on this and future projects.

(このプロジェクト、そして今後のプロジェクトで一緒に仕事ができることをとても楽しみにしています)

❸ 前任者に代わる後任者への継続的な協力を申し出る

例 I'm **happy to work with you and to continue the information sharing** that we extended to Smith-san.

(今後一緒に仕事ができ、スミスさんに広げさせていただいた情報共有を継続できることをうれしく思います)

❹ 能率的かつ誠実に礼儀正しく協力を申し出る

例 Of course, I will be **pleased to supply any other information you need** to facilitate health-related inquiries.

(もちろん、健康関連の問い合わせを円滑に進めるためにご入用の情報がほかにあれば、喜んで提供させていただきます)

❺ 必要に応じて追加情報を与える用意があることを示す

例 **If it would be helpful, we are confident we can show you** ways to decide between different product samples.

(もしお役に立てるようでしたら、異なる製品サンプルから決定する方法を、お教えできるかと思います)

❻ 相手の役に立つ機会を心待ちにする

例 If you need any information on this system, it will be **a pleasure for me to provide it**.

(本システムに関する情報がご入用であれば、喜んでご提供いたします)

11
協調性

2 協力を交渉する

❼ 自分の要求を後押しするために誠意ある協力的な態度を示す

例 We're **ready any time to cooperate** with you, so we will **really appreciate your kind understanding** of our request.

（いつでも協力させていただきますので、私どもの依頼にご理解賜りますよう、どうぞよろしくお願い申し上げます）

❽ 相手が新しい情報を提示してくれば、再検討する用意があることを示す

例 At this time, **I'm afraid we're unable to accept your kind offer**, but if you have any new information, we'll **certainly be happy to reassess it.**

（現時点では、残念ながらご提案をお受けすることはできませんが、何か新しい情報をお持ちの際は、もちろん喜んで再検討させていただきます）

❾ あなたが下した残念な決断に、相手が対処できるよう手助けをする

例 I'm **sorry we can't delay the event** past October as you asked, but we're **very happy to help you get ready for it.**

（ご要望のようにイベントを10月以降に延期することができないのは残念ですが、ぜひ準備のお手伝いをさせていただきたいと思っております）

❿ 相手の要求に協力するための条件を提示する

例 We are **ready to agree to ABC performing the task**, as long as **you make sure you use** our production process.

（私たちの生産工程が確実に含まれるならば、ABC社がその作業を行うことに同意する用意があります）

⓫ 障害を取り除く協力を申し出て、相手の参加を促す

例 **If your people can't attend** at the time we planned, **we are ready to reschedule**, since we need your help at the certification.

（もし御社のご担当者が予定の時刻に参加できない場合、認証取得のために御社のご協力が必要ですので、予定を変更する用意があります）

⓬ こちらが断ることで生じる痛みを和らげるため、今後の協力について形式的に申し出る

例 I'm **very sorry we can't accept** this proposal, but I **really hope we can work together in the future.**

（このご提案をお受けできないのはとても残念ですが、将来一緒に仕事ができることを心より願っています）

⓭ 楽観的に褒めることで、引き続き協力してもらう

例 Your products **did really well in our first round of tests**, so **could you please help us** set up the next round?

（御社の製品は一度目のテストでとても良い結果を残したので、ぜひ次回の設定をお手伝いいただけますか？）

3 協力を要請する

⑭ 協力してもらいたい分野を特定する

例 I'm really **looking forward to your help with acquiring performance rights**.

（出演権獲得へのご協力、どうぞよろしくお願いいたします）

⑮ 速やかな協力を求める

例 We **look forward to hearing from you soon** so that **we can get on with this project together**.

（一緒にこのプロジェクトを進めていけるよう、お早めのご連絡をお待ちしております）

⑯ 一緒に仕事することで得られるであろうことを重要視する

例 I am looking forward to hearing from you at the workshop. I'll be **very grateful for any suggestions you can give me** there.

（ワークショップでお会いできるのを楽しみにしています。そこで何かご提案いただければ幸いです）

⑰ 助けを必要としていることを示す

例 We **really need to ask for your kind help** in carrying out an inspection.

（検査の実行にぜひご協力いただきたく、よろしくお願いします）

⑱ 感謝してさらなる協力を求める

例 We really **appreciate your support on this. Also, could you let us know** what's happening with the next shipment?

（本件についてのご支援、心より感謝いたします。また、次回入荷について教えていただけますでしょうか？）

4 協力に感謝する

⑲ 一緒にした仕事に対するうれしい評価に再び感謝する

例 I was really **happy to hear your kind evaluation** of our work together.

（ご一緒した仕事を評価していただき、本当にうれしかったです）

⑳ 継続しての協力に感謝を示す

例 Thanks **as always for your kind cooperation**.

（いつも親切なご協力をありがとう）

11

協調性

㉑ プロジェクトに一緒に参加することで大きな成果を得られたことを伝える

例 Our groups **that participated in your project were really successful** and I'm pleased to tell you **how useful that project was**.

(御社のプロジェクトに参加した私たちのグループは、おかげさまで大きな成功を収めることができ、あのプロジェクトがどれほど有益だったか、お伝えできることを光栄に思います)

Notes, exceptions, and cautions 補足・例外・注意

1 称賛と協力

称賛を加えると協力を得やすくなる。

例 Thank you very much for your **quick response** and **kind cooperation**.

(迅速なご対応と親切なご協力に感謝いたします)

2 困難な状況で「協調性」を求めるときに「理解」が果たす役割

協力を求める際には、自分の要求などが相手に迷惑をかけて申し訳なく思っていることを示すために「理解」も求めるとよい。

例 Thank you very much in advance for **your cooperation and understanding**.

(ご理解とご協力のほど、何卒よろしくお願い申し上げます)

3 控えめな命令を積極的で協力的な申し出に変更する

 If you have any questions, please inform me of them.

(何か質問があれば、私にお知らせください)

 If you have any questions, **I'll be happy to answer them**.

(何か質問があれば、喜んでお答えしますよ)

4 協力要請に見せかけて命令する

命令を、一見協力要請のように見せることができる。

例 We'd **like to ask for your kind help regarding** your invoice summary for April. **We'd like to get the following invoice dates adjusted** to align with our own invoice data.

(4月分の請求書について、どうかご協力をお願いいたします。以下の請求書の日付を、弊社の請求書データと整合させるため、調整をお願いいたします)

5 上から目線な意味を持つ "cooperation"（協力）

読み手の中には、次のような挨拶を上から目線に感じる人もいる。なぜなら、「協力」
は立場が下の人が上の人にするものという考えがあるからだ。

フォーマル

Thank you for your cooperation.
(ご協力ありがとうございます)

"cooperation" に "kind" を加えることで、このような誤解を避けることができる。
"kind" は、読み手の協力が自発的な活動であることを表現するためだ。

直接的説明

Thank you for your kind cooperation.
(厚いご協力、ありがとうございます)

また、"cooperation" の代わりに、誰に対しても上から目線のニュアンスを持たない
他の言葉を使うこともできる。（なお、読み手が上の立場である場合は、必ず "kind"
を付けること）

直接的説明

Thank you for your (kind) support[help/assistance].
([ご親切な] ご支援 [お力添え／ご支援] をありがとうございます)

6 要注意：読み手にショックを与えてしまう書き方

協力の申し出をしておきながら、すぐに撤回すると、読み手は確実にショックを受
ける。

Your presentation was very impressive and we will be more than
happy to pursue the subject with you. At present, however,
we are unable to do so.
(あなたのプレゼンテーションは大変素晴らしく、ぜひこのテーマにご一緒に取り組んでいきたいと思っ
ています。しかし、現時点ではそうすることはできません)

11
協調性

12 積極性
POSITIVITY

"The positive thinker sees the invisible, feels the intangible, and achieves the impossible."
— Winston Churchill

「前向きに考える人は、目に見えないものを見て、形のないものを感じ、そして不可能なことを達成する」

ウィンストン・チャーチル（イギリスの政治家）

相手に与えるブランド・イメージ 〉 **楽観的、他人を高揚させることができる**
Optimistic, able to uplift others

Motives & Content 「積極性」が効果のある目的・テーマ

「積極性」を表現することが効果的な目的は次のようなものだ。

【目的 12-1】一緒に達成したことを確認することで、相手に満足感を与える

【目的 12-2】相手の努力は、価値ある目標を達成するためのものであることを納得してもらう

【目的 12-3】あなたの要求は達成可能であることを示して、自発的に協力してもらう

【目的 12-4】相手が困難に直面したときに安心感を与える

【目的 12-5】あなたからのEメールを受信したときに、温かい気持ちになってもらう

「積極性」を表現することが効果的なテーマ・話題は次のようなものだ。

【1】相手、または自分の仕事に関する見通し

【2】義務と責任

【3】好ましくない判断

【4】期待外れと思われる結果

【5】意見の相違や明らかな矛盾

Tactics 「積極性」を使いこなすための戦術

> **POINT 2** 読み手のモチベーションを上げるには、あなたの職場環境の良いところや、これから起こる素晴らしい出来事に対する期待など、前向きな楽観主義が必要だ。

【戦術 12-1】感謝

表現例 **Thank you so much for your information.**

（情報をありがとうございます）

【戦術 12-2】称賛 (p.115 感情・態度 13 『感心と称賛』も参照)

表現例 **Thank you for your very useful information.**

（とても有益な情報を、ありがとうございます）

【戦術 12-3】熱意

表現例 **I read your message with great interest.**

（メッセージを大変興味深く読ませていただきました）

【戦術 12-4】約束

表現例 **We assure you we will inform you immediately of any changes.**

（何か変更がありましたらすぐにお伝えすることをお約束します）

【戦術 12-5】期待

表現例 **I'm really looking forward to hearing from you about it.**

（ご連絡を心よりお待ちしております）

【戦術 12-6】支援

表現例 **Could I ask you for this, so that I can do something for you?**

（今後お返しをさせていただきますので、今回はお願いしてよろしいでしょうか？）

【戦術 12-7】明るさ

表現例 **Just one more to do, and then we're finished!**

（あと一つやれば終わりです！）

ここでは、**1** 相手の協力を促す積極性、**2** 相手がやったこと、作ったことに対する積極性、**3** 問題解決に関する積極性、の 3 つの目的別に、実践例を紹介していく。

1 相手の協力を促す積極性

❶ 情報を送ってもらう積極的な希望

例 I'll send your payment **as soon as** I can get your banking information.

（銀行情報をいただき次第、代金を送金します）

❷ 普段から積極的に約束を守るということを示す

例 I will **of course keep you informed immediately** if anything changes.

（もちろん、何か変更があればすぐにお知らせします）

❸ 貴重な情報を受け取ることへの積極的な期待

例 I'm **looking forward to** hearing from you about these things.

（本件についてお知らせいただけることを、楽しみにしています）

❹ 相手の立場を尊重しつつ、積極的に代替案を提示する

例 I was wondering if you **were able to consider the possibility** that X is positive?

（X が陽性である可能性を考慮されるようなことはありましたか？）

❺ 相手からの情報への積極的な期待

例 I'm looking forward to reading your **valuable information** soon.

（貴重な情報を拝読するのを楽しみにしています）

❻ ビジネスの機会への積極的な自信

例 We are sure the XY is the most suitable for your equipment, and would be **pleased for the chance** to supply it to you.

（私たちは、XY が御社の機器に最も適していると確信しており、ご提供する機会をいただけることを願っています）

2 相手がやったこと、作ったことに対する積極性

❼ 相手が送付してくれたことへの積極的な感謝

例 Thank you for your **really useful** information.

(本当に有益な情報を、ありがとうございます)

❽ あなたの質問から相手が感じるかもしれない疑念を和らげるための、あなたの積極的な熱意

例 I have a question about your very **interesting** suggestion.

(大変興味深いご提言について、お聞きしたいことがあります)

❾ 相手と仕事をする機会への積極性と感謝の気持ち

例 We thank you very much for **the opportunity to work on this project** with you.

(皆さんと一緒にこのプロジェクトに取り組む機会をいただき、本当にありがとうございます)

❿ 資料を送ってくれた相手の寛大さに対する、あなたの前向きで感謝に満ちた姿勢

例 We really appreciate the additional **medical reports you so kindly provided**.

(ご親切に追加の診断書をご提供いただき、心から感謝しています)

⓫ 相手の方針に関する積極的な同意

例 We also share **your view of how important** regular maintenance is.

(定期的なメンテナンスがいかに重要であるかというご意見に、私たちも賛同いたします)

⓬ 相手の解決策の方が優れていることを認めるあなたの積極性

例 As is **clearly indicated** by our data, your **solutions are superior**.

(私たちのデータが明確に示している通り、貴社の解決策の方が優れています)

⓭ 相手が望む情報を提供しようという前向きな意欲

例 **As soon as I get the data,** I'll inform you. We should be able to deliver it **before** the end of the month.

(データが取れ次第、お知らせします。今月末までにはお届けできるはずです)

⓮ 全関係者と協力する前向きな意欲

例 I'm **looking forward to working with the staff** in your lab.

(研究室の皆様と一緒に働けることを楽しみにしています)

12
積極性

3 問題解決に関する積極性

⑮ 問題解決への積極的な協力姿勢

例 **Just in case, shall we** take a look at the results one more time?

(念のため、もう一度結果を確認しましょうか？)

⑯ 相手の間違いに対するあなたの前向きな表現

例 Your results are **a little different** from what we expected.

(御社の結果は、私たちの予想とは少し違っています)

⑰ 気遣いから、質問のように相手に問いかける前向きで控えめな批評

例 **We were wondering why** the XY protocol was **only used** for the A project.

(私たちは、なぜ XY プロトコルが A プロジェクトにのみ使用されたのか、不思議に思っておりました)

⑱ 困難な状況を考慮に入れようとするあなたの積極的な気遣い

例 I **really understand how busy you are,** but could I ask you again for your update?

(お忙しいのは重々承知していますが、改めてアップデートをお願いしてもいいですか？)

⑲ 解決策を見つけるために積極的に協力を申し出る

例 Could you let us know what **we can do** about the defect?

(この不具合について、私たちにできることを教えていただけますか？)

⑳ 承認された計画からの逸脱を積極的に表明

例 **Perhaps a different configuration** than the one in our license agreement **might offer advantages**.

(もしかすると、ライセンス契約とは異なる構成にすることで、利点が生じるかもしれません)

Notes, exceptions, and cautions 補足・例外・注意

1 より積極的な表現を選択できる状況

場面 相手の協力を得たい（相手の尽力に感謝することで）

 I received the materials you sent regarding the Celstar system.
（セルスター・システムに関してお送りいただいた資料を受け取りました）

 Thank you for your very useful information regarding Celstar.
（セルスターに関する大変有益な情報をありがとうございます）

場面 相手の仕事を褒めることで好感を持ってもらいたい

 I have a question regarding your article in the JABC Journal. Regarding ...
（JABC ジャーナルに記載された記事について質問があります。…についてですが）

 I read your technical article in JABC **with great interest**. Regarding ...
（JABC の技術記事を大変興味深く拝読しました。…についてですが）

場面 今後も相手の支援をお願いしたい（感謝の気持ちを強調することで）

 As we agreed, I will keep you informed if there is any change in our plans.
（合意した通り、計画に変更があれば、またお知らせします）

 We will **of course keep you informed immediately** of any changes we would like to ask you to consider.
（ご考慮いただきたい変更があれば、もちろんすぐにお知らせします）

12
積極性

2 要注意：「積極性」が否定的に解釈される可能性と、それを防ぐ方法

可能性 あなたが前向きな本当の理由は、実は自分のためになるからだと思われる

防ぎ方 普段から一貫して、他者の利益にも前向きでいる

可能性 実際の問題を隠すために前向きに見せているのではないかと言われる

防ぎ方 問題に対して、前向きで現実的な解決策を提示する

可能性 あなたの積極性は実は皮肉で、本当は何かを手に入れるための策略と思われる

防ぎ方 他者への気遣いを示す

可能性 あなたが長所について積極的に語るのは、短所を隠すためだろうと言われる

防ぎ方 実際にポジティブな結果を示す

可能性 あなたの積極性が未熟で単純な、子どもじみた考えを生んでいると言われる

防ぎ方 問題や否定的な認識が発生したら、しっかり対処する

可能性 あなたの積極性は、欲しいものを手に入れるための戦術や策略に過ぎないのではないかと言われる

防ぎ方 積極的で、共感的で、利他的な態度を見せる

感情・態度

13 感心と称賛
ADMIRATION and PRAISE

"Catch individuals doing something right."
—— Brian Tracy

「人が正しいことをしているところを見ようとすることだ」

ブライアン・トレーシー（カナダのビジネス・コンサルタント）

"He has all the virtues I dislike and none of the vices I admire."
—— Winston Churchill

「彼には私の嫌いなあらゆる美点があり、私の称賛する悪癖は皆無だ」（従来の称賛に対する皮肉的なひねり）

ウィンストン・チャーチルの辛辣な意見

相手に与えるブランド・イメージ ▶ **他者のよい働きによく気づく**
Sensitive to the good work of others

Motives & Content 「感心と称賛」が効果のある目的・テーマ

「感心と称賛」を表現することが効果的な目的は次のようなものだ。

【目的 13-1】 あなたが読み手の価値を認めていることを伝える

【目的 13-2】 読み手の「認められたい」「評価されたい」という自然な欲求を満たす

【目的 13-3】 読み手のモチベーションを高め、より良い成果を上げてもらう

【目的 13-4】 読み手にもっと自信をつけてもらう

【目的 13-5】 自分の価値観を明確にし、他の人にもそれを採用するように促す

「感心と称賛」を表現することが効果的なテーマ・話題は次のようなものだ。

【1】仕事の質を称賛する

【2】グループへの貢献を称賛する

【3】他者と協力し、助け合う能力を称賛する

【4】熱心な仕事ぶりを称賛する

【5】目的達成へ向けた態度を称賛する

Tactics 「感心と称賛」を使いこなすための戦術

【戦術 13-1】仕事の質

表現例 **great**（すごい）**, excellent**（素晴らしい）**, *outstanding**（傑出した）

【戦術 13-2】貢献度

表現例 **very useful**（とても有益な）**, wonderful**（素晴らしい）**, *magnificent**（見事な）

【戦術 13-3】他者と協力する能力

表現例 **notable**（注目に値する）**, wonderful**（素晴らしい）**, *inspirational**（感銘を受ける）

【戦術 13-4】熱心な仕事ぶり

表現例 **remarkable**（目覚ましい）**, admirable**（称賛に値する）**, exceptional**（格別の）**, *astounding**（驚異的な）

【戦術 13-5】態度

表現例 **positive**（建設的な）**, admirable**（立派な）**, hard-working**（勤勉な）**, *unbelievably great**（信じられないほど素晴らしい）

＊は最高レベルの称賛を表す。本当に該当するか、ほぼ該当する場合のみ使うこと。

Samples 「感心と称賛」を効果的に使った実践例

読み手は1）わかりやすく、2）誠実で、3）信じられる褒め言葉を嬉しく思うものだ。ここでは、❶～❽の目的別に、メールや人事考課などで使いたい表現を紹介する。

❶ あなた、もしくは別の誰かが、読み手の価値を認めていることを伝える

例 I want to express **how much we understand and appreciate** your dedication to your job and your team's success.

（あなたの仕事やチームの成功への貢献を、私たちがどれほど理解し、感謝しているかを伝えたいと思います）

例 My boss has told me that she **recognizes your great contributions** and says **we are fortunate** to have you working with us.

（上司が、あなたの多大な貢献を認めていて、あなたが当社で働いてくれて幸運だと話していました）

❷ 読み手の「認められたい」「評価されたい」という自然な欲求を満たす

例 I want to let you know that we recognize **your great work** on the X project, and we'd like to thank you for that.

（X プロジェクトにおけるあなたの貢献を私たちは認識しており、感謝しています）

例 We appreciate **the contributions you made to improving** our process and making our workplace better.

（当社のプロセスを改善し、職場をより良いものにしてくれたことに感謝しています）

❸ 読み手のモチベーションを高め、より良い成果を上げてもらう

例 Thanks for the **fine work you've done**. We're **really looking forward to** seeing you continue to progress.

（良い仕事をしてくれて感謝します。あなたのさらなる飛躍を心より期待しています）

例 Thanks for being **such a valuable member** of the team. We are really confident that **you will be able to achieve even more** as we go ahead this year.

（チームにとって貴重なメンバーになってくれてありがとうございます。今年もさらなる飛躍を遂げると心から信じています）

❹ 読み手にもっと自信をつけてもらう

例 You have consistently shown your great skills to us since you joined us, so we are looking forward to seeing you **continue to meet the demands of your job**.

（当初から素晴らしい能力を発揮していただいているので、これからも仕事で要求されることに、十二分に応えてくれると期待しています）

例 We really like your **positive attitude and willingness to try new things,** and we encourage you to continue **your impressive progress**.
（あなたの前向きな姿勢と新しいことに挑戦する意欲をとても評価しており、これからも素晴らしい進歩を続けていただきたいと思います）

⑤ 価値観を明確にし、他の人にもそれを採用することを促す

例 I'm really happy to **see you concentrating on working and communicating** effectively in your group. Please keep it up.
（あなたが働くことに集中し、グループ内でコミュニケーションをとっているのを見て、本当に嬉しく思います。これからも続けてください）

例 You are **contributing to our group** by your effort to improve your skills. Thanks for adding to our company's improvement.
（あなたのスキル向上への努力は、私たちのグループに貢献しています。会社の改善に貢献してくれて、どうもありがとう）

⑥ 具体的な仕事ぶりを褒める

例 **Great work** on the AB project. Your X design was a **very important contribution**. We **really appreciate your hard work** on it.
（ABプロジェクト、お疲れ様でした。あなたのXデザインは非常に重要な貢献でした。あなたの努力に、心から感謝しています）

例 We **really admire** all the work you've done to improve your drafting skills. We can see the results in the work you've presented this quarter.
（私たちは、あなたが製図スキルを向上させるために努力してきたことを、高く評価しています。今期あなたが発表した作品に、その成果が表れています）

⑦ チームワークやその他の成果を褒める

例 Your **helpful attitude** to other members of your team is **such a great asset for us all,** and **we thank you** for that.
（あなたのチームメンバーに対する親切な態度は、私たちにとって大きな財産で、とても感謝しています）

例 You really contributed to the company with **your negotiation skills** during the XY contract meetings. We all appreciate **the great impact you** had on the result.
（あなたはXY契約会議での交渉スキルで、本当に我が社に貢献してくれました。あなたが結果に与えた大きな影響に感謝しています）

❽ 上司や地位の高い人を評価しているような印象を与えないよう、抑制を聞かせて称賛する

例 I am truly grateful for **the opportunity you have given me** to learn and grow in this profession.
（この職業で学び、成長する機会を与えて下さったことに、心から感謝しています）

例 I am inspired by **the expertise that I have been exposed to** in our work together.
（一緒に仕事をさせていただく中で専門知識に触れることができ、感銘を受けています）

例 Thank you for **demonstrating how to handle the pressure and thrive** in our challenging environment.
（プレッシャーに対処し、この厳しい環境で成功する方法を示していただき、ありがとうございます）

例 I really appreciate **the direction I have received from you**. It has been so important in my professional growth.
（ご指導賜り、心から感謝しております。プロとして成長するために、大変貴重な経験となりました）

Notes, exceptions, and cautions 補足・例外・注意

1 読み手をがっかりさせない称賛の書き方

読み手には落胆よりも、協力的、意欲的な気持ちを感じてもらいたいはずだ。読み手をがっかりさせる可能性がある場合、真摯に褒めることをお勧めする。

Nice drawing.
（いい仕事ですね）
→読み手のがっかりした反応：Just 'like'? Was something wrong?（"気に入った"だけ？何かいけなかったのだろうか？）

That shows the product's new feature really well.
（商品の新機能をとても良く示せています）
→読み手のありがたい反応：I'm happy to hear that.（それはよかったです）

相手にきちんと意図が伝わる詳細な称賛の書き方

Well done. / Nice job.
（よくできましたね／いい仕事ですね）
→読み手の反応：Thank you.（ありがとうございます）

Nice job during that teleconference. You really answered their questions effectively.
（遠隔会議ではよくやってくれました。彼らの質問に効果的に答えてくれましたね）
→ Thank you. I appreciate you observing it.（ありがとうございます。お気づきいただいてうれしく思います）

2 "ぼんやりした称賛"の避け方

社会人ならば常識である、基礎的なことを褒めるのには注意が必要だ。まるで他に褒めるところがないように聞こえるためだ。人事考課で社員のモチベーションを上げたいのならば、具体的な成果を探すことだ。

"ぼんやりした称賛"とは次のようなものだ。

You consistently demonstrate punctuality.
（あなたは常に時間厳守ですね）
→定時に出社するのは基本的常識。

Your ability to follow basic instructions is notable.
（あなたの基本的な指示に従う能力は注目に値します）
→難しいことを任せる気はありません、という意味に捉えられる。

You reliably complete your tasks before deadlines.
（あなたは期限までに確実に仕事をこなしますね）
→期限内に仕事を終わらせるのは基本的常識。それ以外のコメントはありません。

You've been successful in maintaining an organized workspace at your desk.
（デスク上のワークスペースの整頓に成功していますね）
→机の上の整頓は基本的常識。

I appreciate your commitment to attending all scheduled meetings.
（予定されている全会議に出席しようという意欲に感謝します）
→会議に出席するのは基本的常識。

You manage to remain focused on your work for the majority of the day.
（1日の大半を仕事に集中することができていますね）
→昼寝をしていないときはね、という意味に捉えられる。

You consistently meet basic performance expectations.
（あなたは常に期待される基本的な成績を達成していますね）
→基本以上のものは期待できないようですね、という意味に捉えられる。

You've shown a clear understanding of your role and responsibilities.

（自分の役割と責任を明確に理解していますね）

→独自性やイニシアチブは期待していません、という意味に捉えられる。

 You adhere to company policies and procedures without fail.

（会社の方針と手続きを必ず守っていますね）

→規則を破らないのは基本的常識。

 Your responsiveness to email communication is satisfactory.

（メールでの連絡への対応に満足しています）

→メールを無視しないのは基本的常識。

13
感心と称賛

14 自信
CONFIDENCE

"Confidence comes not from always being right but from not fearing to be wrong."
— Peter T. McIntyre

「自信は常に正しいことではなく、間違いを恐れないことから生まれる」

ピーター・T・マッキンタイア（ニュージーランドの作家、アーティスト、ChatGPT のよると、この自信に関する言葉が有名）

相手に与えるブランド・イメージ 〉 **信用でき、能力があって、信頼できる**
Credible, competent, trustworthy

Motives & Content 「自信」が効果のある目的・テーマ

「自信」を表現することが効果的な目的は次のようなものだ。

【目的 14-1】能力を示す

【目的 14-2】称賛と信頼を得る

【目的 14-3】未来への熱意を生み出す

【目的 14-4】困難に直面しても冷静さを保つ

【目的 14-5】求めに応じてもらう

「自信」を表現することが効果的なテーマ・話題は次のようなものだ。

【1】あなたが決断したこと、求めているもの、やってもらいたいことを伝える

【2】あなたの主張、意見、判断に信頼性があり、真実であること伝える

【3】あなた、もしくは他の誰かの能力、仕事ぶり、決意、競争力を伝える

【4】あなたの経験や知識が有用で、関連性があり、効果的で、信頼できるものであることを伝える

【5】未来の可能性や今後の展開に確信を持っていることを伝える

Tactics 「自信」を使いこなすための戦術

POINT 自分が何を望んでいるか、何を考えているか、何が起こったかなどを、冷静に確信を持って表現することで、読み手から尊敬、称賛、受容、協力を得ることができる。

【戦術 14-1】 自信があると言わずに、自信があることを示す

表現例 **We will provide products** that are superior to any other.

(他社を圧倒する製品をご提供します)

【戦術 14-2】 自信を表明する

表現例 **I am confident that** we can provide superior products.

(優れた製品をご提供できると確信しています)

【戦術 14-3】 自信のあることと、その理由を説明する

表現例 **Mr. Smith guarantees** that we will provide superior products.

(私たちが優れた製品をご提供できることを、スミスさんが保証してくださいます)

【戦術 14-4】 落ち着いた控えめな礼儀正しさで自信を表現する

表現例 I appreciate your point, but **I'm afraid we have to follow** Plan A.

(ご指摘はありがたいのですが、残念ながらプラン A を遂行せざるを得ません)

【戦術 14-5】 自信の度合いを表現する

表現例 I'm **completely confident** you'll be satisfied.

(必ずご満足いただけると信じております)

14
自信

ここでは、**1**〜**8**の目的別に、**Ⓐ**述べる（言葉で自信を表したり読み手を安心させたりする）、**Ⓑ**裏付ける（理由や証拠で裏付けをして、自信があることを示す）、**Ⓒ**断言する（言葉以上に、自信に満ちた態度でメッセージを書く）の3つの観点で実践例を紹介する。

1 あなたが言ったこと（ビジネスの意図）を信じてもらいたい

状況 こちら側の規則に合わせてラベルを変更してもらえれば製品を購入すると約束した

Ⓐ述べる

例 **We assure you we'll accept your product** if you accept our change request for the label.

（ラベルの変更依頼をご承諾いただければ、商品を受け入れることをお約束いたします）

Ⓑ裏付ける

例 Subject to your acceptance of our label change, **we agree to purchase the product,** quantities and prices as in the attached contract.

（当社は、貴社がラベル変更を受諾することを条件に、添付の契約書にある数量と価格で、製品を購入することに同意します）

Ⓒ断言する

例 **We will accept your product as soon as** you accept the change in the label.

（ラベルの変更をご承諾いただければ、直ちに貴社製品を受け入れます）

2 相手に保証をしてもらいたい（製品の安全性について）

状況 輸入しようとしている原料（ガス）について、顧客から安全上の懸念が寄せられる可能性がある

Ⓐ述べる

例 Could you please assure us that our **customers** in Japan **can be confidence** there is no safety issue with your TG gas?

（日本のお客様が TG ガスの安全性に確信が持てるよう、保証していただけますか？）

Ⓑ裏付ける

例 Could you please send us **documentation capable of gaining the confidence of customers** regarding the safety of TG gas? **(See attached.)**

（TG ガスの安全性に関する顧客の信頼を得るために資料をお送りいただけないでしょうか？ ［添付ファイルをご覧ください］）

Ⓒ断言する

例 **We need your guarantee** there are no safety issues with your TG gas.

（貴社の TG ガスに安全性の問題がないことを保証してください）

3 （スタッフの研修に関する）自信を表明したい

状況 スタッフが手順番号 123 と呼ばれる複雑な医療処置を行う

Ⓐ述べる

例 **We are confident that the medical staff completely understand** their obligations under Operation Procedure No. 123.

（医療スタッフは、操作手順番号 123 に基づく義務を完全に理解していますので、ご安心ください）

Ⓑ裏付ける

例 All the medical staff have been trained as required by the Regulation on Operation Procedures No. 123. (See SOP 123.)

（医療スタッフは全員、操作手順番号 123 の規定に従って研修を受けています。［標準操作手順書 123 をご参照ください］）

Ⓒ断言する

例 **All medical staff have been trained** in their obligations regarding Operation Procedure No. 123.

（すべての医療スタッフは、操作手順番号 123 に関して義務に基づき研修を受けています）

14
自信

4 （相手が求めていることを）達成する自信があることを表明したい

状況 相手は出荷用ダンボールが、輸送中に破損することを心配している

Ⓐ述べる

例 **We can assure you** that our shipping cartons will never collapse in transit.

(当社の出荷用ダンボールは、輸送時の圧力に耐える強度を備えています)

Ⓑ裏付ける

例 We have **confirmed in over 10,000 voyages** with zero failures, that you can be confident in our shipping cartons to maintain their structural integrity in all weather conditions.

(1万回を超える航海で確認された不具合はゼロであり、当社の出荷用ダンボールがどのような天候下でも、構造的完全性を保つことを確信しています)

Ⓒ断言する

例 Our shipping cartons **are strong enough** to undergo the stresses of transport.

(当社の出荷用ダンボールは、輸送時の負荷に耐える強度を備えています)

5 あなたが約束を守ることを確信してもらいたい（社内）

状況 報酬プログラムが管理職だけでなく全員に適用されることを皆に伝えたい

Ⓐ述べる

例 We will ensure that the rewards program is available to all employees, not just head office management personnel.

(本社管理職だけでなく、全従業員が報奨プログラムを利用できるようにします)

Ⓑ裏付ける

例 **Please be assured** that the reward program has been presented to all employees in all locations **(Training Memo X123, by intranet)**

(報酬プログラムは、全拠点の全従業員に通知済みですのでご安心ください［イントラネットにて、研修メモX123］)

Ⓒ断言する

例 The rewards program **will be available** to employees **in all locations**.

(報酬プログラムは全拠点の全従業員が利用できます)

6 （相手の要望を）理解したので安心してもらいたい

状況 複雑な要望を理解できたか、相手が心配している

Ⓐ述べる

例 **I am confident** that we have correctly understood your requests.

（貴社のご要望を正しく理解できていると自負しております）

Ⓑ裏付ける

例 I **assure you** that we understand your requests in detail. **Please see our Memo of Understanding.**

（貴社のご要望を詳細に理解していると保証します。つきましては覚書をご覧ください）

Ⓒ断言する

例 Regarding your memo, **we understand your requests**, and are now preparing your order.

（メモの件ですが、貴社のご要望を理解し、現在ご注文の準備をしております）

7 （製品の機能に関して）信頼感を与えたい

状況 相手は製品のバッテリー寿命が十分かどうかを心配している

Ⓐ述べる

例 We **assure you that** the device will operate efficiently for up to four months on a single battery charge.

（この機器はバッテリーの使用期間が４カ月を超えてからも、正常に作動することを保証します）

Ⓑ裏付ける

例 **You may be confident** in the battery life of this device to operate efficiently for up to four months on one charge. **See Specs, Operating Life, p. 23.**

（この機器のバッテリー寿命は一度の充電で４カ月間効率的に稼動することに自信を持っていただいて結構です。23 ページ、『仕様』、『耐用年数』をご参照ください）

Ⓒ断言する

例 The device **will operate as designed** for battery use up to four months.

（この機器はバッテリーの使用期間が４カ月を超えてからも、設計通りに作動します）

14
自
信

8 あなたの（サプライチェーンに対する）信頼を受け入れてもらいたい

状況 あなたの会社と供給業者との関係が安定しているかどうかを聞かれた

Ⓐ述べる

例 We **are completely confident** that supply from our overseas partners will continue to be stable into the foreseeable future.
（弊社海外提携先からの供給は、当面安定して続くと確信しています）

Ⓑ裏付ける

例 We have **investigated our entire overseas supply chain,** and as a result **we can assure you** of our uninterrupted production well into the future.
（弊社は海外のサプライチェーン全体を調査し、その結果、将来的にも中断のない生産を保証いたします）

Ⓒ断言する

例 The future supply **will continue to** be stable into the foreseeable future.
（当面は安定した供給が続く見込みです）

Notes, exceptions, and cautions 補足・例外・注意

1 「結論から」は自信と能力の表れ

「結論から」書くことは、内容に自信があることを示す。言いたいこと、やりたいこと、要求したいこと、断りたいことが何であれ、メッセージは結論から書くことだ。

「結論から」が論理的に優れているのは、読み手がすぐに理解できる適度な文章量になるため、読み手をイライラさせる無駄な時間を省くことができるからだ。また自信に満ちた態度の表れとして、社会人コミュニケーターとしての能力を明確に示す効果もある。

結論の伝え方で誤解を招かないためにも、「礼儀正しさ」のセクションを参考に、失礼で無神経な表現は避けてもらいたい。

2 自信過剰に伴うリスク：読み手が嫌うもの

読み手は、メッセージに表れる傲慢さ、無礼な優越感、根拠もなく自分自身や自分の状況、才能等に満足している態度を好まないものだ。

3 リスク回避：適切なレベルの自信を示す

読み手に受け入れられる自信とは、あなたの実際の力量と、それに対する読み手の信頼によって決まる。もしあなたが信頼されているのであれば、あえて明言することなく、自信を持って直接的なメッセージを書くことができる。書いている内容に議論の余地がある場合、明確に自信を表明することが必要になってくる。

★自信のレベル三段階

❹普通の自信レベル、「述べる」は、議論の余地がある内容を伝える際、自信があるということと、相手を安心させる記述を加える手法だ。

例 **We are confident that** this device will operate reliably with battery use up to six months on one charge.

（本装置は、一度の充電で最大6カ月の間、確実に作動すると私たちは確信しています）

❺「裏付ける」は、さらに議論の余地がある内容を伝えるときの手法で、具体的な理由や証拠で自信を裏付けするとよい。

例 **Our pre-launch tests show** that this device operates reliably on one charge, with battery use up to six months.

（発売前のテストでは、一度の充電で最大6カ月の間、確実に作動することが確認されています）

❻自信の最上位レベルである、「断言する」という手法は、相手があなたの能力を信頼してくれているという確信があるときに使うので、自信があるかどうかには触れずに、ただ内容を伝えればよい。

例 This device operates reliably on one charge for battery use up to six months.

（本装置は、一度の充電で最大6カ月の間、確実に作動します）

14
自信

15 フォーマルさ
FORMALITY

"Politeness is the art of choosing among your thoughts."　　　— Madame de Stael

「…自分の思考の中から選択する術」

アンヌ・ルイーズ・ジェルメーヌ・ド・スタール（フランスの批評家、小説家）

相手に与えるブランド・イメージ　**現代のビジネス様式**
Modern, businesslike

Motives & Content 「フォーマルさ」が効果のある目的・テーマ

「フォーマルさ」を表現することが効果的な目的は次のようなものだ。

【目的 15-1】権威を尊重していることを示す（自分、そして読み手の）

【目的 15-2】組織間で、尊敬に基づく関係を構築する

【目的 15-3】フォーマルな場で好印象を与える

【目的 15-4】技術面、ビジネス面の内容を、正確に理解していることを示す

【目的 15-5】個人的な感情や偏見の影響を抑える

「フォーマルさ」を表現することが効果的なテーマ・話題は次のようなものだ。

【1】読み手にとってより興味をそそる、感じの良い、満足度の高いメールを作成する

【2】フレンドリーで親しみやすい立場をとることで、読み手の心を開く

【3】読み手を個人として大切に思っていることを示すことで、相手の士気を高める

【4】ビジネス上の価値観だけでなく、一人の人間としての価値観を持っていることをはっきりさせる

【5】読み手があなたからのメールを読むことで感じるストレスを軽減する

POINT 用件によってフォーマルとカジュアルのバランスを調整する。
1）ビジネス（よりフォーマルな表現）
2）プライベート（よりカジュアルな表現）

Tactics 「フォーマルさ」を使いこなすための戦術

POINT フォーマル、ニュートラル、またはカジュアルのどの言い方にするか、書き言葉と話し言葉のどちらにするかを、状況や相手とのこれまでの関係によって使い分ける。以下の例文を参考に、あなたのライティングの形式を選んでもらいたい（ 表現例1 が最もフォーマル）。

【戦術 15-1】 会社重視か個人重視か

表現例1 **ABC's support is greatly appreciated.**
（ABC 社のご支援に、大変感謝しております）

表現例2 **AGJ very much appreciates ABC's support.**
（AGJ 社は ABC 社のご支援に大変感謝しております）

表現例3 **I'm really grateful for your kind help.**
（あなたの親切なご支援、本当にありがたく思っています）

【戦術 15-2】 よりフォーマルな完全な表現か、よりカジュアルな短縮された表現か

表現例1 **We apologize for the delay.**
（遅れて申し訳ございません）

表現例2 **I'm sorry for the delay.**
（遅れてすみません）

表現例3 **John, sorry to be late.**
（ジョンさん、遅れてごめんなさい）

15 フォーマルさ

【戦術 15-3】 フォーマルな慣用句かカジュアルな慣用句か。また、一般動詞か、句動詞か

表現例1 **We would appreciate the opportunity to meet.**

（お会いできる機会があれば幸いです）

表現例2 **I'd like to have a chance to get together.**

（お会いする機会を持ちたいですね）

【戦術 15-4】 論理的に述べる場合、文語的に表現するかどうか

表現例1 **however**（しかしながら）　対　**but,**（しかし）

表現例2 **in addition**（さらに）　対　**and,**（そして）

表現例3 **therefore**（したがって）　対　**so**（だから）

【戦術 15-5】 挨拶や意見など、フォーマルかそうでないか

表現例1 **We appreciate your cooperation.**

（ご協力感謝いたします）

表現例2 **Thanks for your help.**

（助けてくれてどうもありがとう）

Samples 「フォーマルさ」を効果的に使った実践例

ここでは、Ⓐ→Ⓑ→Ⓒの度合い別に実践例を紹介する。Ⓐの欄にあるような20世紀のフォーマルな表現は、もちろん意味は伝わるが、今では堅苦しく感じられ、読み手を警戒させるリスクを伴う。フォーマルなメールはⒷから、私信ならばⒸから選ぶことをお勧めする。

❶ 受け取りの通知

Ⓐ昭和のフォーマル	We **hereby acknowledge receipt** of your correspondence. （貴殿からの通信を受領したことをここに認めます）
Ⓑモダンで若々しいフォーマル	We **appreciate** your kind message. （ご丁寧なメッセージをありがとうございました）
Ⓒ気さくで受け入れられるカジュアル	**Thanks a lot** for your message. （メッセージをどうもありがとう）

❷ 添付書類

❹昭和のフォーマル	**Attached hereto, please find the** requested documents. （ご要望の書類を添付いたしましたのでご参照ください）
❺モダンで若々しいフォーマル	**Attached are** the documents you requested. （ご要望の書類を添付します）
❻気さくで受け入れられるカジュアル	**Here are** the documents you asked for. （こちらがご依頼の書類です）

❸ 書類は別途送付する

❹昭和のフォーマル	**Under separate cover,** we have forwarded the materials to your attention. （別便で、資料を転送しました）
❺モダンで若々しいフォーマル	We are sending the materials **in a separate email** for you. （資料は別メールにてお送りいたします）
❻気さくで受け入れられるカジュアル	I'm sending what you asked for **in another email**. （お問い合わせの件、別のメールにてお送りします）

❹ 会議の予定変更

❹昭和のフォーマル	**Please be informed that** the meeting has been rescheduled. （会議の予定が変更されましたので、ご了承ください）
❺モダンで若々しいフォーマル	**This is to inform you** we have rescheduled the meeting. （これは、会議の予定を変更したことをお知らせするものです）
❻気さくで受け入れられるカジュアル	**Just to let you know**, I changed the meeting time. （会議の時間が変更になったのでお知らせしておきます）

15
フォーマルさ

❺ 文書の更新

Ⓐ昭和のフォーマル	**Pursuant to your request**, we have updated the contract. (ご要望に準じて、契約書を更新いたしました)
Ⓑモダンで若々しいフォーマル	**As you requested**, AGJ has updated the contract. (ご要望の通り、AGJ は契約書を更新しました)
Ⓒ気さくで受け入れられるカジュアル	I've revised the contract **as you asked**. (ご依頼の通り、契約書を修正しました)

❻ 苦情への回答

Ⓐ昭和のフォーマル	**We trust that the foregoing sufficiently addresses** your concerns. (上述の内容で、ご懸念点に十分お答えできたものと確信しております)
Ⓑモダンで若々しいフォーマル	**We hope this answers** your concerns. (以上にて懸念事項にお答えできれば幸いです)
Ⓒ気さくで受け入れられるカジュアル	**We hope this takes care of** what you were worrying about. (これでご心配されていたことが解消されることを願っています)

❼ 迅速な対応のお願い

Ⓐ昭和のフォーマル	**Your prompt attention** to the above matter **is much appreciated**. (上記の件につきまして、迅速なご対応をいただき、誠にありがとうございました)
Ⓑモダンで若々しいフォーマル	**We appreciate your quick action** on this question. (この件に関する素早いご対応に感謝いたします)
Ⓒ気さくで受け入れられるカジュアル	Thanks for **taking care of the problem so quickly**. (すぐに問題に対応していただいて、ありがとうございます)

❽ 添付資料の参照

Ⓐ昭和のフォーマル	**Kindly refer to** the attached file for more details. (詳細は添付ファイルをご参照ください)
Ⓑモダンで若々しいフォーマル	**Please see** the file I attached for more details. (詳細は添付したファイルをご覧ください)
Ⓒ気さくで受け入れられるカジュアル	**Please feel free to check** the details in this file. (このファイルにある詳細をご自由にご確認ください)

❾ 添付報告書の参照

Ⓐ昭和のフォーマル	**Attached herein, please find** the complete report. (ここに添付された報告書一式をご覧ください)
Ⓑモダンで若々しいフォーマル	I have attached **the full report here**. (ここに報告書の全文を添付しました)
Ⓒ気さくで受け入れられるカジュアル	This should have **all the information you need**. (これには必要な情報がすべて記載されているはずです)

❿ 締切日変更のお知らせ

Ⓐ昭和のフォーマル	**Please be advised that** the due date for submissions has been extended. (提出期限が延長されましたので、お知らせいたします)
Ⓑモダンで若々しいフォーマル	**For your information**, we've extended the submission deadline. (ご参考までに、提出期限は延長しました)
Ⓒ気さくで受け入れられるカジュアル	**Just a quick reminder**, there's still time for your proposal. (念のためお伝えしておくと、企画案を出すまで、まだ時間がありますよ)

15 フォーマルさ

⑪ 提案書の提出

❹昭和のフォーマル	**We hereby submit a proposition** for your consideration. （私たちはここに、ご検討いただくために提案書を提出いたします）
❽モダンで若々しい フォーマル	**We would like to propose** an idea for you to consider. （私たちは皆さんにご検討いただきたいアイデアを提案したいと思います）
❻気さくで受け入れられる カジュアル	Could you **think over our proposal**? （私たちの提案について考えていただけますか？）

⑫ 承認の必要性

❹昭和のフォーマル	**Prior to engaging further,** we require your approval. （これ以上の業務に従事する前に、ご承認を得る必要があります）
❽モダンで若々しい フォーマル	**Before we proceed,** we require your approval. （作業を進める前に、ご承認が必要です）
❻気さくで受け入れられる カジュアル	We can't go ahead **until we get your OK** on this. （OK をいただくまで、先に進めません）

⑬ 必要書類

❹昭和のフォーマル	**It is imperative that you provide** the necessary certificates. （必要な証明書をご提出いただくことが不可欠です）
❽モダンで若々しい フォーマル	**Please ensure** you include all required certificates. （必要な証明書がすべて含まれているかご確認ください）
❻気さくで受け入れられる カジュアル	**Could you make sure** you've sent all the certificates we need? （必要な証明書をすべてお送りいただいたことをご確認いただけますか？）

⑭ 請求書の確認

ⓐ昭和のフォーマル	We are **in receipt of** your latest invoice. (最新のご請求書を受領いたしました)
ⓑモダンで若々しい フォーマル	**We have received** your latest invoice. (最新の請求書を受け取りました)
ⓒ気さくで受け入れられる カジュアル	**Thanks for sending** the invoice. (請求書を送ってくれて、ありがとう)

⑮ 支援への感謝

ⓐ昭和のフォーマル	**We extend our sincerest thanks** for your continued support. (今後とも変わらぬご支援を賜りますよう、お願い申し上げます)
ⓑモダンで若々しい フォーマル	**Thank you very much** for your support. (ご支援いただき、ありがとうございました)
ⓒ気さくで受け入れられる カジュアル	**Thanks a lot** for helping us with this. (この件で助けてくれて、本当にありがとう)

1 読み手のフォーマル度を判断する

読み手がフォーマルとカジュアルの、どちらの表現を選ぶかで、相手のフォーマル度を判断することができる。ただしそれは、あくまで相手が適切と思う度合いであり、必ずしもあなたがそれに合わせる必要はない。合わせてもいいし、よりフォーマルに、もしくはよりカジュアルにすることもできる。

2 ガイド：フォーマル度に影響を与えるものとは？

・パワーバランス：平等であるほど親しさが増す

・付き合いの長さ：長いほど親しさが増す

・連絡の頻度：頻繁なほど親しさが増す

・顔を合わせることがあるかどうか：実際に会う頻度が高いほど親しさが増す

・食事など、交流があるかどうか：交流があるかどうかは親しさに強い影響を与える

・メールの内容が重要なものか、日常的なものか：日常的な内容、特に私的な内容は親しいものになりがち

・互いの年齢：若い方がカジュアルになる。読み手が年上の場合を除く

3 過剰なフォーマルさは、超丁寧な昔ながらの表現のパロディーとして使う

例 Kindly permit me the honor of extending my sincerest congratulations upon the anniversary of your birth.

(あなたのご生誕を心よりご祝福申し上げることができて、誠に光栄に存じます)

→意訳すると：Happy birthday!（お誕生日おめでとう！）

例 Allow me to convey my deep concern for the recent decline in your physical well-being.

(最近のあなたの体調の悪化について、深く心配していることをお伝え申し上げます)

→意訳すると：I'm so sorry to hear you're not feeling well.（体調が悪いとのこと、ご自愛ください）

感情・態度

16 正直さ
FRANKNESS

"In order that all men may be taught to speak truth, it is necessary that all likewise should learn to hear it."
— Samuel Johnson

「すべての人が真実を語れるようになるためには、すべての人が真実を聞けるようになることが必要だ」
サミュエル・ジョンソン（イギリスの文学者。『ランブラー』(1750) より）

相手に与えるブランド・イメージ ▶ **正直、わかりやすい、思いやり、勇敢**
Honest, transparent, considerate, brave

Motives & Content 「正直さ」が効果のある目的・テーマ

「正直さ」を表現することが効果的な目的は次のようなものだ。

【目的 16-1】 相手が感情的に反応する可能性がある知らせを伝える際に、一呼吸おいてもらう

【目的 16-2】 相手に対して何かを要求、反対、警告などする場合、事前に相手に信号を送る

【目的 16-3】 相手に、問題、間違いがあったことを伝える

【目的 16-4】 見積もりなど、相手の提示した内容が現実的でないということを伝える

【目的 16-5】 あなたの反応を相手に伝える：決意、自信、恥ずかしさ、怒りなど

「正直さ」を表現することが効果的なテーマ・話題は次のようなものだ。

【1】 あなたの問題、または相手の問題

【2】 相手の言動に対する、反対の意

【3】 相手の行動によって生じた結果に対する警告

【4】 相手の倫理観やビジネスの常識に反する行為

【5】 決意、自信、恥ずかしさ、怒りなどあなたの反応

16
正直さ

POINT 相手にとって受け入れることが難しい知らせ、驚くような知らせがあるときは、注意を喚起する。

【戦術 16-1】 相手が予想していなかった情報を伝える

表現例 **Honestly speaking, we were happy to see how great your results were.**

（正直に言って、大変素晴らしい成績に、私たちは大変満足しました）

【戦術 16-2】 相手が予想する以上に、詳細な情報を伝える

表現例 **Full disclosure: my boss refuses to consider that proposal for the following reasons.**

（完全な情報開示：上司は次の理由から、その提案の検討を拒否しています）

【戦術 16-3】 自分には不利であるにも関わらず、信頼性の高い情報を伝える

表現例 **In all candor, the XY-2 is not our best product.**

（率直に申し上げて、XY-2 は当社の最高の製品ではありません）

【戦術 16-4】 これまで秘匿されていた情報を明らかにする

表現例 **To be completely open, no one knew about the problem until now.**

（はっきり申し上げると、今まで誰もこの問題を把握していませんでした）

【戦術 16-5】 明らかにするには勇気のいる、悪い情報を伝える

表現例 **Frankly speaking, we need to examine our own business methods first.**

（率直に申し上げて、まずは当社のビジネスのやり方を検証する必要があります）

Samples 正直さを効果的に使った実践例

「正直さ」は、悪い知らせ、相手を驚かせる知らせの予告として使うことができる。ここではそのような、読み手の感情的な反応をコントロールする必要のある状況別に、実践例を紹介していく。

1 スケジュールと納期についての正直な話

❶ 相手の申し出を批判する：納期の問題

状況 相手が提示した納期は遅すぎる

例 **Honestly speaking**, we cannot wait until May for delivery of the script. We need it this week.
（正直に申し上げて、脚本の納品を5月まで待つことはできません。今週中に必要なのです）

❷ 完成予定日の問題

状況 相手が提示した完成予定日に納得が行かない

例 **To be honest**, we need it to be completed this week.
（正直なところ、今週中に完成している必要があります）

❸ 供給遅延の問題

状況 供給遅延は、あなたの会社にとって大惨事だ

例 A two-month delay in your supply of X, **to tell the honest truth**, would mean we'll run out of X long before your delivery.
（Xの供給が2カ月遅れたら、うそ偽りなくお話しすると、御社からXを受け取るずっと前に在庫がなくなってしまいます）

❹ 急を要する問題

状況 ある問題を解決するため、相手に早急な対応を求める

例 **Frankly,** we really require your urgent follow-up on packaging. You need to make sure products can arrive here undamaged and on time.
（率直に言って、梱包に関する緊急のフォローアップが必要です。製品が破損することなく、なおかつ期限内にこちらに届くようにしてください）

❺ 顧客満足度の問題

状況 遅延があった場合、顧客がどう反応するかについて注意を促す

例 Our customer has been patient about delays, but **speaking openly,** I have to tell you that they will not remain patient.
（顧客はこれまで遅延に関して寛容でしたが、はっきり言って、いつまでも寛容ではいられないと思いますよ）

16
正直さ

2 成績と品質に関する正直な話

❻ 低い販売予測の問題

状況 相手が出してきた販売予測が予想より低かった場合

例 Your sales forecast for X units **frankly** shocked us, because it was so low.

(御社の X 台という販売予測は、あまりに低いものなので、率直に言って私たちはショックを受けました)

❼ 業績不振の問題

状況 業績不振のため、事業の全面的な見直しが必要

例 **To be completely truthful**, these poor sales results require us to critique our entire business which, **to be honest**, will include your department.

(本当のことを言うと、このような販売不振は、貴部門を含めた当社の全面的な事業の見直しが必要と言わざるを得ません、正直な話)

❽ 製品が特定の目的に合わない：製品適合性の問題

状況 送られてきた製品が、あなたの会社のシステムでは使用できなかった

例 Thank you for the items your team sent last week. But **honestly speaking**, we couldn't use them with our present set-up, so **I'm afraid to say** we will have to return them.

(先週は製品をお送りいただき、ありがとうございました。しかし、正直なところ、現在の当社のシステム設定では使用できませんでしたので、残念ながら返品させていただきます)

❾ 不良品の問題

状況 製品の不具合に対応してもらう必要がある

例 **To tell the truth**, I need to get replacements for the expired medications right away.

(実を言えば、期限切れの薬の代替品をすぐに手に入れないといけないのです)

❿ 相手の弱点を批評する：製品の欠陥の問題

状況 相手の製品に、深刻な結果を招きかねない欠陥がある

例 **Frankly speaking**, your program's failure to protect personal data is a significant problem for us.

(率直に言って、御社のプログラムが個人情報を保護できない欠陥は、当社にとって重大な問題です)

⓫ あなたの顧客が容認できない相手の落ち度：顧客満足度の問題

状況 相手の取引業者のサービスが改善しなければ、それなりの結果が伴うことを
知らせる

例 **Frankly speaking**, our customers are very dissatisfied and if
supplier ABC doesn't improve, our customers can easily switch to
another provider.

（率直に言って、当社の顧客は大変不満を持っていて、サプライヤーである ABC 社が改善しなければ、
別の業者に乗り換えることも辞さないでしょう）

3 コミュニケーションと責任についての正直な話

⓬ こちら側からの連絡状況が不透明な場合の対応：社内連絡系統の問題

状況 恥ずかしいことに、自社からの連絡がいつになるかわかっていない

例 Mr. Kato will contact you, but **to tell the truth**, I'm not sure exactly
when.

（加藤の方からご連絡しますが、実を申しますと、まだいつになるかはお伝えできない状況です）

⓭ 相手方から提起された問題への対応：解決策の提言

状況 相手から提起された問題について、できるだけ早く話し合う必要がある

例 **Frankly speaking**, I need to get to the bottom of all the issues you
raised, so let's talk online soon.

（率直に言って、あなたが提起したすべての問題の原因を突き止める必要があるので、早急にウェブ
会議で話し合いましょう）

⓮ 相手の嘘に対するあなたの反応：虚偽報告への反応

状況 相手が言ってきたことは、虚偽の情報に基づいていると思う

例 **To be completely frank**, we believe that the information you got
from the supplier about their part supply to us is untrue.

（率直に申し上げて、供給業者から得たとおっしゃる当社への部品供給に関する情報は、事実に反す
ると考えています）

⓯ あなた自身のミス

状況 申請書を送る際にミスをしてしまい、許してもらえないかお願いする

例 **Honestly speaking**, I forgot to send my application for the
conference before your deadline, but **to tell the truth**, I really want
to attend.

（実は会議への参加申込書を期日までに送るのを忘れましたが、本当はなんとしても参加したいので
す）

16
正直さ

4 提案と期待についての正直な話

⑯ 求めていたのとは違うフォーマットでデータが送られてきた：適合性の問題

状況 送られてきたデータを、相手が望まない形で修正せざるを得なかった

例 **To tell the truth,** we had to revise your data before we could use it in our system.

（実を言うと、私たちのシステムで使用する前に、お送りいただいたデータを修正しなければいけませんでした）

⑰ ビジネスの進め方：改革の必要性

状況 踏み出すことができずにいる改革に着手する必要性を訴える

例 **In all candor,** I think we need to take another look at our own business practices, not just problems with the economic situation.

（率直に言って、経済状況の問題だけなく、自分たちのビジネスのやり方をもう一度見直す必要があると思います）

⑱ 協力要請

状況 相手も役割を果たしてくれないと、要請に応えられないことを伝える

例 **To tell the truth,** without your reports, we cannot complete the market analysis on time.

（実を言うと、レポートをいただかなければ、市場分析を期限内に完了させることはできません）

⑲ 上司の厳しい反応：情報提供の必要性

状況 より詳細な情報がないと、上司が提案を却下するかもしれないと伝える

例 **To be truthful,** my boss won't approve your proposal unless you can give us more technical details.

（実を言いますと、技術的な詳細を教えていただかない限り、上司が提案を承認しないと申しております）

⑳ 朗報に対する反応

状況 予想外の好成績に驚いたことを伝える

例 **To be honest,** your sales results were better than we expected.

（正直なところ、この営業成績は予想を上回っていました）

㉑ 業績予測に対する反応：悪い知らせに対する反応

状況 経営陣が低い業績予測に不満を持っていることを伝える

例 Sorry to say that Management says you're just going to have to work harder to meet the target in your budget. **Full disclosure**: your forecast really bothered them.

（残念ですが、経営陣は、予算目標を達成するために、もっと頑張ってもらうしかないと言っています。[以下より率直に] あなたの業績予測に、経営陣は不満を持っています）

Notes, exceptions, and cautions 補足・例外・注意

1 「正直に言って」にはさまざまな表現があるが、どれを使ってもいい

正直さを表すのに、多くの人は１つか２つの決まった表現を使う。以下の表現はすべて文法的な機能（副詞的用法）としては同じなので、どれを選んでも構わない。

★典型的な「正直に言って」の表現

・to be honest（正直に言うと）
・honestly speaking（正直に話すと）
・to tell the truth（本当のことを言うと）
・to be truthful（正直であると）
・frankly speaking（率直に話すと）
・speaking frankly（率直に話すと）
・to speak frankly（率直に話すと）
・to put it frankly（率直に説明すると）

2 その他現代英語の表現

・In all honesty（正直なところ）
・To speak candidly（率直に話すと）
・In all candor（正直なところ）
・Full disclosure（全面的に開示すると）
・To be forthright（率直なところ）
・To speak openly（はっきり言うと）
・Let me be clear（はっきりさせておくと）

3 「正直に言って」を乱用するリスク：読み手の感情に無頓着な人だと思われてしまう

相手にとって悪い知らせを予告する「正直」な表現を多用すると、あなたは相手の感情を傷つけても構わない、無愛想で冷淡な人だという印象を与えかねない。

16
正直さ

4 「正直」や「真実」に関連する表現は気をつけて用いる

「正直に話します」というのは、「すべての情報を包み隠さず話します」という意味であって、「今回は嘘をつきません」という意味ではない。ただし honestly（正直なところ）や truthfully（真実を言うと）という言葉を多用すると、読み手はそのニュアンスを「（いつもと違って）今回は本当のことを話します」と受け取ってしまう危険性があるので注意が必要だ。

5 「シンパシー」の表現にも同じような機能がある

「シンパシー」の表現にも、悪い知らせを伝える警告の機能がある。

例 **Frankly,** we had to modify your data.
（率直に言って、あなたのデータを修正しなければなりませんでした）

例 **I'm afraid to say,** we had to modify your data.
（残念なことに、あなたのデータを修正しなければなりませんでした）

例 **Unfortunately,** we had to modify your data.
（残念ながら、あなたのデータを修正しなければなりませんでした）

感情・態度

17 緊急性
URGENCY

"The time will never be just right."
— Napoleon Hill

「ちょうどいい時期、なんてものは来ません」

意味：何かをするのを遅らせるために、状況を言い訳にしてはいけない。

ナポレオン・ヒル（20世紀におけるアメリカの富の教祖、『思考は現実化する』（1937）の著者）

相手に与えるブランド・イメージ　**時間や他のプレッシャーに注意深い**
Aware of time and other pressures

Motives & Content 「緊急性」が効果のある目的・テーマ

「緊急性」を表現することが効果的な目的は次のようなものだ。

【目的17-1】目の前に緊急の仕事があることを伝える

【目的17-2】その任務がいかに重要であるか、そして失敗した場合の代償を知らせる

【目的17-3】適度にプレッシャーをかけて、やる気を維持させる

【目的17-4】誰が行動すべきかを明確にする

【目的17-5】仕事を遅らせる可能性のある誤解を排除する

「緊急性」を表現することが効果的なテーマ・話題は次のようなものだ。

【1】注文など、約束の時間までに届けてほしいものがある

【2】プロジェクトや課題などを期限内に完了させるための行動やリソース（資源）が必要

【3】書類の提出、データの送付などを速やかにしてほしい

【4】サービスやアカウントなどへのアクセスを、すぐにサポートしてほしい

【5】承認などの許可がすぐに欲しい

17
緊急性

Tactics 「緊急性」を使いこなすための戦術

POINT 目的を達成したり問題を解決したりするために、読み手にもこちらのニーズに同調してもらい、迅速な行動を求める。

【戦術 17-1】締切を伝える

表現例 **Send it by tomorrow.**（明日までに送ってください）/ **Work on it until 5:00.**（5時まで作業してください）/ **We need it by the busy season.**（繁忙期までに必要です）/ **has to arrive**（到着しないといけない）/ **should arrive**（到着するはずだ）/ **don't have to finish until**（〜までに終わらせれば大丈夫）/ **by about Friday is fine**（金曜日くらいまでなら大丈夫）/ **by around the end of the week**（週末くらいまでに）

【戦術 17-2】緊急性を伝える

表現例 **I need to ask you to send it immediately.**（すぐに送っていただく必要があります）/ **urgently**（至急）/ **promptly**（緊急に）/ **quickly**（即座に）

Samples 「緊急性」を効果的に使った実践例

以下の❶〜⓯の例文は、感じが良いソフトなお願いから、徐々に説得力がある、強い緊急性を伝えるものへと順に並んでいる。

❶ 相手ができるかどうか丁寧に確認する

例 **Is it still possible** for ABC to deliver **according to the schedule**?
（ABC社がスケジュール通りに納品することはまだ可能ですか？）（弱い）

❷ 柔軟性のある、したがって守りやすい期限を依頼する

例 Could you send them by **around** the end of the week, please?
（週末くらいまでに送っていただけますか？）

❸ 期限を強調しつつ、個人へのプレッシャーは控えめにする

例 May I request your team to send the venue booking confirmation **by the 25th at the latest**?
（遅くとも25日までに会場の予約確認書を送っていただくよう、そちら様のチームにお願いしてもよろしいでしょうか？）

❹ 期限を思い出してもらい、急ぎであることを理解してもらえる理由を伝える

例 **As we mentioned earlier,** we need to get this data this week so that we can **complete the tax form by the 15th**.

(先日お伝えした通り，15 日までに納税申告書を完成させるためには、今週中にこのデータを入手する必要があります)

❺ あなたにとっていかに重要かをアピールする（相手があなたのことを気にかけてくれている場合）

例 Could we get your delivery schedule **by the 7th, please**? We really need your support because we have to show DE Company our reliability.

(納期は 7 日までにお願いできますか？ DE 社に対して当社の信頼性を示すためにも、ご協力を、どうぞよろしくお願い申し上げます)

❻ 相手に適用される規則が変更される日付を強調する

例 Please note that **from September 1**, all specs and catalogs must use SI units such as kg and m exclusively.

(9 月 1 日以降、すべての仕様書やカタログは、キログラムやメートルなどの国際単位系を使用しなければなりませんのでご注意ください)

❼ 相手の状況にも共感を示し、期日に間に合わせるための協力を依頼する

例 **I understand how busy you are,** so I hesitate to ask this, but **we really need your help** to meet the launch deadlines next month.

(お忙しいところ大変恐縮ですが、来月の発売期限に間に合わせるため、ぜひご協力をお願いしたいのです)

❽ 緊急性を言葉で表現する（日付ではなく）

例 **We need you to** include our revisions into your XY file **promptly**.

(私たちの修正を、XY ファイルに速やかに入れていただきたいのです)

❾ 顧客の一大イベントというプレッシャーを利用して、責任を果たしてもらう

例 Our hospital's new unit is opening **next month**, so we need you to fulfill your **commitments regarding equipment deliveries**.

(来月、当院の新しい病棟が立ち上がるので、機器の納入に関するお約束を果たしていただく必要があります)

❿ 重要性が明らかな期限を使うことで、あなたの期限を受け入れてもらう

例 We need to get all your copy data **by Thursday at the latest** so that we can make **Y Magazine's submission deadline**.

(Y 誌の入稿期限に間に合うように、遅くとも木曜日までにすべてのデータのコピーを入手する必要があります)

17
緊急性

⑪ 期限が契約書に記載されていることを念押しする

例 We need you to supply all spare parts **by the 31st**, as agreed **in our contract**.

(契約書で合意された通り、31日までにすべてのスペアパーツを供給してください)

⑫ 期限が間近に迫っていることにプレッシャーを感じてもらう

例 Please understand that **the deadline for compliance** with the new regulation is coming **very soon**.

(新規制への対応期限が間近に迫っていることをご理解ください)

⑬ 相手が失敗した場合の結果を示す

例 If I do not receive your tax summary **before Friday**, I will **not be able to complete the report you need** for the Board of Directors meeting.

(金曜日までに税のまとめを提出してもらわなければ、取締役会にご入用の報告書を完成させることができません)

⑭ 期限を延長できないことを示すために、あなたにはどうすることもできない出来事を利用する

例 ABC's new plant is going online **next month**, so unfortunately, **we cannot accept any delays**.

(ABC社の新工場は来月稼働するので、残念ながら一切の遅れを受け入れることはできません)

⑮ 緊急性を個人的なものとしてお願いする

例 John, we really must have your usual great support to make sure the XY gets here **on time**.

(ジョンさん、XYが予定通りにこちらへ届くように、いつもの素晴らしいサポートをよろしくお願いします)

Notes, exceptions, and cautions 補足・例外・注意

1 心理的に破りやすい、弱い期限がある

依頼

例 Do you think you can send the materials by Friday?

(金曜日までに素材を送ってもらえますか?)

自然な返答

簡単に断ることができる

例 Sorry! (ごめん!)

2 弱い期限を強くする方法：理由を付け加える

依頼

例 Do you think you can send the materials by Friday? I need them for my tests on Saturday.

（金曜日までに素材を送っていただけますか？土曜日のテストに必要なのです）

→（p.36「礼儀正しく聞く 30 の方法」【レベル 5［丁寧 3］敬意】を参照）

自然な返答

例 We'll do what we can.（できる限りのことはします） ● ─── 理由があると、断りにくくなる

3 強い期限＋理由は最も断りにくい

依頼

例 We need to get your materials by Friday at the latest. Our tests start on Saturday.

（遅くとも金曜日までに素材を送ってください。テストは土曜日に開始します）

自然な返答

例 OK.（わかりました） ● ─── 強い期限の要求に理由があると、断りにくい

4 期限を守れないことを伝えるには

1）丁寧に断る場合と同じ

申し訳ないという表現＋「できない」

例 **I'm afraid I won't be able to** send it by then.

（申し訳ないのですが、それまでにお送りすることはできません）

理由を足すと

例 Unfortunately, we are unable to send it by that time, **because of the weather**. So I have to ask for your patience. We're not able to send it until road conditions improve.

（あいにく天候の関係で、その時間までにお送りすることができません。差し支えなければ、もうしばらくお待ちいただけますでしょうか。道路の状況が改善しないとお送りすることができないのです）

2）率直に断る

例 impossible （不可能だ） ／ unfeasible （実現不可能だ）＋理由

17
緊急性

3）自分のせいではないことをほのめかす

受動態を用いる

例 It **can't be sent** by then.
（それまでに送付されることは難しいです）

4）遅れることを丁寧に伝える

例 If you **would not mind waiting**, we'll try to send it by next week.
（お待たせしてもよろしければ、来週までにはお送りできるよう善処します）

5 配達／納品状況を報告したいとき（予定通りかどうか）

1）早い

顧客

例 We were happy for the **early** delivery of our order.
（注文した商品が早く届いたので満足しました）

売り手

例 We plan on sending it **early**.
（早めに送る予定です）

2）時間通り

顧客

例 Thank you for your **timely** delivery.
（時間通りに配達していただきありがとうございます）

売り手

例 We sent it to you **on time**.
（時間通りにお送りしました）

3）遅い

顧客

例 Your delivery was **late**.
（配達が遅れました）

売り手

例 Delivery will be **late**.
（配達が遅れます）

4）期限を過ぎた

顧客

例 Delivery was **due** on Friday.

（配達は金曜日のはずでした）

売り手

例 Delivery was two days **overdue**.

（配達は2日遅れました）

5）almost（ほぼ）／more than（〜以上）を使って理不尽なほどの遅れを報告する

13日の遅れ

例 It's **almost** two weeks late.

（ほぼ2週間遅れています）

5週間の遅れ

例 It's **more than** a month overdue.

（1カ月以上遅れています）

6 ブランド・イメージのリスク

「緊急性」を使いすぎたり、強調しすぎたりすると、過度に心配性で、ストレスの多い、要求の厳しい相手という印象を与えるという報告がある。

17
緊急性

18 率直さ
FORTHRIGHTNESS

"Be who you are and say what you feel, because those who mind don't matter, and those who matter don't mind."
— Bernard M. Baruch

「自分らしく、言いたいことを言えばいい。なぜなら気にする人はどうでもいい人だし、大切な人は気にしないものだから」
バーナード・M・バルーク（アメリカの投資家、政治家）

"The single biggest problem in communication is the illusion that it has taken place."
— George Bernard Shaw

「コミュニケーションにおける唯一最大の問題は、意思が伝わったと錯覚してしまうことだ」
ジョージ・バーナード・ショー（アイルランドの劇作家）

相手に与えるブランド・イメージ **勇敢なコミュニケーター**
Fearless communicator

Motives & Content 「率直さ」が効果のある目的・テーマ

「率直さ」を表現することが効果的な目的は次のようなものだ。

【目的 18-1】 必要だと判断したことを確実に実行する
【目的 18-2】 見つけた間違いは必ず公にし、正すようにする
【目的 18-3】 あなたが妥当であると見なした判断
【目的 18-4】 目にした不正が是正されるよう働きかける
【目的 18-5】 不合理と思われる要求を取り下げてもらう

「率直さ」を表現することが効果的なテーマ・話題は次のようなものだ。

【1】 相手かあなたの行動
【2】 相手かあなたの判断
【3】 相手かあなたの製品
【4】 相手かあなたの方針
【5】 相手の性格、道徳規範、倫理観

Tactics 「率直さ」を使いこなすための戦術

 POINT たとえ読み手を不快にさせたとしても、恐れず、直接的に、相手を動かしたり反対の意見を述べたりする。（補足・例外・注意の「リスク」も参照）

【戦術 18-1】 相手の動機を明らかにする

表現例 **Why did you decide that XY was a false reading?**

（なぜ XY は誤読だと判断したのですか？）→当方は真実だと思っています

【戦術 18-2】 本来取るべきであった相手の行動を明らかにする

表現例 **Did you place the blue material in the canister?**

（青い物質を容器に入れましたか？）→それは必要な手順です

【戦術 18-3】 約束違反を指摘する

表現例 **You said you would send us the data necessary for quality control.**

（品質管理に必要なデータを送るとおっしゃいましたね）→どうして送ってくれなかったのですか？

【戦術 18-4】 相手の悪行に光を当てる

表現例 **Have you disclosed confidential content from our data file to XY Company?**

（当社のデータファイルにある機密事項を XY 社に開示しましたか？）

【戦術 18-5】 具体的な指摘によって、正誤を対比させる

表現例 **Look again at Case A vs Case B.**

（ケース A とケース B をもう一度よく見てください）

18
率直さ

ここで紹介する実践例のほとんどは、使われる目的が重複している。例えば、❶の状況は【目的18-1】、【目的18-2】、【目的18-4】の例文となり得る。

❶ 契約違反に対する、あなたの率直な疑念

例 **Did you disclose information from our Confidential Data file**?

（当社の機密データファイルから情報を開示しましたか？）

例 **Why** did you disclose information from our Confidential Data file?

（なぜ当社の機密データファイルの情報を開示したのですか？）

❷ 相手が説明責任を受け入れるよう主張する、あなたの率直な声明

例 **I need you to explain** how **your** software **gave us the wrong user status**.

（御社のソフトウェアがどのようにして誤ったユーザーステータスを当社に提供したのかを説明していただけますか）

❸ 妥協のない、あなたの率直な拒否

例 We have **no intention** to test X because we are **sure X doesn't meet our needs**.

（X が私たちのニーズを満たさないと確信しているので、X をテストするつもりはありません）

❹ 彼らが見落としていることに対する、あなたの率直な指摘

例 **The data sheet specifically requires** you to take special care regarding the outer channel design.

（データシートでは、外部チャネルの設計に関して特別な注意を払うよう特に求めています）

❺ 違反を報告するつもりであるという、あなたの率直な警告

例 We have **decided** to **report your** protocol **deviation** to the authorities.

（私たちは、あなたのプロトコル逸脱を当局に報告することを決定しました）

❻ 欺瞞の証拠として、相手の矛盾を率直に指摘すること

例 You accepted our order for Service X123 in June when we signed up for it, but **now you claim** that Service X123 doesn't exist.

（御社は、私たちが契約をした 6 月にサービス X123 を受注しましたが、今はサービス X123 は存在しないと主張していますね）

❼ 一方的な決定権を主張する彼らに対する、あなたの率直な拒絶

例 **We require that you** let us know **why** you made the design change **without consulting us**.

(私たちに相談せずデザインを変更した理由を知らせることを求めます)

❽ 読み手にこちらのスケジュールを受け入れてもらうという、あなたの一方的で率直な宣言

例 **We will assume that you accept** the schedule timeline **if we do not receive any objections from you** by the end of this month.

(今月末までに異議の申し立てがない場合、このスケジュールを受諾したものとみなします)

❾ 変更に対する、あなたの率直な主張

例 The bracket **we required you to adjust has to be expanded** by 0.4 mm.

(私たちが調整を要求したブラケットを 0.4mm 拡大する必要があります)

❿ 不合理な遅延に対する、あなたの率直な批判

例 I asked you for this **almost** two weeks ago.

(私がお願いしたのは、ほぼ２週間前です)

例 I asked for this **more than** a month ago.

(１カ月以上前にお願いしました)

⓫ あなたからの率直な批判と是正要求

例 Your packing protected **only** the item's corners, not including the surface **as we required**. So **we need you to replace** the damaged goods.

(貴社の梱包は商品の角だけを保護するもので、私たちが要求した表面は含まれていませんでした。ですから、破損した商品を交換してください)

⓬ 品質に対する、あなたの率直な主張

例 It's essential that you maintain the quality of the material stored at the shop.

(店で保管されている材料の品質を維持することが不可欠です)

⓭ 行動を指示する、あなたの率直な判断

例 **You need to** set a higher ON temperature for the car seat heater.

(車のシートヒーターの温度をより高く設定していただく必要があります)

⓮ あなたの率直な拒否

例 Your request for the X drawing **has been rejected**. We have already sent it to Y Division.

(X の図面の要求は却下されました。すでに Y 事業部に送付済みです)

18
率直さ

⑮ 相手の伝達ミスに対する、あなたの率直な指摘

例 **You said** the "Golden Popcorn" logo was **only for film awards,** not for TV series. But the production team says they use that logo **for both.**

（以前、『ゴールデン・ポップコーン』のロゴは映画賞のためだけで、テレビシリーズには使えないとおっしゃいました。しかし、制作チームは、そのロゴを両方の用途に使っていると言っています）

Notes, exceptions, and cautions 補足・例外・注意

1 リスク！率直さには美徳もあればリスクもある！

"forthrightness" と "forthright" は英語で良いイメージのある言葉だ。ビジネスパーソンの美徳である「率直さ」や「正直」を連想させる。

しかし、このセクションにある例文にもリスクはある。上記の例文では、相手の反応を恐れずに物事を述べているため、妥協や配慮、尊敬の念が感じられない。実際の文章では、妥協、配慮、尊敬の念を加えることが望ましい。

つまり、このような表現を使う５つのリスクとは、あなたが１）融通が利かない、２）未熟、３）思いやりがない、４）利己的、５）無礼、という印象を読み手に与えてしまう可能性があるということだ。

あなたの率直さに、曖昧さや繊細さを加えるために、「謙虚」や「シンパシー」を加えることを検討してもらいたい。

率直

例 **You disclosed** our confidential information to ABC!

（あなたは当社の機密情報を ABC 社に開示しましたね！）

謙虚

例 **It appears** that our confidential information **has been disclosed** to ABC.

（どうやら当社の機密情報が ABC 社に開示されたようです）

率直

例 The vessels **you supplied** for our lab activities **break too easily**.

（研究室活動に提供していただいた容器は、あまりにも簡単に壊れてしまいます）

シンパシー

例 **I'm afraid to say** the vessels **we got from you seem** to break **quite** easily.

（申し上げにくいのですが、御社にいただいた容器は非常に壊れやすいようです）

② 自分が間違っている可能性は常に心に留めておく

読み手は、あなたが専門家として自信を持って表現したことが間違っていることを知ると、苛立つ。一方、控えめに言ったことが間違っていても、大目に見てもらえる。自分が間違っている可能性があることは、常に心に留めておきたい。

`率直`

例 Your product **does not meet** the chemical requirements for this process.

（御社の製品は、この過程の化学的要件を満たしていません）

→謙虚、ただし根拠を加えることで弱腰に思われるリスクを回避

`謙虚`

例 Your product **may not meet** the chemical requirements for this process. Please refer to page 73 of the manual.

（御社の製品は、この過程の化学的要件を満たしていない可能性があります。マニュアルの 73 ページを参照してください）

③ 相手がやるべきことをやらないときには、戦術的に動詞を使う

`率直`

例 I need to know before five: **did you make** the change in the sales materials?

（5 時までに把握しておく必要があるのです。営業資料に変更を加えましたか？）

→率直な動詞 "did you make" のニュアンス：指示したことをやりましたか？

`ソフト`

例 **Have you made** the change in the sales materials? Could you please let me know before five?

（営業資料を変更しましたか？ 5 時までに教えていただけますか？）

→よりソフトな "have you made" のニュアンス：今その営業資料を使っても大丈夫ですか？

`最もソフト`

例 **Has the change** in sales materials **been made**?

（営業資料に変更は加えられましたか？）

→受動態のさらにソフトなニュアンス：相手やその行動よりも、結果を強調する

18
率直さ

19 決断力
DECISIVENESS

"Once you make a decision, the universe conspires to make it happen."
— Ralph Waldo Emerson

「一度決断をしたら、宇宙がそれを実現するように陰謀を企てる」

ラルフ・ウォルドー・エマソン（アメリカの詩人）

相手に与えるブランド・イメージ 〉 **信頼できる、有能、効率的**
Trustworthy, competent, efficient

Motives & Content 「決断力」が効果のある目的・テーマ

「決断力」を表現することが効果的な目的は次のようなものだ。

【目的 19-1】あなたがやると決めたこと、考えたことを読み手に明確に理解してもらう

【目的 19-2】読み手に、あなたがこれからやること、考えていることに同意してもらう

【目的 19-3】決めたことを実行に移す

【目的 19-4】主要点に集中してもらうよう、読み手の気を逸らさせないようにする

【目的 19-5】環境や力関係などの制約を乗り越えて、決めたことをやり遂げる

「決断力」を表現することが効果的なテーマ・話題は次のようなものだ。

【1】非日常的で重大な事態

【2】リスクを伴う重要な事態

【3】論争がある重要な事態

【4】読み手側に相当な力がある決断

【5】行動、選択、方針、判断、事実に関する決断

Tactics 「決断力」を使いこなすための戦術

POINT あなたがしてほしいことや、あなたが真実だと思うことを、迅速かつ冷静に伝える。

【戦術 19-1】あなたの権限レベルを表現する：あなたが責任者なのかそうでないのか

表現例1 **I / we**（私／私たち）

表現例2 **Our customer**（お客様）

表現例3 **The board**（取締役会）

表現例4 **Japanese law**（日本の法律）

【戦術 19-2】あなたの確信度を表現する：可能性から必須要件まで

表現例1 **In my opinion**（私の意見では）

表現例2 **I would like to**（〜したいと思います）

表現例3 **I firmly believe**（確信しています）

表現例4 **I recommend that**（〜することをお勧めします）

表現例5 **I request that you (do something)**（あなたに〜することを求めます）

表現例6 **I intend to**（〜するつもりです）

表現例7 **I have decided**（私は決めました）

【戦術 19-3】必要に応じて、根拠を示す

表現例1 **My analysis indicates that**（私の分析によると）

表現例2 **Based on my experience, I see it's necessary to ...**
（私の経験に基づき、私は…する必要性があると見ています）

表現例3 **Considering the evidence, I have decided that ...**
（根拠を考慮し、私は…と決断しました）

表現例4 **Taking into account the environmental constraints, I have concluded that ...**（環境上の制約を考慮して、私は…と結論を出しました）

19
決断力

ここでは、❶～❾の断固とした態度がふさわしい状況別に実践例を紹介していく。

❶ 供給業者が重要な用途のために、ある材料を提案してきた

考慮事項 規制リスクを伴うなどの重大事項があり、読み手の同意を必要とする場合、コンプライアンスの要求を、直接的に、確信を持って、迅速に表現する。

例 We intend to consider your Compound A **only after you have confirmed** its safety.

(貴社の化合物 A の安全性を確認していただき次第、検討する予定です)

❷ 顧客から、あなたの会社が扱う需要の高い特別な素材を購入したいとの問い合わせがあった

考慮事項 秘密保持規則を順守してもらう必要があるため、迅速、詳細、丁寧かつ明確な指示を出す。

例 Thank you for your inquiry on our XY therapy. We will agree to provide XY therapy, **as soon as we receive ABC's acceptance** of our Confidentiality Agreement and other terms.

(当社 XY セラピーへのお問い合わせありがとうございます。ABC 社から秘密保持契約書及びその他の条件への承諾が得られ次第、XY セラピーを提供することに同意いたします)

❸ 顧客 ABC 社から税務に関する質問があった

考慮事項 実質的な財務リスク、税務部門が反発するリスク、間違っているという評判が立つことのリスクなどがある場合、まずは決定事項と条件を伝え、裏付けとなる参照資料にも言及する。

例 **It is acceptable** for ABC to adjust your balance sheet to recognize tax payments, **subject to** the conditions that follow.

(以下の条件付きで、ABC 社が貴社の賃貸貸借表を修正し、納税額を認識することは認められます)

❹ 海外の事業提携パートナーに対して請求すべき料金（技術支援手数料の引き上げ）がある

`考慮事項` 読み手に経済的負担がかかるような知らせは反対されたり拒否されたりする可能性があり、関係性を危うくするリスクを伴う。悪い知らせは、迅速かつ直接的に、丁寧な遺憾の意とともに報告する。

`例` Regarding our Technical Assistance fees, we regret that **we have had to raise them** for the next fiscal year, in spite of our continuing efforts to control costs.

（テクニカル・アシスタント料については、コスト抑制の努力を続けているにも関わらず、来年度の値上げを余儀なくされたことを遺憾に思います）

❺ 事業提携パートナーが要請してきた変更を承認する

`考慮事項` 現実に承認が不可避と判断される場合、パートナー企業に協力的な姿勢を見せる良い機会となる。パートナー企業を尊重して、迅速に、説明を加えて回答する。

`例` **This is to approve** your urgent request to add ABC to the Approved Vendor list. **We recognize** the current approved vendor DE is now at maximum capacity.

（このメールは、ABC 社を承認販売会社リストに加えるという緊急の要請を承認するためのものです。現在の承認販売会社 DE は最大供給量に達していると認識しています）

❻ 本社が出したマーケティングキャンペーンのテーマ案に対して、批評を伝える

`考慮事項` 批評のような主観的な内容を伝える場合、本社スタッフの反発を買うリスクがある。支社からの代替案が歓迎されないこともあるだろう。迅速かつ直接的に、でも丁寧で控えめに、支社としての提案を、"we" を主語として本社に伝える。

`例` We **wonder if** the product **may need** a more specific theme, such as "Tropical Coconut." We are afraid the concept "Tropical" alone **may be** a little too basic.

（例えば、『トロピカル・ココナッツ』のような、より具体的なテーマが必要ではないでしょうか。『トロピカル』というコンセプトだけでは、ややありきたりすぎるかもしれないと、私どもは危惧しております）

19
決断力

❼ 本社デザインに代わるパッケージのデザインを提案する

考慮事項 本社の専門家の意見に反し拒否されるリスク、仕事上の関係が損なわれるリスクを伴う場合、提案は迅速かつ直接的に、しかし丁寧で控えめに伝える。代替案が現地の市場情報に裏打ちされたもので、読み手を尊重しつつ提案すれば、相手も受け入れやすくする。

例 We'd like to **ask if your team could reconsider** the bottle design, **because** it's similar to a local product, AB Sport. **Our experience here has been that** clearly differentiating new products from established local brands has been successful.

（ボトルのデザインが地元の AB スポーツと似ているので、貴チームに再検討をお願いしたいのです。当地での経験を申しますと、新商品を定番の地元ブランドと明確に差別化することで、成功しています）

❽ 破損防止のため、梱包箱の変更を求める

考慮事項 必要な変更であっても、相手の慣行を暗に批判する依頼は、拒否される、もしくは、逆にこちらの手順を変更するよう求められるリスクを伴う（たとえば、「潰れないように箱を積み重ねなければいいじゃないですか」など）。迅速かつ直接的に、しかし丁寧に依頼する。さらには、議論の余地のない証拠写真を添付するなど、相手が納得するように問題提起をする。

例 We would **really appreciate it if you could** send the sweaters in a deeper box. **As you can see in the photos**, the sweaters get crushed when we stack the boxes.

（セーターをもっと深い箱に入れて送っていただけると本当に助かります。写真にあるように、箱を積み重ねるとセーターが潰れてしまうのです）

❾ 試供品の決定権を現地支社に委ねるよう本社に求める

考慮事項 書き手が読み手より弱いパワーバランスの場合、批判と受け取られかねない要望は拒否されるだけでなく、優位に立つ読み手に不快感を与え、パワーバランスをめぐる争いを引き起こすリスクを伴う。本社の意思決定に批判的な印象を与えないよう、迅速、明瞭、かつ敬意を持って表現する。

例 We would be really grateful if you would **let us in the Japan branch select the products** for use in sample promotions. **Unfortunately,** the samples London chooses sometimes include products we don't sell in this market.

（販促用の試供品として用いる製品の選定を、私たち日本支社に任せていただけると、ありがたいです。残念なことに、ロンドン支社で選んでいただいたサンプルには、日本市場で販売していない商品も含まれていることがあるのです）

Notes, exceptions, and cautions 補足・例外・注意

1 読み手への配慮とバランスのとれた直接的かつ断定的な表現

状況 読み手は書き手より上の立場

例 **We wonder if** the product **may need** a more specific marketing theme. We are afraid that the concept alone **could** possibly be a little too simple.

(この製品には、もう少し具体的なマーケティングのテーマが必要ということはないでしょうか。そのコンセプトだけだと、ややシンプルすぎるのではないかと心配しています)

2 他社の視点を尊重する姿勢を示すことで、決断が傲慢に思われるリスクを回避する

状況 読み手に迷惑をかけないよう努力している姿勢を示す

例 Regarding our fees, we regret that we have had to raise them for the next fiscal year, **in spite of our continuing efforts to control costs**.

(私どもの料金に関しまして、経費節減に努めてまいりましたが、残念ながら来年度は値上げせざるを得なくなりました)

3 透明性の高い理由に裏打ちされた、十分な情報に基づく決定

状況 書き手よりも上の立場である読み手に対して、決断の理由を丁寧に説明する

例 **We'd like to ask** if your team could **reconsider the design**, because it's similar to a local product. **We like to differentiate** new national brands from established local brands **if we can**.

(地元の製品に似ているので、チームの皆さんでデザインを再検討していただきたいのです。できることなら新しい全国展開のブランドは、すでに確立された地元ブランドと差別化したいのです)

4 冷たくならないようにする：断定的でありながら、人間味ある配慮をする

状況 読み手に断る選択肢がある場合、書き手は個人として呼びかける

例 **We would really appreciate it if you could** send the product in a deeper box. **It's really too bad** to see it crushed when we store the boxes in the stockroom, as **I'm sure you will understand** from this photo.

(製品をより深い箱に入れて送っていただけると本当にありがたいです。この写真でおわかりいただけると思いますが、倉庫に保管する際に箱がつぶれてしまうのが、本当に残念なのです)

19
決断力

(165)

20 自己主張
ASSERTIVENESS

"Stand up to your obstacles and do something about them. You will find that they haven't half the strength you think they have." — Norman Vincent Peale

「障害に立ち向かい、それに処するのです。その障害には、あなたが思っている半分の力もないことに気づくでしょう」 ノーマン・ヴィンセント・ピール（アメリカの牧師、作家）

"... ask for the things you want. Or get used to working with things you don't want." — Germany Kent

「…欲しいものを求めてください。さもなくば、欲しくもないものを扱うことに、慣れるしかないのです」 ジャーマニー・ケント（アメリカのジャーナリスト）

相手に与えるブランド・イメージ 〉 **毅然とし、自信に満ち、強力な**
Resolute, self-assured, forceful

Motives & Content 「自己主張」が効果のある目的・テーマ

「自己主張」を表現することが効果的な目的は次のようなものだ。

【目的 20-1】 曖昧さを避け、要件や意見を率直に表現する

【目的 20-2】 制限、条件、要件などを明確に設定する

【目的 20-3】 問題や意見の相違に、率直かつ迅速に向き合う

【目的 20-4】 批判的な意見も含め、フィードバックに直接対応する

【目的 20-5】 自分の権利が尊重されるようにする

「自己主張」を表現することが効果的なテーマ・話題は次のようなものだ。

【1】 行動決定、要求、要請、確認

【2】 方針、規則、法的指示

【3】 規則、制限、期限など

【4】 手順、仕様など

【5】 意見、解釈、理解

Tactics 「自己主張」を使いこなすための戦術

> **POINT** 相手に知ってほしいこと、してほしいことを表現する。曖昧さよりも率直さを重視する。ただし、状況や関係性に応じた表現を心がける。

【戦術 20-1】 あなたからの主張であることを明確にする
表現例 I、we、または社名を使う

【戦術 20-2】 責任を明確にするために能動態を使う

【戦術 20-3】 自信と権威のあるビジネスパーソンとして、相手に求める高い要求を表現する（NEC 参照）
表現例 1 **I ask that you do it.** （あなたにやっていただくことをお願いします）
表現例 2 **I require that you do it.** （それをやっていただくことを要求します）

【戦術 20-4】 名詞ではなく、動詞で動作を表現する
表現例　× **Reduction is needed** （削減が必要です）
　　　　○ **Please reduce** （削減してください）

【戦術 20-5】 自信を持ってメールの内容を決め、状況に応じて戦術的に表現する

Samples 「自己主張」を効果的に使った実践例

1～**11**の主張したい内容別に、それぞれ 2 つのバージョンを紹介する。
Aは、直接的な主張
Bは、状況や関係性に応じた戦術的主張

1 主張したいこと：あなたの会社の方針
状況 あなたの会社は、ブランド・コミュニケーションに関する新しい方針を採用した

20
自己主張

Ⓐ直接的な主張

例 We have a new brand policy so many documents **must be rewritten** in accordance with it.
(新しいブランドポリシーができたので、多くの文書をそれに合わせて書き直す必要があります)

Ⓑ戦術的：自律性の高い読み手に書く場合、相手が「ノー」と答える権利を受け入れる

例 We **would appreciate it if you would make some explanation changes,** in line with our new brand policy.
(新しいブランドポリシーに沿って、いくつか説明の変更をお願いできればありがたいです)

→新しいブランドポリシーを主張する、あなたの会社の権利を受け入れるような読み手は、適切に行動することをわかっているので、あなたはそれを丁寧に主張するだけでいい。

2 主張したいこと：顧客としてのあなたの権利

状況 あなたが購入した製品が不良品だった

Ⓐ直接的な主張

例 Either guide me through troubleshooting, or advise me how to get it replaced if it's defective.
(トラブルシューティングの手順を説明していただくか、もし不良品なら交換する方法を教えてください)

Ⓑ戦術的：顧客であっても、行動を求める権限に制限がある場合、あなたにとって満足がいく結果に限定して、相手に選択肢を与える

例 I would like to **ask for your advice** regarding a problem with my medical device, your Model XY-123. Could you please guide me through troubleshooting, or advise me how to get it replaced if it's defective?
(私の医療機器、御社のモデル XY-123 の不具合について、アドバイスをお願いしたいのですが。トラブルシューティングの手順を説明していただくか、もし不良品なら交換する方法を教えていただけますか？)

→あなたの説明によって、相手はあなたの選択肢を受け入れるはずだ。

3 主張したいこと：期限に関するルール

状況 製品 XY-123 の輸入手続きに期限がある

Ⓐ直接的な主張

例 **You must complete import procedures one week in advance** of the product shipping day.

（商品発送日の1週間前までに輸入手続きを完了してください）

Ⓑ戦術的：相手にとって、同意することが一番簡単な選択肢にするには、わからないことがある場合のみ再度連絡するように伝えると良い

例 Please be sure to complete the procedures one week before shipment. **Feel free to contact me if** you have any questions.

（発送日の1週間前までに必ず手続きをお済ませください。ご質問があれば、お気軽にお問い合わせください）

4 主張したいこと：相手の要求の拒否

状況 雑誌の卸業者として、シンガポールで日本の雑誌を販売したいという要求を拒否しなければならない

Ⓐ直接的な主張

例 We are prohibited from selling Japanese hair fashion magazines direct to you in Singapore.

（日本のヘア・ファッション雑誌をシンガポールの会社へ直接販売することは禁止されています）

Ⓑ戦術的：簡単な代替案を提示できる場合→丁寧なお断りと説明

例 Regarding your request for Japanese hair fashion magazines, we are sorry to say **the publisher has not authorized us to sell direct** to you there. **So please contact the Singapore distributor** DEF.

（日本のヘア・ファッション誌のご要望ですが、申し訳ございませんが、出版社から直販の許可をいただいておりません。ですから、シンガポールの代理店 DEF 社にご連絡ください）

5 主張したいこと：相手に支援してもらう必要性

状況 政府の規制当局が求めるデータを提供し、コンプライアンスに従ってもらう必要がある

Ⓐ直接的な主張

例 I **require that you make data available** for me so I can pass it on to government regulators.

（政府の規制当局にデータを渡すことができるよう、データを提供することを求めます）

20
自己主張

❸戦術的：政府規制当局の権限を使ってコンプライアンスを要求できるのであれば、丁重にお願いすべき

例 I'd really **appreciate it if you could help me out with** a Government Data Compliance order. **Could you please** supply Data File XY-123 regarding Therapy XY conditions?

（政府のデータ・コンプライアンス命令に関してお力添えいただけますと、大変ありがたいです。XY療法に関するデータファイル XY-123 を提供していただけますでしょうか？）

→コンプライアンスを要求する政府規制当局の権限を読み手が知っていると確信している場合は、このように丁寧に主張することができる

6 主張したいこと：許容範囲に関する判断

状況 マーケティング調査に参加できる人とできない人の基準を決めた

❹直接的な主張

例 **We exclude any clients** from this study **who fail to meet criterion X**.

（基準 X を満たさない顧客は、この調査から除外します）

❸戦術的：あなたが主張することに反対する可能性のある専門的な知識を有する同僚たちにメールを書く場合：彼らの意見を判断基準に含める

例 **We recognize what you pointed out** regarding confidentiality issues, so **we will exclude** any clients who express reservations about information sharing.

（守秘義務の問題についてはご指摘の通りと認識していますので、情報共有に懸念を示す顧客は除外します）

7 主張したいこと：説明の要求

状況 読み手の傘下にある ABC 社に、失敗を釈明してもらう必要がある

❹直接的な主張

例 Your associate **ABC needs to explain the reason for their product's** failure to us.

（貴社の子会社である ABC 社は、自社製品の欠陥の理由を説明しなければなりません）

❸戦術的：読み手は、第三者である ABC 社に依頼するよう丁重にお願いする

例 **Could you please instruct ABC to explain** the reason for the failure to us?

（ABC 社に欠陥の理由を説明するようご指示いただけますか？）

→読み手の ABC 社に対する権威と、あなたに対する協力的な態度に自信がある場合、このように書くことができる。

8 主張したいこと：応えてくれないかもしれない人への要請

Ⓐ直接的な主張

例 **We need additional data** on XY-123.
（XY-123 に関する追加データが必要です）

Ⓑ戦術的：影響力のある人物の支持を得ている場合、あなたからの不都合な要求について、その人と事前に相談したことを読み手に伝える

例 **With the agreement of Dr. John Jones, I would like to make a request** for additional data on XY-123.
（ジョン・ジョーンズ博士の同意を得て、XY-123 の追加データをお願いしたいと思います）
→これを効果的に行うには、読み手に認知されているインフルエンサーを選ぶ必要がある。

9 主張したいこと：荷物の到着期限

状況 広告キャンペーンと連動させるため、特売イベント用の在庫が必要

Ⓐ直接的な主張

例 **You have to send** the Angel line shipment **to arrive here by August 17**.
（Angel ラインは 8 月 17 日までにこちらに到着するよう発送していただく必要があります）

Ⓑ戦術的：相手が部下でない場合は、必要性の強さを、相手が納得する理由と共に伝える

例 **I need to ask for your help** with delivery of the Angel line. Could you **get your staff to make sure we receive delivery** by August 17? All our stores need it by August 23. That's the day **the advertising will be released**.
（Angel ラインの納品について、ご協力が必要です。8 月 17 日までに確実に納品されるよう、スタッフの皆様に働きかけていただけますか？全店舗で 8 月 23 日までに必要なのです。それが広告の出る日なので）
→この種の戦術は、社内の常識の力を利用して、必要なことを主張するものだ。

10 主張したいこと：自社の慣行に対する例外の必要性

状況 顧客関係管理（CRM）システムのルールに例外が必要

Ⓐ直接的な主張

例 "Retail store customer points" **needs a manual calculation function in addition to** the automatic function it has now.
（『小売店の顧客ポイント』は、現在の自動計算機能に加えて手動計算機能が必要です）

20
自己主張

❸戦術的：説得すべき相手が本社の場合、現地の競合他社の慣行に合わせる、など説得力のある目標を丁寧に付け加える

例 Regarding the Purchase Points calculations system, **could you please consider adding** a manual system? **Local customers** these days **expect it**.

（購入ポイントですが、手動計算機能の追加を検討していただけないでしょうか？地元の顧客は、昨今それを求めているのです）

🔟 主張したいこと：システム機能の変更

状況 芸能事務所だけでなく、イベント制作会社にも対応できる機能をソフトウェアに追加する必要がある

❹直接的な主張

例 **We need you to add a function** to the software that will allow us to register a company as both a talent agency and a production house.

（企業を、芸能事務所としても制作会社としても登録できる機能をソフトウェアに追加していただく必要があります）

❸戦術的：非協力的な経営陣に対しては、あなたが望む変更について助言を求めて敬意を示し、説得を試みる

例 I would **appreciate your kind advice on** registering a company in the entertainment industry. **How can we** register a company as both a talent agency and a production house?

（エンタメ業界の会社登録について、ご教示いただければ幸いです。企業を芸能事務所としても制作会社としても登録するには、どうすればいいでしょうか？）

→すでにシステムにそのような機能があることを確認できているのであれば、このような依頼に見せかけた主張をすることは効果的だ。そして、この「どうすればいいでしょうか？」という聞き方をされると、否定的な回答はしづらくなるものだ。

Notes, exceptions, and cautions 補足・例外・注意

1 ソフトな自己主張

I would like to（〜したいと思っています）や I prefer to（できれば〜したいです）など、読み手に可能性を残しておく表現は、自己主張ができると同時に、まだ議論の余地があると見せることで、読み手のメンツを保つことができる。

断定しないことで自分の立場が弱くなるのが心配なら、いざとなれば政府の規制や会社の規則など、明確な理由を付けて断定すればいい。

2 自己主張の姿勢を保つために、正しく理解する

読み手の姿勢に疑問や不明な点がある場合は、確認の必要性を主張する。

例 Could you explain the second point once again please?
（2点目について、もう一度説明していただけますか？）

例 I need to know if my understanding of your main point is correct.
（あなたの主要ポイントに関する私の理解が正しいかどうか知りたいのです）

3 "no" で自分の境界線と条件を主張する

相手の要求通りにしないことを明確にすることで、自分の境界線を示すことができる。

丁寧に言えば、友好的な協力関係を維持することができる。礼儀正しくても、「ノー」は「ノー」だからだ。

例 **I'm afraid** I **won't be available** that day.
（残念ながら、その日は都合がつきません）

例 **Unfortunately**, we **won't be able to** meet that price.
（残念ですが、そのお値段にはお応えできません）

それでもなお、相手が疑念を抱くようであれば、説得力のある理由や説明であなたの主張を補強するといい。

20
自己主張

第2章

どんな状況も切り抜ける！
英文メールの戦術

目的編

・

・

・

この章にある 20 の「感情的目的」は、
あなたが仕事で遭遇する可能性のある 目的を想定したものだ。
それぞれの目的において、あなたが望む結果を得るための、
5 つの戦術を紹介する。

第2章の構成と使い方

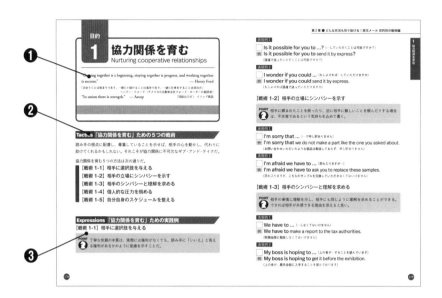

❶引用

古今東西の思慮深い人々の名言から、それぞれの目的にまつわる独創的な見解を紹介する。

❷戦術

各セクションの問題に直面したときに使うことができる5つの戦術を紹介する。全部で20の目的に対して、計100の戦術があるが、p.20-21「戦術一覧」にまとめて掲載されている。自分のメール作成の目的に近いものを探してほしい。そして関連するセクションを参照し、役立つ英語表現を見つけてもらいたい。

❸実践例

5つの戦術ごとに、その表現例とその戦術的機能を紹介する。どのように機能を果たすかを説明する例文によって、戦術の具体的な表現方法を掴んでほしい。

❹早見表

実践例で紹介した５つの戦術と、例文が一覧でまとめられている。自分のメール作成に役立つ表現を素早く見つけるために有効なので、ぜひ活用してもらいたい。

1 協力関係を育む
Nurturing cooperative relationships

"Coming together is a beginning, staying together is progress, and working together is success."
— Henry Ford

「出会うことは始まりであり、一緒にい続けることは進歩であり、一緒に仕事をすることは成功だ」
ヘンリー・フォード（アメリカの自動車会社フォード・モーターの創設者）

"In union there is strength." — Aesop
「団結は力だ」 イソップ寓話

Tactics 「協力関係を育む」ための5つの戦術

読み手の視点に配慮し、尊重していることを示せば、相手の心を動かし、代わりに助けてくれるかもしれない。それこそが協力関係に不可欠なギブ・アンド・テイクだ。

協力関係を育む5つの方法は次の通りだ。

【戦術 1-1】相手に選択肢を与える
【戦術 1-2】相手の立場にシンパシーを示す
【戦術 1-3】相手のシンパシーと理解を求める
【戦術 1-4】個人的な圧力を弱める
【戦術 1-5】自分自身のスケジュールを整える

Expressions 「協力関係を育む」ための実践例

【戦術 1-1】相手に選択肢を与える

POINT 丁寧な依頼の本質は、実際には権利がなくても、読み手に「いいえ」と答える権利があるかのように配慮を示すことだ。

表現例 1

☐ **Is it possible for you to ...?** (…していただくことは可能ですか？)

例 **Is it possible for you to** send it by express?

(速達で送っていただくことは可能ですか？)

表現例 2

☐ **I wonder if you could ...** (もしよければ…していただけますか)

例 **I wonder if you could** send it by express.

(もしよければ速達で送っていただけますか)

【戦術 1-2】相手の立場にシンパシーを示す

POINT 相手に頼まれたことを断ったり、逆に相手に難しいことを頼んだりする場合は、不本意であるという気持ちを込めて書く。

表現例 1

☐ **I'm sorry that ...** (…で申し訳ありません)

例 **I'm sorry that** we do not make a part like the one you asked about.

(お問い合わせいただいたような部品は製造しておらず、申し訳ありません)

表現例 2

☐ **I'm afraid we have to ...** (恐れ入りますが…)

例 **I'm afraid we have to** ask you to replace these samples.

(恐れ入りますが、こちらのサンプルを交換していただかなくてはいけません)

【戦術 1-3】相手のシンパシーと理解を求める

POINT 相手の事情に理解を示し、相手にも同じように理解を求めることができる。できれば相手が共感できる理由を添えると良い。

表現例 1

☐ **We have to ...** (…しなくてはいけません)

例 **We have to** make a report to the tax authorities.

(税務当局に報告しなくてはいけません)

表現例 2

☐ **My boss is hoping to ...** (上の者が…することを望んでいます)

例 **My boss is hoping to** get it before the exhibition.

(上の者が、展示会前に入手することを望んでおります)

【戦術 1-4】 個人的な圧力を弱める

表現例 1 【you have to send （あなたは送る必要があります） の代わりに】

　we have to receive （私たちは受け取る必要があります）

例 I'm sorry to say **we have to receive** the design changes soon.

（申し訳ないのですが、デザインの変更を早々に受け取る必要があります）

表現例 2 【can you please correct （修正していただけますか） の代わりに】

　can the errors ... be corrected （…の誤りは修正可能でしょうか）

例 **Can the errors** in the files please **be corrected** by Friday?

（ファイルのエラーは、金曜日までに修正可能でしょうか？）

【戦術 1-5】 自分自身のスケジュールを整える

POINT ギリギリになって依頼をする必要がないよう、自分のスケジュールを管理することも大事だ。急な依頼をする場合は、謝罪の言葉を添えることも検討する。

表現例 1 【予定された作業依頼】

　before the end of next week （来週末までに）

例 John, could you please prepare the estimates and email them **before the end of next week**?

（ジョンさん、来週末までに見積もりを作成し、メールで送ってもらえますか？）

表現例 2 【配慮ある直前の依頼】

　I'm sorry for not asking this earlier （このことをもっと早くお願いしておけばよかったと反省しています）

例 John, **I'm sorry for not asking for this earlier,** but do you think you could prepare the estimates and email them to us today? My boss needs them for his meeting with the Chairman on Monday.

（ジョンさん、これはもっと早くお願いしておけばよかったと反省しているのですが、今日中に見積もりを作成し、私たちにメールで送ってもらうことはできますか？上役が月曜日にある会長との会談のために必要なのです）

Cheat Sheet ● 「協力関係を育む」ための戦術　早見表

【戦術 1-1】 相手に 選択肢を 与える	例 **Is it possible for you to** send it by express**?** （速達で送っていただくことは可能ですか？） 例 **I wonder if you could** send it by express. （もしよければ速達で送っていただけますか）
【戦術 1-2】 相手の立場に シンパシーを 示す	例 **I'm sorry that** we do not make a part like the one you asked about. （お問い合わせいただいたような部品は製造しておらず、申し訳ありません） 例 **I'm afraid we have to** ask you to replace these samples. （恐れ入りますが、こちらのサンプルを交換していただかなくてはいけません）
【戦術 1-3】 相手のシンパ シーと理解を 求める	例 **We have to** make a report to the tax authorities. （税務当局に報告しなくてはいけません） 例 **My boss is hoping to** get it before the exhibition. （上の者が、展示会前に入手することを望んでおります）
【戦術 1-4】 個人的な圧力 を弱める	you have to send （あなたは送る必要があります） の代わりに 例 I'm sorry to say **we have to receive** the design changes soon. （申し訳ないのですが、デザインの変更を早々に受け取る必要があります） can you please correct （修正していただけますか） の代わりに 例 **Can the errors** in the files please **be corrected** by Friday? （ファイルのエラーは、金曜日までに修正可能でしょうか？）
【戦術 1-5】 自分自身のス ケジュールを 整える	予定された作業依頼 例 John, could you please prepare the estimates and email them **before the end of next week**? （ジョンさん、来週末までに見積もりを作成し、メールで送ってもらえますか？） 配慮ある直前の依頼 例 John, **I'm sorry for not asking for this earlier**, but do you think you could prepare the estimates and email them to us today? My boss needs them for his meeting with the Chairman on Monday. （ジョンさん、これはもっと早くお願いしておけばよかったと反省しているのですが、今日中に見積もりを作成し、私たちにメールで送ってもらうことはできますか？上役が月曜日にある会長との会談のために必要なのです）

2 依頼をより個人的なものにする
Making your requests more personal

"People will forget what you said, people will forget what you did, but people will never forget how you made them feel."
— Maya Angelou

「人はあなたが言ったことを忘れ、あなたがしたことも忘れます。でもあなたがどんな気持ちにさせたかは、決して忘れません」
マヤ・アンジェロウ（アメリカの作家、詩人、公民権運動活動家）

Tactics 「依頼をより個人的なものにする」ための5つの戦術

人はあなたが書く文章の雰囲気と、実際の関係性が一致することを期待するものだ。もしあなたが読み手と個人的な関係を築いているなら、その関係に基づいて読み手にアピールするのが効果的だ。これは読み手が友人であろうと、近親者であろうと、あるいは温かく友好的な関係にある仕事仲間であろうと同じことだ。

あなたと読み手との友情に基づき、適切かつ個人的にアピールできる5つの方法を紹介する。

【戦術2-1】依頼を個人的なものにする。友人としての行動を求める

【戦術2-2】あなた個人としての約束の力を使う

【戦術2-3】個人的なサポートを申し出る

【戦術2-4】残念な気持ちは個人として、真摯に伝える

【戦術2-5】個人的な批判は控えめにする

Expressions 「依頼をより個人的なものにする」ための実践例

【戦術 2-1】 依頼を個人的なものにする

> **POINT** そのためには仕事上の付き合いを超えた、個人的なつながりを表す言葉を使うと良い。要は、友人としての行動を求めるのだ。

表現例 1

☐ **I、you、下の名前を使う**

例 **John, I'd** like to ask **you** for your kind help.

（ジョンさん、私から折り入ってお願いがあります）

表現例 2

☐ **カジュアルな依頼をする**

例 **Mary,** if you don't mind, could **I ask you a favor**?

（メアリーさん、もしよろしければお願いしたいことがあるのですが）

【戦術 2-2】 あなた個人としての約束の力を使う

> **POINT** ビジネスでは、契約書という正式な言葉で結ばれた相互の義務を遂行する。友人に何かを約束をするときは、個人的な約束として表現すると良い。そのような言葉こそ、親しい人の心をつなぎ止めるものだ。

表現例 1

☐ **you and I** （あなたと私）

☐ **agree** （同意する、同感する）

> consent（同意する、承諾する）より個人的な印象を与える

例 I'm afraid that's different from **what you and I agreed to**.

（残念ながら、それはあなたと私が同意したこととは異なります）

表現例 2

☐ **accept** （受け入れる）

> reach an accord（合意に達する）より個人的な印象だ

例 **I'll be happy to accept** that if it's OK with you.

（あなたがそれでよろしければ、私も喜んで受け入れます）

【戦術 2-3】 個人的なサポートを申し出る

POINT 仕事上の誓約は通常、会社間で交わされるものだが、親しい間柄であれば、あなたの個人的な約束の言葉を、より誠実であるだけではなく、より信頼できるものだと考えるだろう。

表現例 1

☐ **help you**（力になる）

例 I really want to **help you** on this.

（本件ではぜひともお力になりたいと思っています）

表現例 2

☐ **do whatever I can**（できることは何でもやる）

例 I'd be happy to **do whatever I can** to support you in this project.

（このプロジェクトでサポートできることがあれば、何でもやらせていただきます）

【戦術 2-4】 残念な気持ちは個人として、真摯に伝える

POINT 当然、親しい間柄でも意見の相違はある。利害が一致しなかったり、どちらかがミスをしたり、約束を守れなかったりすることだってあるだろう。もし自分が失望させた側なら、悲しみや同情、後悔、謝罪の気持ちを伝えたいと思うのは当然だ。ましてや相手が親しい間柄にあれば、個人として気持ちを伝えると、より心がこもって真摯に聞こえるはずだ。

表現例 1

☐ **I'm really sorry**（本当にすみません）

例 **I'm really sorry** this is late.

（この件が遅くなって本当にすみません）

表現例 2

☐ **I'm afraid to say**（申し訳ないことに）

例 **I'm afraid to say** that your request is going to be a little difficult for me.

（申し訳ないことに、そのご依頼は私にとって少し難しいものになりそうです）

【戦術 2-5】個人的な批判は控えめにする

POINT 相手が予期していない事を伝えなければならないときは、直接的な表現を使っても構わないが、親しい間柄であれば、少し控えめな言い方をすることもできる。そのような言い方は、トラブルが過ぎ去った後も関係を維持するのに役立つ。

表現例 1

If I may （もしよろしければ）

例 **If I may,** I'd like to mention the details again.

（もしよろしければ、もう一度詳細を述べさせていただきたいのですが）

表現例 2

If you don't mind my mentioning it （もしこれを言って差し支えなければ）

例 **If you don't mind my mentioning it,** could I point out one small problem?

（もしこれを言って差し支えなければ、1 つ小さな問題を指摘してもよろしいでしょうか？）

Cheat Sheet ● 「依頼をより個人的なものにする」ための戦術早見表

【戦術 2-1】 依頼を個人的な ものにする。 友人としての行 動を求める	例 **John, I'd** like to ask **you** for your kind help. （ジョンさん、私から折り入ってお願いがあります） 例 **Mary**, if you don't mind, could **I ask you a favor**? （メアリーさん、もしよろしければお願いしたいことがあるのですが）
【戦術 2-2】 あなた個人とし ての約束の力を 使う	例 I'm afraid that's different from **what you and I agreed to.** （残念ながら、それはあなたと私が同意したこととは異なります） 例 **I'll be happy to accept** that if it's OK with you. （あなたがそれでよろしければ、私も喜んで受け入れます）
【戦術 2-3】 個人的なサポー トを申し出る	例 I really want to **help you** on this. （本件ではぜひともお力になりたいと思っています） 例 I'd be happy to **do whatever I can** to support you in this project. （このプロジェクトでサポートできることがあれば、何でもやらせていただきます）
【戦術 2-4】 残念な気持ちは 個人として、真 摯に伝える	例 **I'm really sorry** this is late. （遅くなって本当にすみません） 例 **I'm afraid to say** that your request is going to be a little difficult for me. （申し訳ないことに、そのご依頼は私にとって少し難しいものになりそうです）
【戦術 2-5】 個人的な批判は 控えめにする	例 **If I may,** I'd like to mention the details again. （もしよろしければ、もう一度詳細を述べさせていただきたいのですが） 例 **If you don't mind my mentioning it,** could I point out one small problem? （もしこれを言って差し支えなければ、1つ小さな問題を指摘してもよろしいでしょうか？）

目的 3
ビジネスメッセージで絆を深める
Bonding in your business messages

"To build a long-term, successful enterprise, when you don't close a sale, open a relationship."
— Patricia Fripp

「長期的に成功する企業を築きたければ、失敗に終わったときこそ、関係を始めるのです」

パトリシア・フリップ（イギリス出身のセールストレーニングとコミュニケーションのスペシャリスト）

Tactics 「ビジネスメッセージで絆を深める」ための5つの戦術

絆を深めることで強い関係が形成されるため、関係そのものを守り維持することが、両者にとって最優先事項となる。もちろん、ビジネス相手との間に、例えば親子のような強い絆ができるとは誰も思っていない。しかし、少なくとも読み手がこちらとの関係を気にかけてくれることは願うものだ。

好感を持たれるだけでなく、信頼され、評価される人間として自分をアピールするための5つの戦術を紹介する。

【戦術 3-1】本物の誠意
【戦術 3-2】率直さ
【戦術 3-3】魅力的な謙虚さ
【戦術 3-4】個人を強調する
【戦術 3-5】配慮

【戦術 3-1】 本物の誠意

 POINT 誠意は、友情や信頼など、あらゆる絆の基礎となるものだ。文章に "sincerity"（誠意）を込めるのは、すべての気持ちが純粋で誠実であることを強調するためだ。

表現例1

☐ **let me assure you**（保証いたします）

☐ **very much appreciate**（とても高く評価する）

☐ **your fine record**（あなたの素晴らしい記録）

例 Please **let me assure you** that I **very much appreciate your fine record** of quality.

（御社の優れた品質記録を非常に高く評価させていただいていることを、保証いたします）

表現例2

☐ **really grateful**（本当に感謝しています）

例 We are always **really grateful** for the fine quality level you have shown us.

（御社の優れた品質レベルにはいつも本当に感謝しています）

表現例3

☐ **sincerely appreciate**（心から感謝します）

例 We **sincerely appreciate** the wonderful products you have provided.

（御社が提供してこられた素晴らしい製品に心から感謝しています）

【戦術 3-2】 率直さ

 POINT 悪い知らせはないに越したことはないが、伝えなければならない場合もある。読み手の気持ちを傷つけたくないという配慮をしながらも、率直に伝えることは可能だ。むしろ読み手に率直な心情を伝えることで、相手との距離を縮めることができる。

表現例1

☐ **frankly**（率直に言って）

例 **Frankly,** as I'm sure you can understand, our customers are extremely anxious about operating safely and reliably.

（率直に申し上げて、ご理解いただけると思いますが、私どもの顧客は安全かつ確実に活動することに非常に不安を感じています）

表現例 2

□ **honestly speaking**（正直に言って）

例 **Honestly speaking,** we have to be very careful about safety and reliability with our clients.

（正直に申し上げると、私たちは顧客に対する安全性と信頼性について細心の注意を払わなければなりません）

表現例 3

□ **to tell the truth**（本当のことを言うと）

例 **To tell the truth,** we must be extra careful with our clients when it comes to safety.

（本当のことを申し上げると、こと安全に関しては、顧客に対して細心の注意を払わなければなりません）

【戦術 3-3】 魅力的な謙虚さ

POINT 傲慢な相手とは友情が長続きしない。逆に、謙虚で自分を過大評価しない人とは仕事がしやすいものだ。他の効果としては、あなたが謙虚であることで、読み手が輝きやすくなる。

表現例 1

□ **if possible**（可能であれば）

例 **If possible,** we would appreciate hearing how we can identify the contaminating material.

（可能であれば、汚染物質を特定する方法をお聞かせいただけますでしょうか）

表現例 2

□ **if you don't mind**（差し支えなければ）

例 **If you don't mind,** could you let us know how to remove the deposits?

（差し支えなければ、堆積物の除去方法を教えていただけませんか？）

表現例 3

□ **if I may ask**（もしよければ）

例 **If I may ask,** we would like to get a report on the foreign material deposits this month.

（もしよろしければ、今月中に異物の堆積に関する報告をいただきたいのですが）

【戦術 3-4】 個人を強調する

POINT
絆とは個人的な関係だ。読み手にとって良いことがあれば、I を使ってあなたの個人的な思いを伝えることができる。言いにくいことがあるときは、we や会社名を使うことで、あなた個人からではなく、会社からの連絡であることを示し、悪い知らせから自分を切り離すことができる。

表現例 1

☐ **I**（私）**で個人の考えであることを示す**

例 **I** really respect your fine record for quality.
（私は御社の素晴らしい品質記録を心より尊敬しています）

例 **I** fully recognize that your technical level is unrivaled.
（御社の技術レベルが他の追随を許さないことは、私も十分認識しています）

表現例 2

☐ **we**（私たち）**または社名で悪い知らせを伝えているのが会社であることを示す**

例 **We** are sorry to have to inform you that there is a stain on the board that we received in the last shipment.
（前回の出荷で基盤にシミがあったことをお知らせしなければならないことを、私どもも残念に思います）

例 **We** hope that you can understand the strict standards that AGJ has to follow.
（AGJ 社が守らなければならない厳格な基準をご理解いただけると幸いです）

【戦術 3-5】 配慮

POINT
相手の立場や気持ちへの「配慮」は、あなたが相手を重要視しているからこそだ。例えば読み手にかかるプレッシャーを減らすために、さもプレッシャーがかかっているのは自分で、読み手の協力を求めているかのように書くことができる。そのような配慮は、相手との絆を深めるのに役立つ。

表現例 1 【評価を要求する代わりに、読み手の協力を要請する形にすることで、相手の面目を保つ】

☐ **I really need to get an evaluation (from you)**
（どうしても［あなたからの］評価が必要なのです）

例 I'm very sorry, but **I really need to get an urgent evaluation (from you)** of the problem for our customer.
（申し訳ないのですが、顧客のために、早急に［あなたからの］問題の評価が必要なのです）

【表現例2】【顧客からのプレッシャーを自分が引き受け、協力を求めることで読み手の面目を保つ】

☐ **Unfortunately, I have to provide an explanation soon**
(残念ながら、すぐに説明をする必要があります)

例 **Unfortunately, I have to provide an explanation soon** since our customers require it.
(あいにく、顧客が説明を求めているので、すぐにご説明しないといけないのです)

Cheat Sheet ●「ビジネスメッセージで絆を深める」
ための戦術　早見表

【戦術3-1】 本物の誠意	例 Please **let me assure you** that I **very much appreciate your fine record** of quality. (御社の優れた品質記録を非常に高く評価させていただいていることを、保証いたします) 例 We are always **really grateful** for the fine quality level you have shown us. (御社の優れた品質レベルにはいつも本当に感謝しています) 例 We **sincerely appreciate** the wonderful products you have provided. (御社が提供してこられた素晴らしい製品に心から感謝しています)
【戦術3-2】 率直さ	例 **Frankly,** as I'm sure you can understand, our customers are extremely anxious about operating safely and reliably. (率直に申し上げて、ご理解いただけると思いますが、私どもの顧客は安全かつ確実に活動することに非常に不安を感じています) 例 **Honestly speaking,** we have to be very careful about safety and reliability with our clients. (正直に申し上げると、私たちは顧客に対する安全性と信頼性について細心の注意を払わなければなりません) 例 **To tell the truth,** we must be extra careful with our clients when it comes to safety. (本当のことを申し上げると、こと安全に関しては、顧客に対して細心の注意を払わなければなりません)
【戦術3-3】 魅力的な謙虚さ	例 **If possible,** we would appreciate hearing how we can identify the contaminating material. (可能であれば、汚染物質を特定する方法をお聞かせいただけますでしょうか) 例 **If you don't mind,** could you let us know how to remove the deposits? (差し支えなければ、堆積物の除去方法を教えていただけませんか？)

3
ビジネスメッセージで絆を深める

	例 **If I may ask,** we would like to get a report on the foreign material deposits this month. (もしよろしければ、今月中に異物の堆積に関する報告をいただきたいのですが)
【戦術 3-4】 個人を強調する	例 I really respect your fine record for quality. (私は御社の素晴らしい品質記録を心より尊敬しています) 例 I fully recognize that your technical level is unrivaled. (御社の技術レベルが他の追随を許さないことは、私も十分称しています) 例 **We** are sorry to have to inform you that there is a stain on the board that we received in the last shipment. (前回の出荷で基盤にシミがあったことをお知らせしなければならないことを、私どもも残念に思います) 例 **We** hope that you can understand the strict standards that AGJ has to follow. (AGJ 社が守らなければならない厳格な基準をご理解いただけると幸いです)
【戦術 3-5】 配慮	評価を要求する代わりに、読み手の協力を要請する形にすることで、相手の面目を保つ 例 I'm very sorry, but **I really need to get an urgent evaluation (from you)** of the problem for our customer. (申し訳ないのですが、顧客のために、早急に［あなたからの］問題の評価が必要なのです) 顧客からのプレッシャーを自分が引き受け、協力を求めることで読み手の面目を保つ 例 **Unfortunately, I have to provide an explanation soon** since our customers require it. (あいにく、顧客が説明を求めているので、すぐにご説明しないといけないのです)

目的
4
厳しい状況に共感してもらう
Getting their sympathy for your tough situation

"Be kind, for everyone you meet is fighting a hard battle."　　　　　　— Ian Maclaren

「優しくあれ。誰もが厳しい戦いに挑んでいるのだから」

イアン・マクラーレン（スコットランドの19世紀の作家。プラトンの言葉を引用して）

Tactics 「厳しい状況に共感してもらう」ための5つの戦術

誰にでも問題はあるもので、身近な人が助けてくれれば、それを克服するのはずっとたやすくなる。あなたのために積極的な行動を起こしたり、あなたが約束を果たすのを辛抱強く待ったり、状況を打破するために助言を与えたりするなど、助けにはさまざまな形がある。

助けを求める前に、まずはこちらの状況を理解してもらい、共感してもらう努力をしたい。ここでは、読み手にこちらの厳しい状況に共感してもらうために使える、5つの戦術を紹介する。

【戦術4-1】今贈って、後でもらう
【戦術4-2】お願いする
【戦術4-3】お礼を言う
【戦術4-4】個人に向けて書く
【戦術4-5】共感してもらう理由を示す

Expressions 「厳しい状況に共感してもらう」ための実践例

【戦術 4-1】 今贈って、後でもらう

POINT ビジネス相手と共感と理解ある関係を築くことは、長い目で見れば非常に効果的だ。今、相手を精神的に支えていれば、後々トラブルが起こったとき、相手があなたを支えてくれるのが自然なことになる。

表現例 1

☐ **offer**（用意する、提供する）

例 I understand that things are difficult for you, and I am happy to **offer any support possible**.

（難しい状況だと思いますので、できることがあれば喜んでお手伝いさせていただきます）

表現例 2

☐ **give**（与える）

例 I will be glad to **give you any help I can** with your present situation.

（現在の状況で私にできることがあれば、ぜひお手伝いいたします）

【戦術 4-2】 お願いする

POINT 持ちつ持たれつの関係にある仕事相手とは、普段からお互いに理解や支援を求めているはずだ。戦術1のように、普段から相手を支えていれば、いざというときに、こちらからも理解を求めやすくなる。

表現例 1

☐ **your kind understanding**（ご理解）

例 If you don't mind, I would like to **ask for your kind understanding** in this situation.

（もしよろしければ、このような状況にあることをご理解いただきますよう、よろしくお願い申し上げます）

→このお願いに加えて、困難な状況について述べることができる。

例 I'm afraid this delivery will be late, so I'd really like to **ask for your kind understanding**.

（申し訳ありませんが納期が遅れますので、ご理解のほど、どうぞよろしくお願い申し上げます）

表現例 2

☐ **your support** （ご支援）

例 We would really **appreciate your support** to deal with our difficulties.

（このような状況ではありますが、ご支援いただけるととてもありがたいです）

→このお願いに加えて、困難な状況について述べることができる。

例 I'll have to divide the shipment between two containers, and I'd really **appreciate your support in this**. Thank you.

（2 つのコンテナに分けての出荷になりますが、本件に関するご支援のほど、よろしくお願い申し上げます。ありがとうございます）

【戦術 4-3】 お礼を言う

POINT 精神的な支えか実際の支援かに関わらず、助けてもらったら感謝するのが自然な反応だ。それと同時に、助けてくれた相手を失望させないためにも、常に実践すべき戦術だ。温かい支援を受けたら必ず感謝の気持ちを表すことで、継続的な支援を期待することができる。

表現例 1

☐ **as always** （いつもながら）

☐ **appreciate** （感謝する）

例 **As always, I really appreciate** your support.

（いつもご支援いただき、本当に感謝します）

表現例 2

☐ **grateful** （恩を感じる、ありがたく思う）

☐ **thank/thankful** （感謝する／ありがたい）

例 **I'm really grateful for** your warm support.

（温かいご支援、本当にありがたく思っています）

注意 "appreciate" には「依頼する」、「感謝する」などの意味がある。どの意味で使われているかは文脈から判断できる。

依頼

例 I **would appreciate** your help. （ご支援のほどよろしくお願いします）

感謝

例 I **appreciate(d)** your help. （助けていただき、感謝します）

【戦術 4-4】 個人に向けて書く

POINT

> テレビコマーシャルでどれほど人間味を演出していたとしても、企業からの同情やその他の感情的な支援は、誰も期待していない。しかし私たちは、個人からは、そのような支援を得たいと願っている。だからこそ、共感を求めるときには、人称代名詞の "I" を使い、能動態で、個人的な書き方をするのが良い。

表現例 1

☐ **I really need** （本当に必要としている）

例 **John, I really need to get your** understanding with this problem of parts supply.

（ジョン、この部品供給の問題について、あなたの理解を本当に必要としています）

表現例 2

☐ **I would really appreciate** （本当にありがたい）

例 **Mr. Smith, I would really appreciate** it if I could get your understanding in supplying the support documents.

（スミスさん、関係資料の提供について、あなたの理解を得られると本当にありがたいです）

【戦術 4-5】 共感してもらう理由を示す

POINT

> こちら側の問題で、ビジネス相手に精神的な負担を与えるようなことはできる限り避けたいものだ。しかし、時には問題を率直に、そして簡潔に伝えることで、相手があなたの苦境に共感してくれることもある。

表現例 1

☐ **honestly speaking** （正直に言うと）

例 **Honestly speaking, I'm in big trouble** without those documents from you that I requested.

（正直に言うと、お願いした書類がないために、私は窮地に立たされています）

表現例 2

☐ **to tell the truth** （本当のことを言うと）

例 **To tell the truth,** there isn't enough time to take care of this **unless I can get your support**.

（本当のことを言うと、ご支援を得られない限り、これに対処する十分な時間がないのです）

Cheat Sheet ● 「厳しい状況に共感してもらう」ための戦術早見表

【戦術 4-1】 今贈って、 後でもらう	例 I understand that things are difficult for you, and I am happy to **offer any support possible**. （難しい状況だと思いますので、できることがあれば喜んでお手伝いさせていただきます） 例 I will be glad to **give you any help I can** with your present situation. （現在の状況で私にできることがあれば、ぜひお手伝いいたします）
【戦術 4-2】 お願いする	例 If you don't mind, I would like to **ask for your kind understanding** in this situation. （もしよろしければ、このような状況にあることをご理解いただきますよう、よろしくお願い申し上げます） 例 I'm afraid this delivery will be late, so I'd really like to **ask for your kind understanding**. （申し訳ありませんが納期が遅れますので、ご理解のほど、どうぞよろしくお願い申し上げます） 例 We would really **appreciate your support** to deal with our difficulties. （このような状況ではありますが、ご支援いただけるととてもありがたいです） 例 I'll have to divide the shipment between two containers, and I'd really **appreciate your support in this**. Thank you. （2つのコンテナに分けての出荷になりますが、本件に関するご支援のほど、よろしくお願い申し上げます。ありがとうございます）
【戦術 4-3】 お礼を言う	例 **As always, I really appreciate** your support. （いつもご支援いただき、本当に感謝します） 例 **I'm really grateful for** your warm support. （温かいご支援、本当にありがたく思っています）
【戦術 4-4】 個人に 向けて書く	例 **John, I really need to get your** understanding with this problem of parts supply. （ジョン、この部品供給の問題について、あなたの理解を本当に必要としています） 例 **Mr. Smith, I would really appreciate** it if I could get your understanding in supplying the support documents. （スミスさん、関係資料の提供について、あなたの理解を得られると本当にありがたいです）
【戦術 4-5】 共感しても らう理由を 示す	例 **Honestly speaking, I'm in big trouble** without those documents from you that I requested. （正直に言うと、お願いした書類がないために、私は窮地に立たされています） 例 **To tell the truth,** there isn't enough time to take care of this unless I can get your support. （本当のことを言うと、ご支援を得られない限り、これに対処する十分な時間がないのです）

"Goals are dreams with deadlines."
— Diana Scharf-Hunt

「目標とは、締切のある夢です」

ダイアナ・シャーフ・ハント（時間管理について書いているアメリカの作家）

Tactics 「読み手に期限を守ってもらう」ための5つの戦術

読み手に期限を厳守してもらう必要があるとき、普段から、例えば「遅くとも金曜日までに、必ずお願いします」などと同じように圧力をかけていたとしたら、そのうち無視されるようになる。時間に関して圧力をかけるときは、ソフトで説得力のあるやり方から、ハードで強制力のあるやり方まで、さまざまな戦術を使うといい。

期限を守ってもらうための、5つの戦術を紹介する。

【戦術 5-1】 相手の立場が上のとき：最終決定は相手に委ねる（どうせそうなるので）

【戦術 5-2】 期限が迫っているとき：現実だとわかってもらう

【戦術 5-3】 相手に協力的でいてもらいたいとき：柔軟な期限を設定する

【戦術 5-4】 自分も時間に追われているとき：期限を使って期限を設定する

【戦術 5-5】 頻繁に期限を設定する必要があるとき：さまざまな方法で期限を表現する

Expressions 「読み手に期限を守ってもらう」ための実践例

【戦術 5-1】相手の立場が上のとき：最終決定は相手に委ねる（どうせ そうなるので）

POINT

期限はそもそも上から下へと命令するものだ。期限を設定するということは、「やってもらえますか？」と聞いているのではなく、「いつまでにやるのですか？」と迫っていることなのだから。そのような上からの圧力をかける立場にない場合、期限を受け入れてもらうようお願いすることになる。

5
読み手に期限を守ってもらう

`表現例 1`

☐ **Would it be possible ...?** （…は可能でしょうか？）

例 **Would it be possible** for you to make it available this week?

（今週中にご用意いただくことは可能でしょうか？）

`表現例 2`

☐ **... if possible** （できれば…）

例 We'd appreciate getting it by Friday, **if possible**.

（できれば、金曜日までにいただけますと、大変ありがたいです）

【戦術 5-2】期限が迫っているとき：現実だとわかってもらう

POINT

人が期限を無視する理由の１つは、それが現実の重大な期限だと信じていないからだ。あなたが提示した期限を、相手が真剣にとらえていない可能性があるなら、説得力のある理由を述べて、それが本当の期限であることをわかってもらうのだ。その理由に納得すれば、期限にも納得するはずだ。

`表現例`

☐ **理由を述べて、本当の期限を伝える**

例 Could you send the tax summary by Friday? **We have to make a report for the next Directors meeting**.

（金曜日までに税務概要を送ってもらえますか？次の取締役会のための報告書を作成しなければなりません）

例 We need to receive the shipment by Thursday at the latest. **Our product tests start on Saturday**.

（遅くとも木曜日までに出荷物を受け取る必要があります。製品テストは土曜日からです）

→この戦術は、自分の立場や地位が読み手よりも低い場合に、期限を伝えるのにも適している。丁寧な依頼に、説得力のある理由も述べるのだ。読み手側のメリットに言及する理由だと、なお良いだろう。

例 **We'd really appreciate it if** we could receive your X material by the 15th. In that case, we will **guarantee the production date you requested**.

（15日までに素材 X をお送りいただけると大変助かります。その場合、ご要望の制作日を保証できます）

【戦術 5-3】 相手に協力的でいてもらいたいとき：柔軟な期限を設定する

POINT 締切は、先々のことを考えて仕事をしていると特に、ある程度余裕を持って設定することも多い。こちらが提示した期限に相手が異を唱える場合、期限そのものというよりは、その妥当性を疑っていることがある。可能なときは期限に柔軟性を持たせると、相手も期限を守りつつ自分の状況に合わせて作業する余地が生まれるので、受け入れやすくなる。

表現例 1

 around the end of the month（月末頃）

例 I know how busy you are, but I'd appreciate getting the revisions by **around the end of the month**.

（お忙しいとは存じますが、月末くらいまでに修正をお願いできますとありがたいです）

表現例 2

about the 20th（20 日頃）

例 Would it be possible for us to get it by **about the 20th**?

（20 日頃までにいただくことは可能でしょうか？）

→必要であれば理由も述べる

【戦術 5-4】 自分も時間に追われているとき：期限を使って期限を設定する

POINT 特に同情的な読み手に対しては、あなたが時間的なプレッシャーに晒されていることを伝えることで、相手の協力的な精神に訴えることができる。期限について説明する際に、あなた自身が期限に追われていることを利用するのだ。

表現例 1

 I have to ... by ～（～までに…しなければなりません）

例 Would you please send your data by Friday? **We have to** pay **by** the tax deadline, March 15.

（金曜日までにデータを送っていただけますか？納税期限である 3 月 15 日までに支払わなければなりません）

表現例 2

☐ **I have to ... on ~** （〜に…する必要があります）

例 **I have to report to the customer next week,** so could I get the samples by Friday?

（来週お客様に報告しなければならないので、金曜日までにサンプルをいただけますか？）

【戦術 5-5】 頻繁に期限を設定する必要があるとき：さまざまな方法で期限を表現する

POINT 期限を伝えるメッセージは、多種多様な表現を使うだけで、よりソフトなものにすることができる。いろいろな表現があるので、読み手にとって一番受け入れやすいものを選べばいい。

表現例 1

☐ **by Friday** （金曜日までに）
☐ **by noon on Friday** （金曜日の正午までに）
☐ **by July 12** （7月12日までに）

例 Could you please make sure that we get the new styles **by April 1**?

（4月1日までに、確実に新しい型を入手できるようにしていただけますか？）

表現例 2

☐ **by the beginning/middle/end of the week** （週の初め／半ば／終わりまでに）

☐ **by the August meeting** （8月の会議までに）
☐ **by the spring sales** （春のセールまでに）

例 Could you please make sure that we get the new styles **by the spring sales**?

（春のセールまでに、確実に新しい型を入手できるようにしていただけますか？）

表現例 3

☐ **right away** （すぐに）
☐ **as soon as possible** （できるだけ早く）

例 Could you please send the new styles **as soon as possible**? We need to prepare for the spring sales.

（新しい型をできるだけ早く送っていただけますか？春のセールの準備をしなければなりません）

Cheat Sheet ● 「読み手に期限を守ってもらう」ための戦術 早見表

【戦術 5-1】 相手の立場が上のとき： 最終決定は相手に委ねる（どうせそうなるので）	例 **Would it be possible** for you to make it available this week? （今週中にご用意いただくことは可能でしょうか？） 例 We'd appreciate getting it by Friday, **if possible**. （できれば、金曜日までにいただけますと、大変ありがたいです）
【戦術 5-2】 期限が迫っているとき： 現実だとわかってもらう	例 Could you send the tax summary by Friday? **We have to make a report for the next Directors meeting.** （金曜日までに税務概要を送ってもらえますか？次の取締役会のための報告書を作成しなければなりません） 例 We need to receive the shipment by Thursday at the latest. **Our product tests start on Saturday.** （遅くとも木曜日までに出荷物を受け取る必要があります。製品テストは土曜日からです） 例 **We'd really appreciate it if** we could receive your X material by the 15th. In that case, we will **guarantee the production date you requested.** （15 日までに素材 X をお送りいただけると大変助かります。その場合、ご要望の制作日を保証できます）
【戦術 5-3】 相手に協力的でいてもらいたいとき： 柔軟な期限を設定する	例 I know how busy you are, but I'd appreciate getting the revisions by **around the end of the month.** （お忙しいとは存じますが、月末くらいまでに修正をお願いできますとありがたいです） 例 Would it be possible for us to get it by **about the 20th?** （20 日頃までにいただくことは可能でしょうか？）
【戦術 5-4】 自分も時間に追われているとき： 期限を使って期限を設定する	例 Would you please send your data by Friday? **We have to** pay **by** the tax deadline, March 15. （金曜日までにデータを送っていただけますか？納税期限である 3 月 15 日までに支払わなければなりません） 例 **I have to report to the customer next week,** so could I get the samples by Friday? （来週お客様に報告しなければならないので、金曜日までにサンプルをいただけますか？）

【戦術 5-5】 頻繁に期限を設定する 必要があるとき： さまざまな方法で期限 を表現する	例 Could you please make sure that we get the new styles **by April 1**? （４月１日までに、確実に新しい型を入手できるようにしていただけますか？） 例 Could you please make sure that we get the new styles **by the spring sales**? （春のセールまでに、確実に新しい型を入手できるようにしていただけますか？） 例 Could you please send the new styles **as soon as possible**? We need to prepare for the spring sales. （新しい型をできるだけ早く送っていただけますか？春のセールの準備をしなければなりません）

6 難しいことを依頼する
Asking for something difficult

"... our lives are shaped by the quality of our requests." — Marshall Goldsmith

「…私たちの人生は、私たちの要求の質によって形作られるのです」

マーシャル・ゴールドスミス（アメリカの企業管理職を指導するコーチ）

Tactics 「難しいことを依頼する」ための5つの戦術

あなたが要求しようとしていることが、相手にとって少し難しいとわかっているだけで、筆が進まなくなることがある。例えばこちら側の商品の値上げを知らせたり、相手の商品の値下げを依頼したりすることは、デリケートな話題だ。強く出すぎると反感を買うし、弱く出過ぎると相手もそれを断ったり無視したりしやすくなる。

このような場合、次の方法や表現を使ってみてもらいたい。

【戦術6-1】 要求を偽装する

【戦術6-2】 こちらも手がいっぱいであることを示す

【戦術6-3】 相手をどれほど頼っているかを伝えて助けを求める

【戦術6-4】 相手にとって簡単でないと理解していることを示す

【戦術6-5】 相手にわずかな希望を与える

Expressions 「難しいことを依頼する」ための実践例

【戦術 6-1】 要求を偽装する

 POINT 普段のできるだけ直接的に書くという方針に反するかもしれないが、悪い知らせや依頼を偽装するために、ニュートラルな言葉を使ってみることもできる。

表現例 1 【price increae（値上げ）の代わりに】

☐ **adjustment in the price**（価格調整）

例 We would like to ask you to consider an **adjustment in the price** of the XY-123.

（XY-123 の価格調整をご検討いただきたいと思います）

表現例 2 【reduce the price（価格を下げる）の代わりに】

☐ **reconsider your price**（価格を再考する）

例 Could you please **reconsider your price** for the XY-123?

（X-123 の価格を再考していただけますでしょうか？）

【戦術 6-2】 どうしようもない事情があることを示す

 POINT あなたの手を縛っているものを使って、読み手に圧力を転嫁することができる。自分の力ではどうすることもできない状況であることを示すのだ。

表現例 次のような要因によって制約を受けていることを説明する

☐ 現在の市場レベル
☐ 会社の規則

値上げを受け入れてもらう

例 **Because of the changes in the metals market,** we have to ask that you accept an adjustment in the price of the XY-123.

（金属市場の変化のため、XY-123 の価格調整を受け入れていただくよう、お願いせざるを得ません）

値下げをお願いする

例 **We are not permitted to pay more than 10 percent above this year's market price,** so we have to ask you for a reduction in your price for commodity XY-123.

（今年の市場の相場より1割を超える高さの価格を支払うことは許されないため、商品 XY-123 の価格を下げていただくようお願いしなければなりません）

【戦術 6-3】 相手をどれほど頼っているかを伝えて助けを求める

 POINT 例えば値下げなどをお願いしたとしても、相手にそれを断る権利があることが多い。その断る権利を認識していることは示しつつ、相手の配慮にどれほど頼っているかを訴えるのも戦略の 1 つだ。

表現例 1

☐ **greatly appreciate your kindness**（ご親切に大変感謝いたします）

値上げを受け入れてもらう

例 We would **greatly appreciate your kindness** in reconsidering the price for the XY-123.

（XY-123 の価格を再検討していただけると大変ありがたいです）

表現例 2

☐ **helpful if you could consider**（ご配慮いただければ幸いです）

値下げをお願いする

例 It would be very **helpful if you could consider** adjusting the price you offered for the XY-123.

（XY-123 の価格調整をご検討いただけますと、非常に助かります）

【戦術 6-4】 相手にとって簡単でないと理解していることを示す

 POINT あなたの要求が相手にとって簡単でないと理解していることを示すには、迷惑をかけることについて一言謝ることができる。ここまでの戦術を総動員するのだ。

表現例 1

☐ **sorry to tell you**（申し訳ないのですが）

値上げを受け入れてもらう

例 We are **sorry to tell you** that we need you to reduce the price of the XY.

（申し訳ないのですが、XY の価格の引き下げをお願いしないといけません）

表現例 2

☐ **regret that we have to** （申し訳ないことに私どもは）

値上げを受け入れてもらう

例 I **regret that we have to** make a further request on XY. Could you please reconsider …?

（申し訳ないことに、XY についてさらなるお願いをしないといけません。…を再検討していただけますか？）

表現例 3

☐ **sorry for putting you to the trouble** （お手数をおかけして申し訳ありません）

値下げをお願いする

例 **Sorry for putting you to this trouble,** but because of …, we must ask that you make an adjustment to the price of the XY-123.

（お手数をおかけして申し訳ないのですが、…という理由から、XY-123 の価格調整をお願いしなくてはなりません）

【戦術 6-5】相手にわずかな希望を与える

> **POINT** あなたより立場が下の相手に対して価格交渉をする場合、相手の士気を損なわないためにも、別の機会であれば相手の価格を受け入れる可能性が少しあることを認めるのも手だ。

表現例 1

☐ **at this time** （現時点では）

値上げを受け入れてもらう

例 I am sorry to say that **at this time** we will not be able to accept ABC's offer on the price for X.

（申し訳ないのですが、現時点では ABC 社からの X の価格提示には応じられません）

表現例 2

☐ **at present** （現在のところ）

値下げをお願いする

例 **At present,** your price quotation for the XY-123 is very difficult for us to accept.

（現在のところ、XY-123 の価格提示を受け入れることは非常に困難です）

Cheat Sheet ● 「難しいことを依頼する」ための戦術　早見表

【戦術 6-1】	
要求を偽装する	例 We would like to ask you to consider an **adjustment in the price** of the XY-123. （XY-123 の価格調整をご検討いただきたいと思います） 例 Could you please **reconsider your price** for the XY-123? （X-123 の価格を再考していただけますでしょうか？）

【戦術 6-2】	**値上げを受け入れてもらう**
こちらも手がいっぱいであることを示す	例 **Because of the changes in the metals market,** we have to ask that you accept an adjustment in the price of the XY-123. （金属市場の変化のため、XY-123 の価格調整を受け入れていただくよう、お願いせざるを得ません） **値下げをお願いする** 例 **We are not permitted to pay more than 10 percent above this year's market price,** so we have to ask you for a reduction in your price for commodity XY-123. （今年の市場の相場より 1 割を超える高さの価格を支払うことは許されないため、商品 XY-123 の価格を下げていただくようお願いしなければなりません）

【戦術 6-3】	**値上げを受け入れてもらう**
相手をどれほど頼っているかを伝えて助けを求める	例 We would **greatly appreciate your kindness** in reconsidering the price for the XY-123. （XY-123 の価格を再検討していただけると大変ありがたいです） **値下げをお願いする** 例 It would be very **helpful if you could consider** adjusting the price you offered for the XY-123. （XY-123 の価格調整をご検討いただけますと、非常に助かります）

【戦術 6-4】	**値上げを受け入れてもらう**
相手にとって簡単でないと理解していることを示す	例 We are **sorry to tell you** that we need you to reduce the price of the XY. （申し訳ないのですが、XY の価格の引き下げをお願いしないといけません） **値上げを受け入れてもらう** 例 **I regret that we have to** make a further request on XY. Could you please reconsider ...? （申し訳ないことに、XY についてさらなるお願いをしないといけません。…を再検討していただけますか？）

	値下げをお願いする
	例 **Sorry for putting you to this trouble,** but because of ..., we must ask that you make an adjustment to the price of the XY-123. （お手数をおかけして申し訳ないのですが、…という理由から、XY-123 の価格調整をお願いしなくてはなりません）
【戦術 6-5】 相手にわずか な希望を与え る	**値上げを受け入れてもらう**
	例 I am sorry to say that **at this time** we will not be able to accept ABC's offer on the price for X. （申し訳ないのですが、現時点では ABC 社からの X の価格提示には応じられません）
	値下げをお願いする
	例 **At present,** your price quotation for the XY-123 is very difficult for us to accept. （現在のところ、XY-123 の価格提示を受け入れることは非常に困難です）

6

難しいことを依頼する

丁寧に断る
Refusing politely

"Tact is the ability to make a point without making an enemy."　　— Isaac Newton

「気配りは敵を作らずに主張を通す能力だ」

　　アイザック・ニュートン（アメリカの雑誌編集者アイザック・F・マルコソンによるものともいわれる）

Tactics 「丁寧に断る」ための5つの戦術

断られて喜ぶ人はいないが、それを伝えるメッセージが礼儀正しく、誠意があり、論理的に理解できるもの、つまり少なくとも読み手に与える影響を意識し、配慮していると思われるものであれば、受け入れやすくなる。

読み手の要求を断りつつ、それが読み手に与える影響に配慮していることを示す5つの戦術を紹介する。

【戦術 7-1】心から残念に思っていることを伝えながら断る

【戦術 7-2】ためらいを示しながら断る

【戦術 7-3】時間や状況を限定する

【戦術 7-4】外部機関の力を利用する

【戦術 7-5】「断る」と言わずに断る

Expressions 「丁寧に断る」ための実践例

【戦術 7-1】 心から残念に思っていることを伝えながら断る

 POINT 誠意を込めれば、伝えようとしている感情が真摯なものであることを強調することができる。

表現例

☐ **unfortunately**（残念ながら、遺憾ながら）

☐ **I'm sorry**（申し訳ないのですが）

☐ **I'm afraid to say**（残念ながら、申し上げにくいのですが）

☐ **I regret**（残念ですが）

例 **I'm sorry** to say we do not provide samples for free.
（申し訳ございませんが、弊社ではサンプルの無料提供は行っておりません）

例 **We regret** to inform you that we will have to decline your proposal.
（残念ながら、ご提案をお断りせねばならないでしょう）

【戦術 7-2】 ためらいを示しながら断る

 POINT ためらいを示すことで、読み手への影響を理解しており、できることならそれを避けたかったことが伝わる。

表現例 1

☐ **cannot accept / be not able to accept** →お受けしたくても、お受けできないと伝えるために

例 I'm sorry to say **we cannot accept** your most recent shipment.
（申し訳ありませんが、直近の出荷はお受けできません）

表現例 2

☐ **must refuse / have to refuse** →ご迷惑をおかけしたくないのですが、やむを得ずしなければならないと伝えるために

例 Unfortunately, **we have had to refuse** the most recent shipment.
（遺憾ながら、直近の出荷をお断りせざるを得ませんでした）

7
丁寧に断る

【戦術 7-3】 時間や状況を限定する

 POINT 時間や状況を限定して断ることは、読み手に対する礼儀正しい譲歩であると同時に、あなたの断りが永続的なものではないことを相手に期待させる仕草にもなる。

表現例 1

□ **at this time**（現時点では）

□ **for the present**（当面は）

□ **for now**（今のところ）

□ **under the present circumstances**（現在の状況下では）

例 **For the present**, we will not be able to change our supplier to ABC.
（当面は、仕入れ先を ABC 社に変更することはできません）

例 **Under the present circumstances**, I'm afraid we cannot license our product for overseas production.
（現在の状況下では、残念ながら当社製品の海外生産を許可することができません）

【戦術 7-4】 外部機関の力を利用する

 POINT 読み手との関係や、相手があなたの権威を完全に受け入れているかどうかにもよるが、場合によっては会社の方針や国の規則など、相手がその正当性を受け入れているパワーソースを使って断る理由を示すことができる。そうすれば、礼儀正しく、思慮深いこともある。

表現例 1

□ **AGJ Co.'s compliance rules**（AGJ 社のコンプライアンス規定）

例 I'm sorry to say that **our internal compliance rules** prevent us from taking the approach that you suggested.
（申し訳ないのですが、社内のコンプライアンス規定上、ご提案いただいた方法を取ることができません）

表現例 2

□ **Japanese tax regulations**（日本の税法）

例 Unfortunately, due to **Japanese tax regulations**, we will not be able to pay the bonus in the way that you requested.
（残念なことに、日本の税法により、ご要望のような方法で賞与を支給することはできません）

【戦術 7-5】「断る」と言わずに断る

 POINT 状況を説明するだけで、相手の要求が受け入れられないことが伝わるのであれば、厳しい印象を与える「お断りします」を直接書かずに、より丁寧で間接的な断り方として説明すればいい。

表現例 1 【相手は製品を売り込むために Zoom 会議を提案してきた】

例 Thanks for the kind opportunity, **but at this time we have no plans** to use products of that category in our production.

（貴重なご提案、ありがとうございます。しかしながら現時点では、このカテゴリーの製品を生産に使用する予定はございません）

→ Zoom 会議への要求は直接拒否していない

表現例 2 【相手は当社製品 MTB の廉価版を要求してきた】

例 I'm afraid to say that based on our reliability data, **we are not considering** a stripped down version of the MTB.

（残念ながら、当社の信頼性データに基づいて、MTB の廉価版は検討していないのです）

→廉価版を提供してほしいという要求は直接拒否していない

7
丁寧に断る

Cheat Sheet ● 「協力関係を育む」ための戦術　早見表

【戦術 7-1】 心から残念に思っていることを伝えながら断る	例 **I'm sorry** to say we do not provide samples for free. （申し訳ございませんが、弊社ではサンプルの無料提供は行っておりません） 例 **We regret** to inform you that we will have to decline your proposal. （残念ながら、ご提案をお断りせねばならないでしょう）
【戦術 7-2】 ためらいを示しながら断る	例 I'm sorry to say we **cannot accept** your most recent shipment. （申し訳ありませんが、直近の出荷はお受けできません） 例 Unfortunately, we **have had to refuse** the most recent shipment. （遺憾ながら、直近の出荷をお断りせざるを得ませんでした）
【戦術 7-3】 時間を限定する	例 **For the present,** we will not be able to change our supplier to ABC. （当面は、仕入れ先を ABC 社に変更することはできません） 例 **Under the present circumstances,** I'm afraid we cannot license our product for overseas production. （現在の状況下では、残念ながら当社製品の海外生産を許可することができません）
【戦術 7-4】 外部機関の力を利用する	例 I'm sorry to say that **our internal compliance rules** prevent us from taking the approach that you suggested. （申し訳ないのですが、社内のコンプライアンス規定上、ご提案いただいた方法を取ることができません） 例 Unfortunately, due to **Japanese tax regulations,** we will not be able to pay the bonus in the way that you requested. （残念なことに、日本の税法により、ご要望のような方法で賞与を支給することはできません）
【戦術 7-5】 「断る」と言わずに断る	相手は製品を売り込むために Zoom 会議を提案してきた 例 Thanks for the kind opportunity, **but at this time we have no plans** to use products of that category in our production. （貴重なご提案、ありがとうございます。しかしながら現時点では、このカテゴリーの製品を生産に使用する予定はございません） 例 I'm afraid to say that based on our reliability data, **we are not considering** a stripped down version of the MTB. （残念ながら、当社の信頼性データに基づいて、MTB の廉価版は検討していないのです）

8 反対意見を伝える
Telling them when you disagree

"Honest disagreement is often a good sign of progress."　　　— Mahatma Gandhi

「率直な意見の相違は、しばしば進歩の良い兆候である」

マハトマ・ガンジー（インドの政治家、公民権運動家）

Tactics 「反対意見を伝える」ための５つの戦術

意見の相違を伝える方法：時にはビジネス相手と意見が食い違うこともある。あなたは自分の意見を通そうとしながらも、相手との協力関係を維持したいはずだ。攻撃的に反論すれば、たとえ議論に勝ったとしても、相手があなたとの関係を絶ちたいと決めたら、あなたは実質的には負けたことになる。

ここでは、勝つか負けるかだけでなく、意見の相違を超えて関係を維持するのに役立つ、５つの戦術を紹介する。

【戦術 8-1】反対意見は２段階で述べる

【戦術 8-2】反対意見は友好的に述べる

【戦術 8-3】譲歩できる点を探す

【戦術 8-4】データに基づいて反対意見を述べる

【戦術 8-5】控えめに反対する

【戦術 8-1】 反対意見は2段階で述べる

POINT

結論である反対意見をメールの冒頭に持ってくるのは、ためらわれるものだ。相手からすると、唐突、予想外、対立的、一方的、あるいは不意打ちのように思われるリスクがあるためだ。そのような攻撃的な印象を与えないためにも、反対意見は2段階で伝えるといい。

ステップ1　第1文：緩衝材としての中立的な話題
ステップ2　第2文：反対意見

まずは緩衝材として中立的な話題でメールを始める。それによって、その後続く反対意見が、率直さを保ちながらも、対立的ではなく、より控えめなものになる。

表現例

☐ **Thank you for your email regarding (the topic).**
（［トピック］に関するメールをありがとうございます）

☐ **The purpose of my email is to ask you (about the topic).**
（［トピックについて］お伺いするために、メールを書いております）

☐ **I'd like to clarify our purpose for (the topic).**
（［トピックに関する］当社の目的を明確にしたいと思います）

例 **Thank you for your email regarding** the test. But honestly speaking, we cannot perform the test as you requested.

（テストに関するメールをありがとうございます。ですが正直に申し上げて、ご要望のようなテストを実施することはできません）

例 **I'd like to clarify our purpose for** carrying out the AB test. The test is not only to find problem vibrations, but also to understand the whole range of vibrations.

（ABテストを実施する当社の目的を、明確にしたいと思います。このテストは問題の振動を見つけるだけでなく、振動の全領域を理解するためのものです）

【戦術 8-2】 反対意見は友好的に述べる

> **POINT**
> あなたが謙虚、同情的、そして友好的な態度でメールを書いていることが相手に伝われば、反対意見が個人に与える影響は小さくなる。深刻さは軽減され、相手も反対意見を受け入れやすくなる。

表現例 1

☐ **I'm afraid to say**（恐れ入ります）

例 **I'm afraid to say** we understand that problem a little differently.

（恐れ入りますが、私たちはその問題を、少し異なる形で理解しています）

表現例 2

☐ **Sorry to say this**（申し上げにくいのですが）

例 **Sorry to say this,** but we think that Document D is also necessary, not just Document C.

（申し上げにくいのですが、文書 C だけでなく、文書 D も必要だと考えています）

【戦術 8-3】 譲歩できる点を探す

> **POINT**
> 議論の最中に、ありとあらゆる点で相手を言い負かそうとする人は、見ていて嫌なものだ。その人の正直さ、誠実さなども、信用できなくなってしまう。少しでも受け入れられる点はないだろうか？譲歩できる点を見つけたとしても、最終的な結論では誠意を示しつつ反対することが可能だ。

表現例 1

☐ **I understand**（わかります、理解しています）

例 **I understand** that Y will improve, but to tell the truth, it's X that we're concerned about.

（Y が改善されることは理解していますが、私たちが心配しているのは、X なのです）

表現例 2

☐ **Yes, as you said**（はい、おっしゃる通り）

例 **Yes, as you said,** production quantity may increase, but we're not sure about purity.

（はい、ご指摘の通り、生産量は増えるかもしれませんが、純度についてはわかりません）

8
反対意見を伝える

【戦術 8-4】 データに基づいて反対意見を述べる

 POINT 相手から提示されたデータに対して、それを疑うに足る証拠を丁寧に提示することで、相手の結論に間接的に反対することができる。

`表現例 1`

☐ **Please see the attached** (添付ファイルをご覧ください)

☐ **Could I ask you to look over the attachment?** (添付ファイルを、ご覧いただけますか？)

例 Regarding your request for payment, **please see the attached receipt** for our full payment of this invoice.

(お送りいただいた支払い請求の件、本請求書に対して全額お支払いした際の領収書を添付いたしましたので、ご確認ください)

`表現例 2`

☐ **As we announced (earlier)** ([以前] お知らせした通り)

例 Unfortunately, we cannot supply at that price. Our prices are **as we announced** in our online catalog, revised effective March 1 this year.

(残念ながら、その価格でご提供することはできません。弊社の価格は、オンラインカタログでお知らせした通りで、本年3月1日付で改訂されました)

【戦術 8-5】 控えめに反対する

 POINT 相手の意見が正しい可能性を少しだけ認める、もしくは可能性があるかのように振る舞うのも、戦術の1つだ。

`表現例 1`

☐ **appears to indicate** (示すように見える)

例 Our marketing data **appears to indicate** that our customers are satisfied with the current model.

(当社のマーケティングデータは、当社のお客様が現行モデルに満足していることを示しているように見えます)

`表現例 2`

☐ **suggest** (示唆する)

例 The results you showed me **suggest** that some of your file numbers have not been entered yet.

(提示していただいた結果は、一部のファイル番号がまだ未入力であることを示唆していますね)

Cheat Sheet ● 「反対意見を伝える」ための戦術　早見表

【戦術 8-1】反対意見は2段階で述べる	例 **Thank you for your email regarding** the test. But honestly speaking, we cannot perform the test as you requested. （テストに関するメールをありがとうございます。ですが正直に申し上げて、ご要望のようなテストを実施することはできません） 例 **I'd like to clarify our purpose for** carrying out the AB test. The test is not only to find problem vibrations, but also to understand the whole range of vibrations. （AB テストを実施する当社の目的を、明確にしたいと思います。このテストは問題の振動を見つけるだけでなく、振動の全領域を理解するためのものです）
【戦術 8-2】反対意見は友好的に述べる	例 **I'm afraid to say** we understand that problem a little differently. （恐れ入りますが、私たちはその問題を、少し異なる形で理解しています） 例 **Sorry to say this,** but we think that Document D is also necessary, not just Document C. （申し上げにくいのですが、文書 C だけでなく、文書 D も必要だと考えています）
【戦術 8-3】譲歩できる点を探す	例 **I understand** that Y will improve, but to tell the truth, it's X that we're concerned about. （Y が改善されることは理解していますが、私たちが心配しているのは、X なのです） 例 **Yes, as you said,** production quantity may increase, but we're not sure about purity. （はい、ご指摘の通り、生産量は増えるかもしれませんが、純度についてはわかりません）
【戦術 8-4】データに基づいて反対意見を述べる	例 Regarding your request for payment, **please see the attached receipt** for our full payment of this invoice. （お送りいただいた支払い請求の件、本請求書に対して全額お支払いした際の領収書を添付いたしましたので、ご確認ください） 例 Unfortunately, we cannot supply at that price. Our prices are **as we announced** in our online catalog, revised effective March 1 this year. （残念ながら、その価格でご提供することはできません。弊社の価格は、オンラインカタログでお知らせした通りで、本年 3 月 1 日付で改訂されました）
【戦術 8-5】控えめに反対する	例 Our marketing data **appears to indicate** that our customers are satisfied with the current model. （当社のマーケティングデータは、当社のお客様が現行モデルに満足していることを示しているように見えます）

8 反対意見を伝える

例 The results you showed me **suggest** that some of your file numbers have not been entered yet.

（提示していただいた結果は、一部のファイル番号がまだ未入力であることを示唆していますね）

目的
9 協力する義務のない人にお願いする
Requesting them to volunteer

"You have not lived today until you have done something for someone who can never repay you."
— John Bunyan

「決して恩返しできない誰かのために何かをするまでは、今日を生きたことにはならない」
ジョン・バニヤン（イギリスの宗教家、作家）

"Generosity is giving more than you can, and pride is taking less than you need."
— Khalil Gibran

「寛大さとは、自分の能力を超えて与えることで、誇りとは、自分が必要とするより少なく受け取ることだ」
ハリール・ジブラーン（レバノンの詩人）

Tactics 「協力する義務のない人にお願いする」ための5つの戦術

あなたを助ける義務のない人に、助けを求めないといけない状況になることもあるだろう。もちろんインターネットで、金銭の報酬と引き換えに協力者を探すのも１つの戦術だ。しかし、断られてもおかしくない相手に、自発的な協力を求めるための戦術を５つ紹介する。

【戦術 9-1】自分が無力であることを認める
【戦術 9-2】配慮と理解を示す
【戦術 9-3】どれほど重要であるかを示す
【戦術 9-4】こちらの願うことをしてもらうのに必要な労力を誇張しない
【戦術 9-5】自分も努力することを約束する

Expressions 「協力する義務のない人にお願いする」ための実践例

【戦術 9-1】自分の無力さを認める

POINT 人は利他的な行動をとることがあるので、たとえ義務でなくても相手が助けてくれることもあるかもしれない。特に、これまで協力関係を築いてきた相手であれば、あなたが相手を頼りにしていることを示せば、自発的に協力してくれる可能性が高くなる。

表現例 1

☐ **if it is at all possible** （もし可能であるなら）

例 **If it is at all possible,** I would really be grateful to get the device by Friday.

（もし可能であるならば、金曜日までに端末が届くと大変ありがたいです）

表現例 2

☐ **I have a favor to ask** （お願いがあります）

☐ **I wonder if you could consider** （ご検討いただけないでしょうか）

例 **I have a favor to ask. I wonder if you could consider** the proposal I have attached.

（1つお願いがございます。添付した提案を、ご検討いただけないでしょうか）

【戦術 9-2】配慮と理解を示す

POINT あなたより目上の人は、あなたが配慮を示すことを当然のこととして求めるだろう。それでも配慮や理解を示されて悪い気がする人はいないのだから、積極的に伝えるとよい。

表現例 1

☐ **I really understand** （本当に理解しています）

☐ **I assure you I know** （わかっていると断言します）

例 **I assure you I understand** how busy you are, so I will be really grateful if you can do this for us.

（ご多忙の中とは存じますが、本件にご対応いただけますと、大変助かります）

表現例 2

☐ **whatever timing is convenient for you**（ご都合のよろしいときに）

例 We will be really grateful for your help, and we'll do everything possible to meet **whatever timing is convenient for you**.

（助けていただけますと大変ありがたく、可能な限りご都合の良いタイミングに合わせるよう努力いたします）

【戦術 9-3】どれほど重要であるかを示す

POINT 相手に助けを強要することはできなくても、相手の協力がいかに重要かを伝えることで、説得を試みることはできる。

表現例 1

☐ **we really need ... for us to ~**（私たちが〜［相手も大切だとわかっていることを達成］するのに…［あなたの助け］を本当に必要としているのです）

例 To tell the truth, **we really need** your help **for us to** launch the product on schedule.

（実を言いますと、予定通りに製品を発売するためには、どうしてもあなたの助けが必要なのです）

表現例 2

☐ **To be honest, we won't be able to ... unless you can help us**

（正直なところ、あなたの助けなしでは［重要なことを］できません）

例 **To be honest, we won't be able to** meet our target **unless you can help us**.

（正直なところ、助けていただけない限り、目標を達成することができないのです）

【戦術 9-4】こちらの願うことをしてもらうのに必要な労力を誇張しない

POINT お願いしている事柄の労力はそれほど大きくないことを伝えれば、相手も少しは協力しやすくなるだろう。些細なことであれば、些細なこととして表現するのだ（ただし、感謝やお礼は大々的に表現する）。

表現例 1 【大した労力がかからないことを伝える】

☐ **just**（〜だけ）

例 We need to ask for **just two more** modifications, and we thank you sincerely for your kind help with them.

（あと 2 つだけ修正をお願いしたいのですが、ご親切にご対応いただけると、大変ありがたいです）

→『あと2つだけ』と書くと、実質仕事が終わっている印象を与える

【完成まであと1つだけ必要なものがあることを伝える】

☐ **only**（～だけ）

例 There's **only one more** thing I have to ask your help with.

（もう1つだけお願いしたいことがあります）→『あと1つ』はほぼ終了しているという意味

【戦術9-5】 自分も努力することを約束する

 POINT 仕事を成し遂げるために、自分も最大限の努力をする姿勢を見せることで、人へのお願いもより真摯な印象になる。

表現例1

☐ **anything at all we can do**（私たちができることならなんでも）

例 If there is **anything at all we can do to help,** we will be very happy to do it.

（何か私たちにお手伝いできることがあれば、喜んでやらせていただきます）

表現例2

☐ **feel free to ask**（遠慮なくお尋ねください）

例 Please **feel free to ask** whenever there is some way we can help with this effort.

（本件について何かお手伝いできる方法がありましたら、いつでもご遠慮なくお尋ねください）

Cheat Sheet ● 「協力する義務のない人にお願いする」ための 戦術　早見表

【戦術 9-1】 自分が無力で あることを認 める	例 **If it is at all possible,** I would really be grateful to get the device by Friday. （もし可能であるならば、金曜日までに端末が届くと大変ありがたいです） 例 **I have a favor to ask. I wonder if you could consider** the proposal I have attached. （１つお願いがございます。添付した提案を、ご検討いただけないでしょうか）
【戦術 9-2】 配慮と理解を 示す	例 **I assure you I understand** how busy you are, so I will be really grateful if you can do this for us. （ご多忙の中とは存じますが、本件にご対応いただけますと、大変助かります） 例 We will be really grateful for your help, and we'll do everything possible to meet **whatever timing is convenient for you**. （助けていただけますと大変ありがたく、可能な限りご都合の良いタイミングに合わせるよう努力いたします）
【戦術 9-3】 どれほど重要 であるかを示 す	例 To tell the truth, **we really need** your help **for us to** launch the product on schedule. （実を言いますと、予定通りに製品を発売するためには、どうしてもあなたの助けが必要なのです） 例 **To be honest, we won't be able to** meet our target **unless you can help us**. （正直なところ、助けていただけない限り、目標を達成することができないのです）
【戦術 9-4】 こちらの願う ことをしても らうのに必要 な労力を誇張 しない	大した労力がかからないことを伝える 例 We need to ask for **just two more** modifications, and we thank you sincerely for your kind help with them. （あと２つだけ修正をお願いしたいのですが、ご親切にご対応いただけると、大変ありがたいです） 完成まであと１つだけ必要なものがあることを伝える 例 There's **only one more** thing I have to ask your help with. （もう１つだけお願いしたいことがあります）→『あと１つ』はほぼ終了しているという意味
【戦術 9-5】 自分も努力す ることを約束 する	例 If there is **anything at all we can do to help,** we will be very happy to do it. （何か私たちにお手伝いできることがあれば、喜んでやらせていただきます） 例 Please **feel free to ask** whenever there is some way we can help with this effort. （本件について何かお手伝いできる方法がありましたら、いつでもご遠慮なくお尋ねください）

10 目上の相手から行動を引き出す
Getting action from someone above you

"People may hear your words, but they feel your attitude."　　— John C. Maxwell

「人はあなたの言葉を聞いているかもしれないが、あなたの態度を感じているのだ」

ジョン・C・マクスウェル（リーダーシップ論に関するアメリカの著作家）

Tactics 「目上の相手から行動を引き出す」ための5つの戦術

販売会社や部下など、自分より立場が下の相手に対しては、個人的に行動を求めることができる。しかし、それが立場が上の相手、たとえば顧客や上司、あるいは規制当局の担当者ならどうだろうか？　目上の人から行動を引き出すには、次の5つの戦術を使うことをお勧めする。

【戦術 10-1】問題を打ち明ける
【戦術 10-2】支援に感謝する
【戦術 10-3】親切にする機会を相手に与える
【戦術 10-4】外部からの圧力を向ける
【戦術 10-5】専門家の知識を活用する

Expressions 「目上の相手から行動を引き出す」ための実践例

【戦術 10-1】 問題を打ち明ける

> **POINT** あなたに手を貸すよう、相手に強要することはできないが、助けたいと思うよう仕向けることはできる。あなたが置かれている難しい状況を率直に打ち明けることで、相手は共感し、あなたを助けたいと思ってくれるかもしれない。

表現例 1

□ **to tell the truth** （実を言うと）

例 **To tell the truth**, Mr. Smith, if we don't get this shipment on time, we're going to lose this customer.

（実を言いますと、スミスさん、この出荷が間に合わなければ、このお客様を失うことになるのです）

表現例 2

□ **honestly speaking** （正直に申し上げて）

例 **Honestly speaking**, we can't decide the launch date until we get your approval for the XY test.

（正直に申し上げて、XY テストの承認をいただくまで、発売日を決定することができないのです）

【戦術 10-2】 支援に感謝する

> **POINT** 人は一般的に感謝されることを好む。あなたが求めていることをやってもらえたら、どれだけありがたいかを示すことで、相手の行動を促すのだ。

表現例 1

□ **I'd really appreciate it if you ...** （…していただけると大変ありがたいです）

例 **I'd really appreciate it if you** could pass this information on to your accounting department.

（この情報を御社の経理部に伝えていただけると大変ありがたいです）

表現例 2

□ **We'd be so grateful for ...** （…をいただけると本当に助かります）

例 **We'd be so grateful for** your kind help with this problem.

（この件につきまして、温かいご支援をいただきますと、本当に助かります）

【戦術 10-3】親切にする機会を相手に与える

POINT 自分のことを頼ってくる他者を助けることに、満足感を覚える人がいる。そのような人が相手の場合は、どれほど頼りにしているかを伝えることで、自発的に協力してくれるよう働きかけることができる。

表現例 1

☐ **helpful**（助かる）

例 It would be **so helpful** if you could have your staff explain your market approach to us.

（ご担当者に、貴社の市場アプローチについてご説明いただけると、大変助かります）

表現例 2

☐ **valuable**（貴重な）

☐ **beneficial**（有益な）

例 We would find it **really valuable** if you could make a presentation at the ABC exhibition.

（ABC の展示会でプレゼンテーションをしていただくことは、大変貴重な機会になると考えております）

【戦術 10-4】外部からの圧力を向ける

POINT 規制当局や、場合によっては自然などから、強い圧力を受けている場合、その力の一部を読み手に向けることで、行動を促すことができる。

表現例 1

☐ **requires us to**（〜は私たちに…することを求めています）

例 **The tax department requires us to** provide our records soon, so would you mind letting us have your local tax payment records this week?

（税務署が近日中に記録を提出するよう求めていますので、今週中に地方税の納付記録をご提出いただけますか？）

表現例 2

☐ **weather conditions there**（現地の天候）

例 We're worried about **weather conditions in April at your construction site,** so we'd really appreciate your approval for our new delivery schedule.

（御社の建設現場の 4 月の天候が心配なので、新しい配送スケジュールを承認していただけると、大変ありがたいです）

【戦術 10-5】専門家の知識を活用する

> **POINT** 社内や社外の専門家の知識を利用して、行動を促したり要求したりすることができる。

表現例 1

☐ **our accountants require**（当社の会計士は〜を必要としています）

例 **Our accountants require** receipts for expenses, so could you please provide the maintenance records?

（当社の会計士が経費の領収書を要求していますので、メンテナンスの記録をご提出いただけますか？）

表現例 2

☐ **the designer of the device says**（機器の設計者によると）

例 **The designer of the device says** that its orientation has to be adjusted. According to your photo, it's upside down now.

（この機器の設計者によると、向きを調整する必要があります。ご送付いただいた写真によると、現在逆さまになっているようです）

10
目上の相手から行動を引き出す

Cheat Sheet ● 「目上の相手から行動を引き出す」ための戦術 早見表

【戦術 10-1】問題を打ち明ける	例 **To tell the truth**, Mr. Smith, if we don't get this shipment on time, we're going to lose this customer. （実を言いますと、スミスさん、この出荷が間に合わなければ、このお客様を失うことになるのです） 例 **Honestly speaking**, we can't decide the launch date until we get your approval for the XY test. （正直に申し上げて、XY テストの承認をいただくまで、発売日を決定することができないのです）
【戦術 10-2】親切に感謝する	例 **I'd really appreciate it if you** could pass this information on to your accounting department. （この情報を御社の経理部に伝えていただけると大変ありがたいです） 例 **We'd be so grateful for** your kind help with this problem. （この件につきまして、温かいご支援をいただきますと、本当に助かります）

【戦術 10-3】 親切にする機会を相手に与える	例 It would be **so helpful** if you could have your staff explain your market approach to us. （ご担当者に、貴社の市場アプローチについてご説明いただけると、大変助かります） 例 We would find it **really valuable** if you could make a presentation at the ABC exhibition. （ABC の展示会でプレゼンテーションをしていただくことは、大変貴重な機会になると考えております）
【戦術 10-4】 外部からの圧力を向ける	例 **The tax department requires us to** provide our records soon, so would you mind letting us have your local tax payment records this week? （税務署が近日中に記録を提出するよう求めていますので、今週中に地方税の納付記録をご提出いただけますか？） 例 We're worried **about weather conditions in April at your construction site,** so we'd really appreciate your approval for our new delivery schedule. （御社の建設現場の 4 月の天候が心配なので、新しい配送スケジュールを承認していただけると、大変ありがたいです）
【戦術 10-5】 専門家の知識を活用する	例 **Our accountants require** receipts for expenses, so could you please provide the maintenance records? （当社の会計士が経費の領収書を要求していますので、メンテナンスの記録をご提出いただけますか？） 例 **The designer of the device says** that its orientation has to be adjusted. According to your photo, it's upside down now. （この機器の設計者によると、向きを調整する必要があります。ご送付いただいた写真によると、現在逆さまになっているようです）

目的 11 妥協の必要があるとき
When you need a compromise

"A good compromise is when both parties are dissatisfied."
— Larry David

「良い妥協とは、双方が不満を持って終わるものだ」

ラリー・デヴィッド（1990年代の大ヒットテレビ番組『となりのサインフェルド』のプロデューサー）

Tactics 「妥協の必要があるとき」の5つの戦術

交渉の際、理想的とは言えない結果を受け入れる用意があるものの、相手の提示したものには納得できない。両者ともすべてが望み通りになるわけではないとわかっていても、せめてもう少し自分の希望を通したい。このような状況は起こり得る。

【例1】相手の提示価格は市場価格より不当に高い。価格を下げてくれるのであれば、多少は低スペックの技術でも受け入れる用意がある。

【例2】相手に標準的な秘密保持契約を受け入れてもらいたいが、20カ所ほど訂正してくれるなら、相手の契約書を検討してもいい。

【例3】値上げを正当化するために、相手は不正確と思われる銅価格の動向予測を提示してきた。とはいえ、値上げ幅がもう少し小さければ、受け入れる用意がある。

【例4】展示会のため5ブース分のスペースを提示されたが、広すぎる。5ブースが嫌なら1ブース分のスペースしかないと言われたが、それでは狭すぎる。

読み手に、あなたが求める妥協を受け入れてもらうための5つの戦術と、その表現方法を紹介する。

【戦術 11-1】相手に諦めてもらいたいことは、小さいこととして伝える

【戦術 11-2】相手の面子を保つ：譲歩に近づけて、相手にとって受け入れやすくする

【戦術 11-3】こちらが譲歩してもいいことは大げさに伝える

【戦術 11-4】（いいですね、でも…）：良い点は認めつつ、相手の代替案の問題点を指摘する

【戦術 11-5】あなたの主張の根拠や、相手が折れない場合の結果を示す

注意：このような戦術は、疑わしい目的で使用された場合、読み手は書き手の動機に疑念を抱き、ビジネスをしたくないと思うようになるので注意が必要だ。

Expressions 「妥協の必要があるとき」のための実践例

【戦術 11-1】相手に諦めてもらいたいことは、小さいこととして伝える

POINT あなたが手に入れたいものは、相手が諦めなければならないものだ。特にこだわる必要のないものであるかのように表現することで、相手が諦めやすくなる。

表現例 1 【相手が重要視していないかのように表現する】

☐ **I just need ...**（必要なのは…だけ）

☐ **I only ask for ...**（お願いしたいのは…だけ）

例 **I just need** a three-function device, **nothing deluxe**, so can you hit my price for that?

（必要なのは 3 つの機能を備えた装置だけでして、豪華である必要はないので、私の予算に合わせてもらえますか？）

表現例 2

☐ **All I'm looking for is ...**（求めているのは…だけ）

例 **All I'm looking for is** three booth spaces. **You can do that, right**?

（求めているのは 3 ブース分のスペースだけです。それは可能ですよね？）

【戦術 11-2】相手の面子を保つ：譲歩の姿勢を見せて、妥協してもらいやすくする

 POINT 相手の要望に譲歩する姿勢を見せて、相手の気分を良くすることで、少しなら妥協してもいい、という気持ちになってもらう。

表現例 1

◻ **It's difficult, but I'm ready to ...** （難しいですが、…する用意はできています）

例 **It's difficult, but I'm ready to** go a little higher if that will help you.

（難しいですが、お役に立てるのであれば、もう少し高値をご提示できます）

表現例 2

◻ **I'm not sure if I can get it approved, but maybe ...**

（承認されるかどうかわかりませんが、おそらく…）

例 **I'm not sure if I can get it approved, but maybe** we have a deal at three booths.

（承認されるかどうかわかりませんが、3 ブースで取引が成立するかもしれません）

【戦術 11-3】こちらが譲歩してもいいことは大げさに伝える

POINT あなたはどこまで譲歩できるだろうか。譲歩するものをどう表現するかによって、その価値の印象も変わる可能性がある。あなたがどれほど寛容かを示すためにも、惜しみなく表現してみよう。

表現例 1

◻ **I need to get this deal done, so here's what I'll give you**

（この取引を成立させる必要があるので、こうしましょう）

例 We don't think copper will get that high at all, but **what I'll give you is 5 percent over last year.**

（銅の価格がそこまで上がるとはまったく思っていませんが、昨年より 5 パーセント増なら受け入れることができます）

表現例 2

◻ **I think it looks good, so here's how far I can go for you**

（良さそうなので、あなたのためにどこまでできるか考えてみましょう）

例 Your document is pretty much what we need, so **I can reduce the changes we require to just these 12.**

（ご提示いただいた文書は、私どもの要求事項のほとんどを満たしておりますので、変更要求を以下の 12 項目まで減らすことができます）

11
妥協の必要があるとき

【戦術 11-4】（いいですね、でも…）：良い点は認めつつ、相手の代替案の問題点を指摘する

> **POINT** 批評を、親しみやすい柔らかな率直さで表現することは、相手の警戒を解いて、あなたの言葉を受け入れてもらいやすくする。

表現例 1

 I really like it but I'm afraid ... （とてもいいと思いますが、残念ながら…）

例 **We really like** your exhibition layout **but I'm afraid** we'll never be able to staff five booths.

（展示場の配置はとてもいいと思うのですが、残念ながら5ブースをカバーする人員は、とてもじゃないけど配置できません）

表現例 2

It's pretty close to what we need, but ...

（私たちが必要としているものにかなり近いのですが…）

例 **It's pretty close to what we need, but** we were swamped by all the customers last year with only one booth.

（これは私たちが必要としているものにかなり近いのですが、昨年はブース1つだけですと、顧客で大混雑だったのです）

【戦術 11-5】あなたの主張の根拠や、相手が折れない場合の結果を示す

> **POINT** 多くの交渉は、どちらかの見通しの甘さから始まる。あなたの意見の合理性など、重要な点について説得できれば、交渉の方向性を変えることができる。

表現例 1

 I'm sure you can see we really need ...

（…が本当に必要なことはおわかりいただけると思います）

例 **I'm sure you can see we really need** these changes in your Confidentiality draft, but can you consider our standard form instead? It's quite fair, you know.

（貴社の秘密保持契約書の草案について、当社がどうしてもこれらの変更をお願いしないといけないことはおわかりいただけると思いますが、代わりに私どもの標準書式をご検討いただけないでしょうか？かなり公平なものとなっておりますので）

表現例 2

☐ If ... happens, we'll be in trouble

（もしも…というようなことになれば、大変なことになります）

例 **If** the copper market **turns, it will be a disaster** for us at your price, I'm afraid, and that's a risk we just can't take, as I'm pretty sure you can understand, right?

（もしも銅の相場が反転すれば、申し訳ないのですが貴社の価格では当社にとって大打撃になり、ご承知の通り、そのようなリスクを冒すことはできません）

Cheat Sheet ● 「妥協の必要があるとき」のための戦術　早見表

【戦術 11-1】相手に諦めてもらいたいことは、小さいこととして伝える	例 **I just need** a three-function device, **nothing deluxe,** so can you hit my price for that? （必要なのは３つの機能を備えた装置だけでして、豪華である必要はないので、私の予算に合わせてもらえますか？） 例 **All I'm looking for is** three booth spaces. **You can do that, right**? （求めているのは３ブース分のスペースだけです。それは可能ですよね？）
【戦術 11-2】相手の面子を保つ：譲歩に近づけて、相手にとって受け入れやすくする	例 **It's difficult, but I'm ready to** go a little higher if that will help you. （難しいですが、お役に立てるのであれば、もう少し高値をご提示できます） 例 **I'm not sure if I can get it approved, but maybe** we have a deal at three booths. （承認されるかどうかわかりませんが、３ブースで取引が成立するかもしれません）
【戦術 11-3】こちらが譲歩してもいいことは大げさに伝える	例 We don't think copper will get that high at all, but **what I'll give you** is 5 percent over last year. （銅の価格がそこまで上がるとはまったく思っていませんが、昨年より５パーセント増なら受け入れることができます） 例 Your document is pretty much what we need, so **I can reduce the changes we require to just these 12**. （ご提示いただいた文書は、私どもの要求事項のほとんどを満たしておりますので、変更要求を以下の12項目まで減らすことができます）

11
妥協の必要があるとき

【戦術 11-4】（いいですね、でも…）：良い点は認めつつ、相手の代替案の問題点を指摘する	例 **We really like** your exhibition layout but I'm **afraid** we'll never be able to staff five booths. （展示場の配置はとてもいいと思うのですが、残念ながら5ブースをカバーする人員は、とてもじゃないけど配置できません） 例 **It's pretty close to what we need, but** we were swamped by all the customers last year with only one booth. （これは私たちが必要としているものにかなり近いのですが、昨年はブース1つだけですと、顧客で大混雑だったのです）
【戦術 11-5】あなたの主張の根拠や、相手が折れない場合の結果を示す	例 **I'm sure you can see we really need** these changes in your Confidentiality draft, but can you consider our standard form instead? It's quite fair, you know. （貴社の秘密保持契約書の草案について、当社がどうしてもこれらの変更をお願いしないといけないことはおわかりいただけると思いますが、代わりに私どもの標準書式をご検討いただけないでしょうか？かなり公平なものとなっておりますので） 例 **If** the copper market **turns, it will be a disaster** for us at your price, I'm afraid, and that's a risk we just can't take, as I'm pretty sure you can understand, right? （もしも銅の相場が反転すれば、申し訳ないのですが貴社の価格では当社にとって大打撃になり、ご承知の通り、そのようなリスクを冒すことはできません）

12 仕事上の関係を損なうことなく批判する
Criticizing with no damage to your working relationship

"... never persist in trying to set people right."

— Henry Ward Beecher

「人々を正そうとすることに、決して固執しないこと」

ヘンリー・ワード・ビーチャー（19世紀アメリカの文化的・宗教的指導者）

Tactics 「仕事上の関係を損なうことなく批判する」ための5つの戦術

日々の仕事の中で、仕事相手の行動、方針、製品などの問題点や欠点を、指摘しなければならない場面に直面することもある。相手との基本的な仕事上の関係を損なわずに、いかにそれを伝えるかということが、コミュニケーションの課題となる。

そんなときに役立つ5つの戦術を紹介する。

【戦術 12-1】 残念であることと、ためらっていることを示す
【戦術 12-2】 問題があることをあくまで可能性として示唆する
【戦術 12-3】 あなた個人からの批判ではないと告げる
【戦術 12-4】 批判を軽めに伝える
【戦術 12-5】 肯定的な表現にする

以下の実践例で紹介する例文では、後に出てくる戦術が、先に出ているものを含んでいることがある。つまり、戦術は組み合わせることができる。

【戦術 12-1】残念であることと、ためらっていることを示す

POINT

読み手も、あなたがすべての言動に同意するわけではないことを知っている。それでも批判がある場合には、あまり精神的に追い込まない配慮はしてほしいと願うものだ。だから、あなたの言葉が相手を不快にさせるなら申し訳ないと伝え、控えめに、つまりためらうような気持ちで批判的な意見を述べるのだ。

表現例 1

☐ **I'm sorry** (すみません)

☐ **we regret** (残念ながら)

例 **We regret** to inform you that your proposal has some problems that we must deal with.

(残念ながら御社のご提案にはいくつか問題があり、対処しなければなりません)

表現例 2

☐ **I'm afraid** (恐縮ながら)

☐ **I have to say ...** (…と言わざるを得ません) →言いたくはないのですが

例 **I'm afraid** that **I have to make some comments** on your sales results we received last week.

(先週いただいた営業成績について、恐縮ながらコメントさせていただきます)

表現例 3

☐ **we must inform you that ...** (…をお伝えしなければなりません) →できることなら伝えたくはなかったのですが

例 Unfortunately, **I must inform you that** there is a problem with the design you proposed.

(残念ながら、ご提案いただいたデザインに問題があることをお伝えしなければなりません)

【戦術 12-2】問題があることをあくまで可能性として示唆する

> **POINT** 批判の内容によっては、問題があることをあくまで可能性として示唆した方が、適切な場合がある。読み手も冷静に受け止められるし、批判が間違いであった場合にはあなたを助けることにもなる。

表現例 1

☐ **there is a possibility**（可能性がある）

☐ **it appears to be possible**（可能なように見える）

例 **There is a possibility** that the production volume you forecast may cause market shortages.

（御社が予想される生産量では、市場が品薄になる可能性があります）

表現例 2

☐ **it seems**（あるようだ）

☐ **it may be**（もしかすると）

例 **It seems** there could be a patent problem with the design we received from you.

（御社から受け取ったデザインに、特許の問題があるようです）

【戦術 12-3】あなた個人からの批判ではないと告げる

> **POINT** この戦術を使うと、批判のインパクトを高めつつ、相手との関係を守ることができる。つまり、批判はあなた個人からではなく、無視できない相手から出たものであることを示すのだ。

表現例 1

☐ **Japanese regulations**（日本の規制）

例 I'm sorry that the authorities have informed us your marketing plan seems not to be in compliance with **Japanese regulations**.

（申し訳ないのですが、御社のマーケティング・プランが日本の規制に適合していないようだと、当局から通達がありました）

表現例 2

☐ **our company's legal department**（弊社の法務部）

例 There's a possibility that this repayment schedule is not allowed by the tax laws, according to **our company's legal department**.

（弊社の法務部によれば、この返済スケジュールは税法上認められない可能性があるとのことです）

【戦術 12-4】 批判を軽めに伝える

POINT

問題はあるが、少しの努力で簡単に解決できそうだということを示唆する。

表現例1 【あと少しだけ足りない】

▢ **not quite sufficient** (いま一つだ)

例 According to our IT staff, the component you proposed is **not quite what we need**.

（弊社の IT スタッフによると、ご提案のコンポーネントは、私たちが必要としているものとは少し違うとのことです）

注意

not sufficient (不十分だ)：「何かが十分でない」という直接的な批判になることに注意する

not quite sufficient (いま一つだ)：quite があるだけで「もう少し手を加えれば大丈夫」というニュアンスになる

表現例2 【順守するためには、もう少し調整が必要】

▢ **not quite as good as …** (…ほど良くはない)

例 I'm afraid to say those results are **not quite as good as** the Marketing Manager was expecting.

（残念ながら、この結果はマーケティング部長が期待していたほど良くはありませんでした）

【戦術 12-5】 肯定的な表現にする

POINT

批判を、質問や提案の形に偽装することも戦術の1つだ。

表現例1

▢ **Is it possible …** (…は可能ですか？)

批判：XY の単価が日本のサプライヤーより高い

例 **Is it possible** to reconsider the unit price for the XY? To tell the truth, we need it to be no higher than the price offered by Japanese suppliers for similar products.

（XY の単価を再検討していただくことは可能ですか？本当のことを言えば、同じような製品を扱っている日本のサプライヤーが提示する価格よりも、低価でなくてはいけません）

表現例2

□ **Can you consider ...** (…をご検討いただけますか？)

批判：相手の手順がISO14000に準拠していない

例 Sorry to ask this when you are so busy, but **can you consider** adjusting your procedures so they will be compatible with the ISO 14000 spec?

（大変お忙しいところこんなお願いをして申し訳ありませんが、ISO14000の仕様に適合するように手順を調整することを、ご検討いただけますか？）

POINT

正確である義務

批判をせざるを得ないと判断した場合、良心的なビジネスパーソンとして、その批判が正当なものであることを確認する義務がもちろんある。しかし、仮にこちらが間違っていたとしても、上記のような戦術を使って批判するようにしていれば、あまり面目を失うことなく、その状況から逃れることができるはずだ。それがこれらの戦術のもう1つの利点だ。すなわち、間違える余地ができるのだ。

Cheat Sheet ● 「仕事上の関係を損なうことなく批判する」ための戦術　早見表

【戦術12-1】残念であることと、ためらっていることを示す	例 **We regret** to inform you that your proposal has some problems that we must deal with. （残念ながら御社のご提案にはいくつか問題があり、対処しなければなりません）
	例 **I'm afraid** that **I have to make some comments** on your sales results we received last week. （先週いただいた営業成績について、恐縮ながらコメントさせていただきます）
	例 Unfortunately, **I must inform you that** there is a problem with the design you proposed. （残念ながら、ご提案いただいたデザインに問題があることをお伝えしなければなりません）
【戦術12-2】あくまで問題がある可能性を示唆する	例 **There is a possibility** that the production volume you forecast may cause market shortages. （御社が予想される生産量では、市場が品薄になる可能性があります）
	例 **It seems** there could be a patent problem with the design we received from you. （御社から受け取ったデザインに、特許の問題があるようです）

【戦術 12-3】 あなた個人からの批判ではないと告げる	例 I'm sorry that the authorities have informed us your marketing plan seems not to be in compliance with **Japanese regulations**. （申し訳ないのですが、御社のマーケティング・プランが日本の規制に適合していないようだと、当局から通達がありました） 例 There's a possibility that this repayment schedule is not allowed by the tax laws, according to **our company's legal department**. （弊社の法務部によれば、この返済スケジュールは税法上認められない可能性があるとのことです）
【戦術 12-4】 批判を軽めに伝える	あと少しだけ足りない 例 According to our IT staff, the component you proposed is **not quite what we need**. （弊社の IT スタッフによると、ご提案のコンポーネントは、私たちが必要としているものとは少し違うとのことです） 順守するためには、もう少し調整が必要 例 I'm afraid to say those results are **not quite as good as** the Marketing Manager was expecting. （残念ながら、この結果はマーケティング部長が期待していたほど良くはありませんでした）
【戦術 12-5】 肯定的な表現にする	批判：XY の単価が日本のサプライヤーより高い 例 **Is it possible** to reconsider the unit price for the XY? To tell the truth, we need it to be no higher than the price offered by Japanese suppliers for similar products. （XY の単価を再検討していただくことは可能ですか？本当のことを言えば、同じような製品を扱っている日本のサプライヤーが提示する価格よりも、低価でなくてはいけません） 批判：相手の手順が ISO14000 に準拠していない 例 Sorry to ask this when you are so busy, but **can you consider** adjusting your procedures so they will be compatible with the ISO 14000 spec? （大変お忙しいところこんなお願いをして申し訳ありませんが、ISO14000 の仕様に適合するように手順を調整することを、ご検討いただけますか？）

13 とんでもない提案に立ち向かう
Confronting an outrageous proposition

"The world is not dangerous because of those who do harm but because of those who look at it without doing anything."
— Albert Einstein

「世界が危険なのは、悪事を働く者のせいではなく、何もせずにそれを眺めている者のせいなのだ」

アルバート・アインシュタイン（理論物理学者）

Tactics 「とんでもない提案に立ち向かう」ための5つの戦術

あなたのビジネス相手が、明らかに非常識で場合によっては違法な提案をしたと想像してみてもらいたい。例えば、仕事の案件について、官僚の判断に影響を与えるよう政治家に働きかけてはどうかと提案してきた。あるいは、ある目的のために製品を輸入しておきながら、規制当局が許可していない、別の目的のために販売することを提案してきた、など。

このような提案を受け入れることができないのは明らかだが、そんな相手に立ち向かうときに使うことができる、5つの戦術を紹介する。

【戦術 13-1】勇気あるコース：直接断る

【戦術 13-2】危険なコース：相手の提案を無視する

【戦術 13-3】慎重なコース：少し控えめに断る

【戦術 13-4】強力なコース：相手が反論できない権威を利用する

【戦術 13-5】共感的なコース：相手の立場に立って断る

【戦術 13-1】 勇気あるコース：直接断る

> **POINT**
> 相手の要求や提案を直接断る際には、相手の要求の核心を文中に盛り込むのも戦術の1つだ。突拍子もない提案を返されたとき、自分がいかに無理難題を言ったのか、気づいてもらえる可能性がある。

表現例1

☐ **unable to follow your suggestion** （ご提案に従うことはできない）

例 I'm sorry that we are **unable to follow your suggestion** regarding an approach through politicians.

（申し訳ありませんが、政治家を通してアプローチするというご提案に従うことはできません）

表現例2

☐ **cannot consider any such action** （そのような行動を検討することはできない）

例 I regret that we **cannot consider any action** that may be against Japanese law.

（日本の法律に抵触する可能性のある行為については、残念ながら検討することはできません）

【戦術 13-2】 危険なコース：相手の提案を無視する

> **POINT**
> とんでもない提案を断る方法の1つは、その提案に触れないこと、つまり無視することだ。代わりに別の選択肢を提案するのだ。

表現例1

☐ **ask for your patience** （今しばらく待ってくれるよう頼む）

例 I'd like to **ask for your patience** in waiting for the decision from the authorities.

（当局の決定が下されるまで、今しばらくお待ちいただくようお願い申し上げます）

表現例2

☐ **consider** （をご検討ください）

例 We would be grateful if you could **consider** a safer formula for AB agents.

（AB剤のより安全な調合法をご検討いただければ幸いです）

【戦術 13-3】 慎重なコース：少し控えめに断る

POINT どれほどおかしな提案でも、"Don't be crazy!"（変なこと言わないでください！）と相手に言うことはできない。相手の提案が法に触れるものだとしても、それを指摘することは相手を犯罪者呼ばわりするようなものだ。相手との取引を続けるつもりなら、それは避けたい。
→代わりの方法として、問題を説明する用語を次のように修正することで、控えめに表現することが挙げられる。

表現例 1

Don't break the law（法を破ってはいけません）**対 We are required to follow the regulations**（私たちは規制を順守することが求められています）

例 Unfortunately, no **approach outside the regular routes** will be acceptable to the authorities.
（残念ながら、正規ルート以外の方法が当局に受け入れられることはないでしょう）

表現例 2

absolutely prohibited by Japanese law（日本の法律では完全に禁止されている）**対 not acceptable within the Japanese regulatory environment**（日本の規制環境では受け入れられないこと）

例 I'm sorry to say that your plan is **probably not allowed** by import regulations.
（申し訳ないのですが、ご提案の計画は恐らく輸入規制により許可されておりません）

【戦術 13-4】 強力なコース：相手が反論できない権威を利用する

POINT あなたが社内規定に背くことはできないことを、相手も理解し受け入れるはずだし、権力を持つ他の存在を直接引き合いに出せば、反論を抑えることができるだろう。

表現例 1

our company's rules on compliance（コンプライアンスに関する社内規定）

例 Unfortunately, **our company's rules on compliance** make it impossible to follow through on your suggestions.
（残念ながら、当社のコンプライアンスに関する規定では、ご提案を実行することは不可能です）

☐ **the government doesn't allow us to ...** (当社が…することは、政府が許可していない)

例 I'm afraid **the government doesn't allow us to** import any material without a safety inspection.

(残念ですが安全検査を受けずに材料を輸入することは、政府が許可していないのです)

【戦術 13-5】 共感的なコース：相手の立場に立って断る（相手にとってのデメリットを提示する）

> **POINT** 共感的な立場から断ることで、相手にとっては受け入れ難い結果であっても、あなたの真摯な親切心は認めざるを得ないはずだ。

表現例 1

☐ **damage your standing** (御社の地位を傷つける)

例 I'm worried that going through politicians regarding your proposal will **damage your standing** with the regulatory authorities.

(御社がご提案されている案件のために政治家を通すことで、規制当局に対する御社の立場が損なわれるのではないかと懸念しています)

表現例 2

☐ **bring you unfavorable media attention** (好ましくない形でメディアの注目を浴びることになる)

例 I'm afraid that even a minor departure from safety regulations could **bring you unfavorable media attention**.

(安全規制から少しでも逸脱すれば、好ましくない形でメディアの注目を浴びることになるのではないかと心配しています)

Cheat Sheet ● 「とんでもない提案に立ち向かう」ための戦術早見表	
【戦術 13-1】 勇気あるコース： 直接断る	例 I'm sorry that we are **unable to follow your suggestion** regarding an approach through politicians. (申し訳ありませんが、政治家を通してアプローチするというご提案に従うことはできません) 例 I regret that we **cannot consider any action** that may be against Japanese law. (日本の法律に抵触する可能性のある行為については、残念ながら検討することはできません)

【戦術 13-2】 危険なコース： 相手の提案を無 視する	例 I'd like to **ask for your patience** in waiting for the decision from the authorities. （当局の決定が下されるまで、今しばらくお待ちいただくようお願い申し上げます） 例 We would be grateful if you could **consider** a safer formula for AB agents. （AB 剤のより安全な調合法をご検討いただければ幸いです）
【戦術 13-3】 慎重なコース： 少し控えめに断 る	例 Unfortunately, no **approach outside the regular routes** will be acceptable to the authorities. （残念ながら、正規ルート以外の方法が当局に受け入れられることはないでしょう） 例 I'm sorry to say that your plan is **probably not allowed** by import regulations. （申し訳ないのですが、ご提案の計画は恐らく輸入規制により許可されておりません）
【戦術 13-4】 強力なコース： 相手が反論でき ない権威を利用 する	例 Unfortunately, **our company's rules on compliance** make it impossible to follow through on your suggestions. （残念ながら、当社のコンプライアンスに関する規定では、ご提案を実行することは不可能です） 例 I'm afraid **the government doesn't allow us to** import any material without a safety inspection. （残念ですが安全検査を受けずに材料を輸入することは、政府が許可していないのです）
【戦術 13-5】 共感的なコース： 相手の立場に 立って断る	例 I'm worried that going through politicians regarding your proposal will **damage your standing** with the regulatory authorities. （御社がご提案されている案件のために政治家を通すことで、規制当局に対する御社の立場が損なわれるのではないかと懸念しています） 例 I'm afraid that even a minor departure from safety regulations could **bring you unfavorable media attention**. （安全規制から少しでも逸脱すれば、好ましくない形でメディアの注目を浴びることになるのではないかと心配しています）

"Never ruin an apology with an excuse."

— Benjamin Franklin

「謝罪を言い訳で台無しにしてはならない」

ベンジャミン・フランクリン（アメリカの政治家、物理学者、気象学者）

Tactics 「一度約束したことをできないと伝える」ための5つの戦術

約束をするということは未来を予測するようなもので、どれだけ計画を練り、誠心誠意努力しても、思ったように行かないこともある。

それではどうすれば良いのか？約束を守れなかった相手に、失敗を喜んでもらうことはできない。しかし、誠実で信頼できる関係を維持したいのであれば、次の5つの戦術を検討してもらいたい。

【戦術 14-1】前もって知らせる（警告）

【戦術 14-2】謝る

【戦術 14-3】理解を求める

【戦術 14-4】問題に取り組んでいることを説明する

【戦術 14-5】状況を正しく捉える（必要以上に恐縮しない）

Expressions 「一度約束したことをできないと伝える」ための実践例

【戦術 14-1】前もって知らせる（警告）

> **POINT** 誰だって、突然の悪い知らせは嫌なものだ。だから問題が起こることが明らかになった時点で、心の準備をしてもらうために相手に知らせておくのも戦術の１つだ。

表現例 1

☐ **we may have a problem**（問題が発生するかもしれません）

例 I'm sorry to have to tell you **we may have another problem** with our supply of X material.

（申し訳ないことに、X 材料の供給について、再び問題が発生するかもしれません）

表現例 2

☐ **it's possible there will be a problem**（問題が起こる可能性があります）

例 **It's possible there will be a problem** with our supplying X material again.

（X 材料の供給に、また問題が発生する可能性があります）

【戦術 14-2】謝る

> **POINT** 相手の状況に心から共感し、遺憾の意を表明することも役立つ。相手だけではなく、こちらにとっても残念な状況であることを、知らせておくに越したことはない。

表現例 1

☐ **really sorry for any inconvenience**（ご不便をおかけして本当に申し訳ありません）

例 I'm **really sorry for any inconvenience** this may cause you.

（本件に関してご不便をおかけして、本当に申し訳ありません）

表現例 2

☐ **please accept our sincere apologies**（心よりお詫び申し上げます）

例 **Please accept our sincere apologies** for any problems this may cause you.

（本件についてご迷惑をおかけすることを、心よりお詫び申し上げます）

【戦術 14-3】 理解を求める

> **POINT** 良好な仕事関係を築いている相手との約束を守れなかった場合、今後の仕事のことも考慮して、相手の理解と支援を求めるのが妥当だ。【戦術 14-2】で謝罪した上で、下記のように理解を求めたい。

表現例 1

your very kind understanding（ご理解いただき）

例 Thank you for **your very kind understanding**.
（ご理解賜り、ありがとうございます）

表現例 2

your support in this situation（この状況におけるご支援）

例 We really appreciate **your support in this situation**.
（この状況におけるご支援、心より感謝いたします）

【戦術 14-4】 問題に取り組んでいることを説明する

> **POINT** 相手に理解を求めるだけでは、関係を維持することはできない。あなたが引き起こした問題を、自ら解決する決意も示す必要がある。つまり、これからどのような行動を取るのか表明することが、最も効果的な戦術となる（ただし、できないことは約束しないこと）。

表現例 1

we intend to ...（…するつもりです）

例 **We intend to make sure we resolve this problem** with the least trouble to you.
（弊社は、この問題をできるだけご迷惑をおかけしないような形で解決するつもりです）

表現例 2

we assure you ...（…をお約束します、…と断言します）

例 **We assure you** we are contacting the shipper **to make sure of a quick solution**.
（迅速な解決のため、荷送人と連絡を取っていることをお約束します）

【戦術 14-5】 状況を正しく捉える（必要以上に恐縮しない）

 POINT 相手に謝罪し、理解を求めるにしても、こちらの感情をコントロールする必要がある。申し訳なさを強調しすぎても、いいことはない。実際、不誠実なビジネス相手なら、必要以上の補償を求めてくることもあり得る。

よほど深刻な問題でない限り、以下のような表現は避けた方がいい

 regret extremely（非常に後悔しています）

deepest apologies（心より深くお詫び申し上げます）

表現例【通常の問題であれば、冷静に、理性的に責任を表現する】

例 We're **sorry to tell you** there will be a delay in our shipment.
（残念ながら、発送に遅れが生じます）

例 Please **accept our apologies** for any trouble this delay will cause you.
（遅延によってご迷惑をおかけすることを、お詫び申し上げます）

Cheat Sheet ● 「一度約束したことをできないと伝える」ための戦術 早見表		
【戦術 14-1】 前もって知らせる（警告）	例	I'm sorry to have to tell you **we may have another problem** with our supply of X material. （申し訳ないことに、X 材料の供給について、再び問題が発生するかもしれません）
	例	**It's possible there will be a problem** with our supplying X material again. （X 材料の供給に、また問題が発生する可能性があります）
【戦術 14-2】 謝る	例	I'm **really sorry for any inconvenience** this may cause you. （本件に関してご不便をおかけして、本当に申し訳ありません）
	例	Please **accept our sincere apologies** for any problems this may cause you. （本件についてご迷惑をおかけすることを、心よりお詫び申し上げます）
【戦術 14-3】 理解を求める	例	Thank you for **your very kind understanding**. （ご理解賜り、ありがとうございます）
	例	We really appreciate **your support in this situation**. （この状況におけるご支援、心より感謝いたします）
【戦術 14-4】 問題に取り組んでいることを説明する	例	**We intend to make sure we resolve this problem** with the least trouble to you. （弊社は、この問題をできるだけご迷惑をおかけしないような形で解決するつもりです）
	例	**We assure you** we are contacting the shipper **to make sure of a quick solution**. （迅速な解決のため、荷送人と連絡を取っていることをお約束します）
【戦術 14-5】 状況を正しく捉える（必要以上に恐縮しない）	例	We're **sorry to tell you** there will be a delay in our shipment. （残念ながら、発送に遅れが生じます）
	例	Please **accept our apologies** for any trouble this delay will cause you. （遅延によってご迷惑をおかけすることを、お詫び申し上げます）

目的

15 怒っているとき
When you're angry

"Speak when you are angry, and you will make the best speech you will ever regret."
— Ambrose Bierce

「怒っているときに話すと、生涯後悔することになる、最高のスピーチになるだろう」

アンブローズ・ピアス（アメリカの作家、ジャーナリスト。南北戦争の兵役経験者）

Tactics 「怒っているとき」のための5つの戦術

一度議論が白熱し、感情的になり、怒りに満ちたものになってしまうと、ビジネス関係を損なわずに勝つことは難しい。トラブルに怒りを感じるのは自然なことだが、それをそのまま英文メールで表現することは避けたい。落ち着いて、怒りの感情が過ぎ去るのを待つのだ。怒りが収まらないうちは、メールを送らないことだ。

ポジティブに問題を解決するための戦術と表現、つまり、建設的な関係を維持しながら、望む結果を手に入れる方法を紹介する。

【戦術 15-1】「怒り」はダメ。「失望」は ok！

【戦術 15-2】実際には謙虚な気持ちはなくても控えめに

【戦術 15-3】責任の所在について書くときは慎重に

【戦術 15-4】個人的か事務的か、どのような態度が効果的か判断する

【戦術 15-5】正当性を確認し、文書などで立証する

Expressions 「怒っているとき」のための実践例

【戦術 15-1】「怒り」はダメ。「失望」は ok！

POINT 怒りを表したところで、何も解決しないのはもちろん、読み手は困惑し、あなたの怒りにどう対応すべきかというジレンマを抱えることにもなる。しかし、相手のパフォーマンスが、あなたの正当な期待を下回ったときに失望を表明するのは自然だし、受け入れられることだ。

表現例 1

☐ **I'm sorry to have to report that ...**（残念ながら…の件についてご報告しなければなりません）

例 **I'm sorry to have to report that** several items from your shipment were damaged during transit.

（残念ながら発送された商品のいくつかが、輸送中に破損していた件についてご報告しなければなりません）

表現例 2

☐ **It was really disappointing that ...**（…であることが本当に残念です）

例 **It was really disappointing that** we have had no progress from you on the issue with your driver bug.

（ドライバーのバグの件、まったく進展のご連絡をいただけていないのが、本当に残念です）

【戦術 15-2】実際には謙虚な気持ちはなくても控えめに

POINT あなたが何に対して怒っていようと、あなたの見方が間違っている可能性があることを忘れてはいけない。謙虚に失望を伝えれば、読み手の面目を保てるし、万が一間違っていたとしても、控えめに伝えていた方が謝りやすいので、自分の面目も保てる。

表現例 1

☐ **It appears that ...**（どうやら…のようです）

例 **It appears that** the shipment from your side hasn't arrived yet.

（どうやらそちらからの荷物がまだ届いていないようです）

表現例 2

☐ **It seems that ...**（どうも…のようです）

例 **It seems that** there has been a delay in sending your solution to the driver problem.

（どうも、ドライバーの問題に対する解決策をお送りいただくのが、遅れているようです）

【戦術 15-3】責任の所在について書くときは慎重に

POINT 個人的に悪いのは誰かということに集中しすぎると、読み手は身構え、場合によっては本当のことを言わなくなる可能性がある。誰が悪いのか名指しすることは、有益なことだろうか？責任の所在をはっきりさせても問題解決につながらないのであれば、状況に焦点を合わせる方が良い。

表現例 1

個人の責任

☐ **you didn't send the site data**（あなたは現場データを送らなかった）

例 We couldn't complete the design because **you didn't send the site data**.

（あなたが現場データを送ってくれなかったので、私たちは設計を完成させることができませんでした）

状況説明

☐ **we haven't received your site data**

（現場データを受け取っていない）

例 We couldn't complete the design because **we haven't received your site data**.

（現場データを受け取っていないため、設計を完成させることができませんでした）

表現例 2

個人の責任

☐ **Did you disclose ...**（あなたは…を開示しましたか？）

例 **Did you disclose** any confidential information to anyone?

（誰かに機密情報を少しでも漏らしましたか？）

状況説明

☐ **... been disclosed?**（…は開示されましたか？）

例 Has any of the confidential information **been disclosed**?

（機密情報が少しでも漏れましたか？）

15
怒っているとき

【戦術 15-4】個人的か事務的か、どのような態度が効果的か判断する

 POINT 相手があなたの苦情を訂正する可能性が高いのは、あなたが要求した場合だろうか、それとも会社が要求した場合だろうか？個人としてであれ、企業としてであれ、相手に最も効果的な圧力をかけるために、文のトーン（フォーマル、中立、ビジネスカジュアル）を選ぶことも重要な戦術だ。

表現例 1 【個人的】

▢ **I'd be really grateful**（…していただければ幸いです）

例 **I'd be really grateful** if you could take care of this.
（この件にご対処いただければ幸いです）

表現例 2 【事務的】

▢ **ABC's kind support in this matter would be appreciated**（この問題に対する ABC 社の温かいご支援に感謝します）

例 **ABC's kind support in this matter would be appreciated**, thank you.
（この問題に対する ABC 社の温かいご支援に感謝します。ありがとうございます）

【戦術 15-5】正当性を確認し、文書などで立証する

 POINT あなたの主張どおり問題が起こったことを証明するには、怒り以上の証拠が必要だ。何に腹を立てているにせよ、まずはそれが正当であることを証明しなければならない。そして、読み手がそれを確認できるような証拠も提示するのだ。

表現例 1

▢ **Our tests strongly indicate**（当社のテストが強く示している）

例 **Our tests strongly indicate** a failure of ABC's devices to meet our basic standards.
（当社のテストは、ABC 社の機器が当社の基本基準を満たしていないことを強く示しています）

表現例 2

▢ **According to own info from the field**（現場からの情報によると）

例 **According to own info from the field**, customers don't like the XY, I'm sorry to say.
（現場からの情報によると、お客様は XY を気に入っていないようです、残念ながら）

Cheat Sheet ● 「怒っているとき」のための戦術　早見表

【戦術 15-1】「怒り」はダメ。「失望」は ok！	例 **I'm sorry to have to report that** several items from your shipment were damaged during transit. （残念ながら発送された商品のいくつかが、輸送中に破損していた件についてご報告しなければなりません） 例 **It was really disappointing that** we have had no progress from you on the issue with your driver bug. （ドライバーのバグの件、まったく進展のご連絡をいただいていないのが、本当に残念です）
【戦術 15-2】実際には謙虚な気持ちは無くても控えめに	例 **It appears that** the shipment from your side hasn't arrived yet. （どうやらそちらからの荷物がまだ届いていないようです） 例 **It seems that** there has been a delay in sending your solution to the driver problem. （どうも、ドライバーの問題に対する解決策をお送りいただくのが、遅れているようです）
【戦術 15-3】責任の所在について書くときは慎重に	例 We couldn't complete the design because **we haven't received your site data.** （現場データを受け取っていないため、設計を完成させることができませんでした） 例 Has any of the confidential information **been disclosed**? （機密情報が少しでも漏れましたか？）
【戦術 15-4】個人的か事務的か、どのような態度が効果的か判断する	**個人的** 例 **I'd be really grateful if you** could take care of this. （この件にご対処いただければ幸いです） **事務的** 例 **ABC's kind support in this matter would be appreciated, thank you.** （この問題に対する ABC 社の温かいご支援に感謝します。ありがとうございます）
【戦術 15-5】正当性を確認し、文書などで立証する	例 **Our tests strongly indicate** a failure of ABC's devices to meet our basic standards. （当社のテストは、ABC 社の機器が当社の基本基準を満たしていないことを強く示しています） 例 **According to own info from the field,** customers don't like the XY, I'm sorry to say. （現場からの情報によると、お客様は XY を気に入っていないようです、残念ながら）

15
怒っているとき

16 権利を守るために断固たる態度を取る
Getting tougher to protect your rights

"A soft heart with firm boundaries can achieve wonders." ── L.R. Knost

「しっかり境界線を引くことができる柔らかい心は、素晴らしい成果を収めることができる」

L・R・ノスト（アメリカの子育て指南者、作家）

Tactics 「権利を守るために断固たる態度を取る」ための5つの戦術

顧客と販売業者の間には、しばしば暗黙の了解のようなものがあり、顧客は業者に対してむき出しの権力を行使しないように自制し、対等な関係であるかのような、丁寧な対応をする。これに対して業者は、顧客が必要とするものを提供するために最善を尽くすことに同意する。

しかし、もし販売業者が、顧客であるあなたに対する義務を認識していないように振る舞ったらどうだろうか？これまでの "pro forma"、つまり形式的に建前として行ってきた譲歩をやめ、再び力を主張するための5つの戦術を紹介する。

【戦術 16-1】件名を控えめなものから直接的なものへ変更する

【戦術 16-2】「お願い」から「要求」へ変更する

【戦術 16-3】会社の責任から個人の責任へ変更する

【戦術 16-4】ためらいがちな批判から率直な意見へ変更する

【戦術 16-5】柔軟な納期から厳しい納期へ変更する

Expressions 「権利を守るために断固たる態度を取る」ための実践例

【戦術 16-1】件名を控えめなものから直接的なものへ変更する

> **POINT**
> 件名は、書き手が読み手に対して行う最初の主張だ。件名に "Request on"（…に関するお願い）というフレーズを使うと、件名ではメールの内容を限定するにとどまり、実際にどのような行動を求めるかについては本文まで後回しになる。"Request for"（…のお願い）と変えるだけで、件名から主張を開始することができる。

表現例 1

□ Request on で表す抑制：トピックのみを控えめに伝え、詳細は本文へ後回しする

例 **Request on XY** （XY に関するお願い）

表現例 2

□ Request for で表す率直さ：トピックと、求める行動の詳細を同時に伝える

例 **Request for stable supply of XY**

（XY の安定供給のお願い）

【戦術 16-2】「お願い」から「要求」へ変更する

> **POINT**
> あなたの要求に、「ノー」と答える権利を相手に与えることは、顧客が販売業者に対して礼儀正しく接する典型的な例だ。"request"（お願い）という言葉にはそのようなニュアンスがある。それを必要に応じて、"requirement"（要求）と言い換えることで、表現の力を 1 段階上げることができる。「要求」は、読み手が「ノー」と言う権利を否定する表現だ。

16
権利を守るために
断固たる態度を取る

表現例 1

□ I'd like to ask you for ... （…をお願いしたいのですが）

例 **I'd like to ask you for** an alternative design.

（代替デザインをお願いしたいのですが）→理解してくれる通常の業者に

表現例 2

□ We're going to need you to ... （当社としては…していただく必要があります）

例 **We're going to need you to** supply an alternative design.

（当社としては代替デザインを提出していただく必要があります）→一段強めた表現

☐ **request**（お願いする）

☐ **require**（求める）

例 We're going to **require (that you supply)** an alternative design.
（当社は代替デザイン［の提出］を求めます）→さらに強めた表現

> **POINT**
> ask（お願いする）は読み手に「ノー」と答える権利を与えるが、真っ当な業者であれば、妥当なお願いには「イエス」と答えるだろう。しかし、必要であれば、顧客としての本来のパワーバランスを表現するために、require（求める）を使うこともできる。

【戦術 16-3】 会社の責任から個人の責任へ変更する

> **POINT**
> 「ABC 社」のように社名を使うと、読み手に対する個人的な圧力を取り除くことができる。逆に、「あなた」と言うことで、読み手に個人的な責任をより強く示唆することができる。

☐ **ABC's** design proposal（ABC 社のデザイン案）

例 There's a problem with **ABC's** design proposal.
（ABC 社のデザイン案に問題があります）

☐ **your** design proposal（あなたのデザイン案）

例 There's a problem with **your** design proposal.
（あなたのデザイン案に問題があります）

例 There's a problem with the design proposal **you** made.
（あなたからのデザイン案に問題があります）

【戦術 16-4】 ためらいがちな批判から率直な意見へ変更する

> **POINT** 責任感のある業者であれば、完璧とは言えない仕事ぶりをした場合、それに対する批判を受け入れるものだ。そのような業者に対しては、相手が面目を保てる範囲でためらいがちに批判をするだけでよい。そうすれば、相手は個人的に成熟した態度で責任を取ろうとするはずだ。そうでない業者に対しては、あなたの批判も相手の責任も、はっきり言わなければ伝わらない。

表現例 1 【ためらいがちな批判】

☐ **ABC's** product **may** have a problem ... （ABC 社の製品に問題があるかもしれません）

例 **ABC's** design **may infringe** another company's patent.
（ABC 社のデザインは他社の特許を侵害する可能性があります）

表現例 2 【率直な意見に引き上げ】

☐ **Your** product **has** a problem. （あなたの製品には問題があります）

例 **Your** design **infringes** another company's patent.
（あなたのデザインは他社の特許を侵害しています）

注意

率直な意見を言うときは、それが間違っていないか確認すること。自信満々に間違ったことを言えば、恥をかくことになる。

【戦術 16-5】 柔軟な納期から厳しい納期へ変更する

> **POINT** 顧客が設定する納期は直接的な命令だが、柔軟に表現すれば、相手にある程度の自主性を許すことができる。その自主性を乱用する相手に対しては、厳密な納期に引き上げれば良い。

表現例 1 【ある程度の自主性を許す】

☐ **around the end of the week** （週の終わりごろ）

例 We'd appreciate your supplying XY by **around the end of the week** as usual.
（いつものように週の終わりぐらいまでに XY をお届けいただければ幸いです）

表現例 2 【厳しく指示する】

☐ **no later than Friday the 15th** （遅くとも 15 日の金曜日）

例 Please be sure that we receive our XY by **no later than Friday the 15th**.
（遅くとも 15 日の金曜日までに、XY が届くようにお願いします）

Cheat Sheet ● 「権利を守るために断固たる態度を取る」ための戦術　早見表

【戦術 16-1】 件名を控えめなものから直接的なものへ変更する	例 **Request on XY** （XY に関するお願い） 例 **Request for stable supply of XY** （XY の安定供給のお願い）
【戦術 16-2】 「お願い」から「要求」へ変更する	例 **I'd like to ask you for** an alternative design. （代替デザインをお願いしたいのですが）→理解してくれる通常の業者に 例 **We're going to need you to** supply an alternative design. （当社としては代替デザインを提出していただく必要があります） あなたの要求に従うよう業者に強いる言い方 例 We're going to **require (that you supply)** an alternative design. （当社は代替デザインの提出を求めます）→さらに強めた表現
【戦術 16-3】 会社の責任から個人の責任へ変更する	例 There's a problem with **ABC's** design proposal. （ABC 社のデザイン案に問題があります） 例 There's a problem with **your** design proposal. （あなたのデザイン案に問題があります） 例 There's a problem with the design proposal **you** made. （あなたからのデザイン案に問題があります）
【戦術 16-4】 ためらいがちな批判から率直な意見へ変更する	ためらいがちな批判 例 **ABC's** design **may infringe** another company's patent. （ABC 社のデザインは他社の特許を侵害する可能性があります） 率直な意見に引き上げ 例 **Your** design **infringes** another company's patent. （あなたのデザインは他社の特許を侵害しています）
【戦術 16-5】 柔軟な納期から厳しい納期へ変更する	ある程度の自主性を許す 例 We'd appreciate your supplying XY by **around the end of the week** as usual. （いつものように週の終わりぐらいまでに XY をお届けいただければ幸いです） 厳しく指示する 例 Please be sure that we receive our XY by **no later than Friday the 15th.** （遅くとも 15 日の金曜日までに、XY が届くようにお願いします）

目的 17 ミスについて書く
Writing about your own mistakes

"Your life is your story. Write well. Edit often."　　　　　　　　— Susan Statham

「あなたの人生はあなたの物語。うまく書いてください。頻繁に編集してください」

スーザン・ステイサム（カナダの作家）

Tactics 「ミスについて書く」ための 5 つの戦術

自分のミスについての書き方（法に触れないもの）：仕事のミスを含め、自分のミスが原因で起こる問題もある。ここでは、自分のミスについて書くための 5 つの戦術を紹介する（裁判沙汰にならないようなミスに限る）。

【戦術 17-1】 ミスによって生じた結果について謝罪する

【戦術 17-2】 ミスとその原因を説明する

【戦術 17-3】 ミスの内容と今後の対応について説明する

【戦術 17-4】 連帯責任として表現する

【戦術 17-5】 読み手のミスであっても責任を負う

17
ミスについて書く

【戦術 17-1】 ミスによって生じた結果について謝罪する

> **POINT** 人がミスをして、その影響を受けた人を最も不快にさせるのは、当事者が責任逃れをしようとするときだ。したがって、最も望ましい謝罪とは、自分のミスが相手に与えた影響に対する責任を受け入れるものだ。

表現例 1

☐ **any inconvenience we caused** （ご不便をおかけしたこと）

例 I'm very sorry for **any inconvenience** this shipping mistake has caused you.

（この度は発送ミスでご不便をおかけして、本当にすみません）

表現例 2

☐ **any trouble my mistake caused** （私たちのミスでご迷惑をかけたこと）

例 I would be grateful if you could send the report again, and I **apologize for any trouble my mistake caused.**

（報告書を再送していただけると大変助かります。そして私のミスでご迷惑をおかけして、申し訳ありません）

【戦術 17-2】 ミスとその原因を説明する

> **POINT** ミスとその原因を説明すれば、読み手を安心させることができる。ここまで問題を分析していれば、次からはミスの原因となったことを回避できる可能性が高いと理解してもらえるためだ。

表現例 1

☐ **unfortunately** （残念ながら）

例 I'm afraid to say the data I sent is incomplete. **Unfortunately,** we forgot to load some of the local results.

（申し訳ないことに、送信したデータに不備があります。残念ながら、ローカルの結果の一部を読み込むことを忘れておりました）

表現例 2

☐ **to tell the truth** （本当のことを言うと）

例 I'm sorry but we were unable to ship as you ordered. **To tell the truth,** some of the parts have not been produced yet.

（申し訳ありませんが、ご注文通りに出荷することができませんでした。本当のことを申しますと、一部の部品がまだ生産されていないのです）

【戦術 17-3】 ミスの内容と今後の対応について説明する

> **POINT** 読み手が一番懸念するのは、ミスが自分たちに及ぼす影響についてなので、大丈夫だとという見通しを伝えることができれば、ミスも許してくれる可能性が高くなる。

表現例 1

ask ... to be sure to correct the mistake
（間違いを必ず修正するよう…に依頼する）

例 I'm sorry to say the formula for the fluid was wrong. I've **asked** the lab **to be sure to correct it** on the weekend.

（申し訳ないことに液体の製法が間違っていました。週末に必ず修正するよう研究所に依頼しておきました）

表現例 2

do it as soon as we can （できる限り早く対応します）

例 I apologize for not following the correct shutdown procedures. We will **take care of it as soon as** the F reading stabilizes.

（正しいシャットダウン手順を実行しなかったことをお詫びいたします。F 測定値が安定したらすぐに対応いたします）

【戦術 17-4】 連帯責任として表現する

> **POINT** 読み手のミスに対する解決策を、あなたと読み手の共同プロジェクトと表現すれば、好意的な反応が期待できる。そのためには、あなたと私を意味する二人称 "We"（私たち）を使うといい。あなたがより多くの責任を負う限り、相手はあなたが犯したミスについてもこの戦術を受け入れてくれるかもしれない。

表現例 1

I think we have to ... （私たちは…しなければならないと思います）

例 I think **we have to** check that the test results are correct.

（私たちは共同で、検査結果が正しいかどうかを確認しなければならないと思います）

→相手が間違った結果を送ってきた

表現例 2

I'm afraid it's necessary that we ...
（恐れ入りますが、私たちは…する必要があるかと思います）

例 I'm afraid it's **necessary that we** confirm the license terms.

（恐れ入りますが、私たちはライセンス条項を一緒に確認する必要があるかと思います）

→相手の製品が他社の特許権を侵害する

【戦術 17-5】 読み手のミスであっても責任を負う

 POINT 時には、読み手の面目を保つことも大切だと感じることもあるだろう。相手のミスであっても、あえて責任を取るという戦術もある。

表現例 1

☐ **I'm sorry that we did not ...** （…せず申し訳ありませんでした）

例 **I'm sorry that we did not** emphasize the new procedures clearly.

（新しい手順についてはっきりと強調せず、申し訳ありませんでした）

→読み手が手順を再確認すべきだったが、こちらが指示しなかったことをあえて謝罪する

表現例 2

☐ **I'm sorry that I was unable to ...** （…することができず、申し訳ございません）

例 **I'm sorry that I was unable to** get the client to pay by the date you asked. I will contact them again now that they have received the shipment.

（ご依頼の期日までにお支払いをクライアントにお願いできず、申し訳ございませんでした。荷物が先方に到着したので、再度連絡いたします）

→読み手は荷物が届く前に受取人に代金を請求してほしかったが、それは受取人である取引先との約束に反するため、それができなかったことを謝罪する

Cheat Sheet ● 「ミスについて書く」ための戦術　早見表

【戦術 17-1】 ミスによって 生じた結果に ついて謝罪す る	例 I'm very sorry for **any inconvenience** this shipping mistake has caused you. （この度は発送ミスでご不便をおかけして、本当にすみません） 例 I would be grateful if you could send the report again, and I **apologize for any trouble my mistake caused**. （報告書を再送していただけると大変助かります。そして私のミスでご迷惑をおかけして、申し訳ありません）
【戦術 17-2】 ミスとその原 因を説明する	例 I'm afraid to say the data I sent is incomplete. **Unfortunately,** we forgot to load some of the local results. （申し訳ないことに、送信したデータに不備があります。残念ながら、ローカルの結果の一部を読み込むことを忘れておりました）

例 I'm sorry but we were unable to ship as you ordered. **To tell the truth,** some of the parts have not been produced yet.

（申し訳ありませんが、ご注文通りに出荷することができませんでした。本当のことを申しますと、一部の部品がまだ生産されていないのです）

【戦術 17-3】 ミスの内容と 今後の対応に ついて説明す る	例 I'm sorry to say the formula for the fluid was wrong. I've **asked** the lab **to be sure to correct it** on the weekend. （申し訳ないことに液体の製法が間違っていました。週末に必ず修正するよう研究所に依頼しておきました） 例 I apologize for not following the correct shutdown procedures. We will **take care of it as soon as** the F reading stabilizes. （正しいシャットダウン手順を実行しなかったことをお詫びいたします。F 測定値が安定したらすぐに対応いたします）
【戦術 17-4】 連帯責任とし て表現する	例 I think **we have** to check that the test results are correct. （私たちは共同で、検査結果が正しいかどうかを確認しなければならないと思います） 例 I'm afraid it's **necessary that we** confirm the license terms. （恐れ入りますが、私たちはライセンス条項を一緒に確認する必要があるかと思います）
【戦術 17-5】 読み手のミス であっても責 任を負う	例 **I'm sorry that we did not** emphasize the new procedures clearly. （新しい手順についてはっきりと強調せず、申し訳ありませんでした） 例 **I'm sorry that I was unable to** get the client to pay by the date you asked. I will contact them again now that they have received the shipment. （ご依頼の期日までにお支払いをクライアントにお願いできず、申し訳ございませんでした。荷物が先方に到着したので、再度連絡いたします）

17
ミスについて書く

18 すでに断られたことをお願いする

When you need something they already refused

"It's necessary to maintain a balance between addressing your own needs and preserving the relationship."

— Anon

「自分のニーズに対処することと、関係を維持することのバランスを保つことが必要です」

不明

Tactics 「すでに断られたことをお願いする」ための５つの戦術

難しいことを頼んでもどうせ断られるだろうからと、代わりに簡単なことを頼むこともあるだろう。例えば、相手がやりたがらないことがわかっている難しいことを依頼するのではなく、まずは面談だけでもお願いするなど。

しかし、相手が一度断ったことも含めて、難しいことをお願いせざるを得ない場合もある。そのようなときにふさわしい戦術や表現をいくつか紹介する。

【戦術 18-1】特別丁寧にお願いする

【戦術 18-2】遠慮がちにお願いする

【戦術 18-3】依頼する許可を求める

【戦術 18-4】適切な感謝の気持ちを伝える

【戦術 18-5】あなたのためならやってくれるはずだと想定する

Expressions 「すでに断られたことをお願いする」ための実践例

【戦術 18-1】特別丁寧にお願いする

POINT 通常のメッセージでは、"Could you please send it?"（送っていただけますか？）のような定型的な依頼表現を使う。これは丁寧ではあるが、読み手が依頼を受け入れることを前提としていて、拒否された場合は驚くだろう。より難しい依頼、特に一度断られたことのある依頼をするときは、相手が「ノー」と言う可能性を認める表現を使うことで、依頼の難しさを認識していることを示すことができる。

> 表現例 1 【相手が「ノー」と答える可能性を認識している、誠実で温かみのある丁寧さ】

☐ **I wonder if I could ask you to ...** （…をお願いできないでしょうか）

例 **I wonder if I could ask you** one more time **to** send it by Friday at the latest.

（遅くとも金曜日までに送っていただけるよう、もう一度お願いできないでしょうか）

> 表現例 2 【相手が断る権利があることを受け入れる、慇懃な丁寧さ】

☐ **Is it possible for you to send it by Friday?**

（金曜日までに送っていただくことは可能でしょうか？）

例 **Is it possible for you to consider sending it by Friday**, as Mary requested last week?

（先週メアリーさんから依頼したように、金曜日までの送付をご検討いただくことは可能でしょうか？）

【戦術 18-2】遠慮がちにお願いする

POINT こちらの度重なる難しい要求を少しでも楽に受け入れてもらうには、簡単なことではないとわかっており、避けられるものなら迷惑をかけたくないと思っているとを示すことだ。主語が I、we であれば、動詞の must や have to は消極的な気持ちを表し、「気が進まないものの、やむを得ない」というニュアンスになる。

> 表現例 1

☐ **I'm really sorry that I have to ask ...** （お願いしなくてはいけなくて申し訳ないのですが…）

例 **I'm really sorry that I have to ask** this again when you are so busy, but can we get the new specs soon? We need to double-check the order we got from you.

（お忙しいところ、再度お願いすることになってしまい、本当に申し訳ないのですが、新しい仕様を近々お知らせいただけますでしょうか？ご注文を再確認する必要があるのです）

☐ Because of the present circumstances, I must ask ...

（このような状況ですので、…をお願いしなければなりません）

例 I understand that it's difficult, but **because of the present circumstances I must ask** again for you to send the spec revision. Otherwise, we won't be able to complete your shipment.

（難しいことは承知しておりますが、現状では、仕様書の改訂版を送っていただくよう再度お願いしなければなりません。そうでなければ、出荷を完了することができないのです）

【戦術 18-3】依頼する許可を求める

POINT 難しい依頼を繰り返したり、そもそも依頼する権利があるのか疑問に感じたりした場合は、まず相手の許可を得るのだ。相手の権利を尊重する姿勢を示せば、相手も協力してくれるかもしれない。
これまで本書で度々紹介してように、強い自信に満ちた理由を添えることで、依頼の弱さを補うことができる。

表現例 1

☐ If you don't mind, I'd like to ask (again) for ...

（もし差し支えなければ、[もう一度]お願いしたいのですが…）

例 **If you don't mind, I'd like to ask (again) for** your help with the XY. Do you think you could let us know the revisions you're planning for next year? We'll make our order plans based on that.

（もし差し支えなければ、XY について［もう一度］お願いしたいことがあります。来年に予定されている修正点をお知らせいただくことは可能でしょうか？ それを基に発注計画を立てたいと考えております）

表現例 2

☐ If you will allow me to, I'd like to make a request ...

（もしよろしければ、お願いしたいのですが…）

例 **If you will allow me to, I'd like to repeat my request** regarding the XY. We'd really like to hear your plans for technical updates next year. That will help us decide our own needs.

（もしよろしければ、XY について重ねてお願いがあります。来年の技術的なアップデートのご計画を、ぜひお聞かせいただけないでしょうか。それによって当社のニーズを確定しやすくなるのです）

【戦術 18-4】適切な感謝の気持ちを伝える

 POINT 難しいことをお願いすれば、読み手はそれ相応の感謝を期待する。心からの感謝の気持ちを伝えることで、相手の行動が自分にとってどれほど大きな意味を持つかを伝えるのだ。

表現例 1

☐ **I would really appreciate it** if you could ...
（…していただけると本当にありがたいです）

例 **I would really appreciate it** if you could give us your approval.
（ご承認いただけると本当にありがたいです）

表現例 2

☐ **It will be so helpful** if you can ... （…していただけると大変助かります）

例 **It will be so helpful** if you can confirm compliance soon.
（早急にコンプライアンスをご確認いただけると大変助かります）

【戦術 18-5】あなたのためならやってくれるはずだと想定する

 POINT たとえ難しいお願いでも、相手が受け入れることが前提とされる場合もある。たとえば、あなたが重要な顧客である場合だ。パワーバランスの中での優位な立場を利用して、当然のように相手の同意を求める書き方も可能だ。

表現例 1

☐ **Your cooperation ... would be appreciated.**
（…について、ご協力に感謝します）

例 **Your cooperation** in confirming compliance **would be appreciated.**
（コンプライアンスの確認について、ご協力に感謝します）

表現例 2

☐ **Sorry for the rush, but we need your assistance to ...**
（急かして申し訳ないのですが、…するため、ご協力が必要です）

例 **Sorry for the rush, but we need your assistance to** revise our reservations by the weekend.
（急かして申し訳ないのですが、週末までに予約を修正するため、ご協力が必要です）

しかし、たとえあなたの方が立場が上であっても、上記1〜4のいずれかの、ソフトな依頼方法を選択することもできる。また、相手があなたを重要な相手だと見なしていれば、難しい依頼を受け入れるだけではなく、立場が上であるにもかかわらず丁寧なお願いをするあなたの配慮に、感謝するはずだ。

Cheat Sheet ● 「すでに断られたことをお願いする」ための戦術 早見表

【戦術 18-1】 特別丁寧にお願いする	相手が「ノー」と答える可能性を認識している、より誠実で温かみのある丁寧さ
	例 **I wonder if I could ask you** one more time **to** send it by Friday at the latest. （遅くとも金曜日までに送っていただけるよう、もう一度お願いできないでしょうか）
	相手が断る権利があることを受け入れる、慇懃な丁寧さ
	例 **Is it possible for you to consider sending it by Friday**, as Mary requested last week? （先週メアリーさんから依頼したように、金曜日までの送付をご検討いただくことは可能でしょうか？）
【戦術 18-2】 遠慮がちにお願いする	例 **I'm really sorry that I have to ask** this again when you are so busy, but can we get the new specs soon? We need to double-check the order we got from you. （お忙しいところ、再度お願いすることになってしまい、本当に申し訳ないのですが、新しい仕様を近々お知らせいただけますでしょうか？ご注文を再確認する必要があるのです）
	例 I understand that it's difficult, but **because of the present circumstances I must ask** again for you to send the spec revision. Otherwise, we won't be able to complete your shipment. （難しいことは承知しておりますが、現状では、仕様書の改訂版を送っていただくよう再度お願いしなければなりません。そうでなければ、出荷を完了することができないのです）
【戦術 18-3】 尋ねる許可を求める	例 **If you don't mind, I'd like to ask (again) for** your help with the XY. Do you think you could let us know the revisions you're planning for next year? We'll make our order plans based on that. （もし差し支えなければ、XYについて［もう一度］お願いしたいことがあります。来年に予定されている修正点をお知らせいただくことは可能でしょうか？ それを基に発注計画を立てたいと考えております）

例 **If you will allow me to, I'd like to repeat my request** regarding the XY. We'd really like to hear your plans for technical updates next year. That will help us decide our own needs.

（もしよろしければ、XY について重ねてお願いがあります。来年の技術的なアップデートのご計画を、ぜひお聞かせいただけないでしょうか。それによって当社のニーズを確定しやすくなるのです）

【戦術 18-4】 適切な感謝の 気持ちを伝え る	例 **I would really appreciate it** if you could give us your approval. （ご承認いただけると本当にありがたいです） 例 **It will be so helpful** if you can confirm compliance soon. （早急にコンプライアンスをご確認いただけると大変助かります）
【戦術 18-5】 あなたのため ならやってく れるはずだと 想定する	例 **Your cooperation** in confirming compliance **would be appreciated.** （コンプライアンスの確認について、ご協力に感謝します） 例 **Sorry for the rush, but we need your assistance to** revise our reservations by the weekend. （急かして申し訳ないのですが、週末までに予約を修正するため、ご協力が必要です）

19 感情的な反論に対応する
Answer their emotional objections

"The quieter you become, the more you can hear."

— Ram Dass

「静かになればなるほど、聞こえるものが増える」

ラム・ダス（アメリカの、60年代カウンターカルチャーの心理学者）

Tactics 「感情的な反論に対応する」ための5つの戦術

あなたが決めたわけでもなく、あなた個人には変える力もない会社の決定を、どう擁護できるだろうか？取引相手が感情的に反論してきた場合、どう答えれば良いだろうか？ここでは5つの感情的な反論に対応するための、5つの戦術を紹介する。

状況例：あなたの会社は、顧客が使用していた製品の製造中止を決定した。あなたは会社の決定を覆すことができないが、その顧客との関係を維持したいと考えている。

相手の反論に対応するために、次の戦術を使うことを検討してもらいたい。

【戦術 19-1】 顧客への義務を果たすよう圧力をかけてきた→ シンパシーと控えめな提案

【戦術 19-2】 長年のロイヤルカスタマーに報いるためにも支援の義務があると言ってきた→ 感謝と支援の約束

【戦術 19-3】 この件がどれほど深刻で、どれほどの損害に直面する可能性があるか訴えてきた→ 理解と支援の約束

【戦術 19-4】 相手を傷つけないよう倫理的に行動してほしいと、良心に訴えてきた→ 責任／持続可能性に加えて、将来的に相手にも利益をもたらすという約束／理解

【戦術 19-5】 これまで築いてきた友情に基づく、個人的な支援を要請してきた→ シンパシー、誠意、熱意

Expressions 「感情的な反論に対応する」ための実践例

【戦術 19-1】 顧客への義務を果たすよう圧力をかけてきた→ シンパシーと控えめな提案

 POINT この場合、相手の望むものを与えることはできないし、あなたの会社の決断が間違いだったとは言えないが、相手の状況について残念な気持ちを示し、販売業者としてシンパシーと謙虚さを示すことはできる。

表現例 1

☐ **regret any trouble**（ご迷惑をおかけし、残念に思う）

例 We really **regret any trouble** that this difficult decision may cause you.

（この難しい決断によってご迷惑をおかけし、本当に残念に思っております）

表現例 2

☐ **any other way that we can support**（他に支援できること）

例 If there is **any other way that we can support** you, please do not hesitate to ask.

（他にご支援できることがございましたら、遠慮なくお申し付けください）

【戦術 19-2】 長年のロイヤルカスタマーに報いるためにも支援の義務があると言ってきた→ 感謝と支援の約束

 POINT 長年にわたって素晴らしい製品を提供できたことに、会社として感謝していると伝えて、今後も解決策と創造的な支援を提供することを約束する。

表現例 1

☐ **sincerely grateful for the opportunity**

（このような機会をいただき、心より感謝しております）

例 I am **sincerely grateful that we have had the opportunity** to provide our best products to meet your demands.

（お客様のご要望にお応えすべく、最高の製品をご提供する機会をいただいたこと、心より感謝しております）

表現例 2

☐ **assure you of our dedication to meet the future together**

（今後とも共に歩んでいくことをお約束いたします）

例 Just as in the past, **we are dedicated to offering** solutions and creative support for your **future needs**.

（これまで同様、今後もお客様のニーズに対して、解決策と創造的な支援を提供してまいります）

【戦術 19-3】 この件がどれほど深刻で、どれほどの損害に直面する可能性があるか訴えてきた→ 理解と支援の約束

POINT 今回の決定が、相手にとって困難をもたらす可能性があることを認める。そして、できる限り悪影響を抑えるためにも、代替案を提供する用意があることを表明するのだ。

表現例 1

☐ **assure you we understand the impact** （影響は重々理解している）

☐ **recognize the potential difficulties** （困難が生じる可能性を認識している）

例 We **assure you that we recognize there may be potential difficulties**.

（困難が生じる可能性があることは、認識しております）

表現例 2

☐ **helpful as possible** （可能な限り支援する）

☐ **minimize potential problems** （潜在的な問題を最小限に抑える）

例 We stand ready to **help you minimize problems** and transition to new products.

（お客様の問題を最小限に抑え、新しい製品に移行していただけますよう支援する用意があります）

【戦術 19-4】 相手を傷つけないよう倫理的に行動してほしいと、良心に訴えてきた→ 責任／持続可能性に加えて、将来的に相手にも利益をもたらすという約束／理解

POINT サステナビリティ（持続可能性）や、将来の相互利益のために働く、など今の時代の倫理観に即した用語で自社の方針を宣言し、相手の理解を求める。

表現例 1

☐ **exercise our responsibility to provide a sustainable product line** （持続可能な製品ラインを提供する責任を果たす）

例 We ask for your understanding as we **exercise our responsibility to provide sustainable product lines**.

（持続可能な製品ラインを提供する責任を果たすため、ご理解のほどよろしくお願いいたします）

表現例 2

□ **understanding of our commitment to cooperate with you to provide benefits to future generations**
（将来の世代に利益を提供するために、お客様とともに取り組むという当社決意へのご埋解）

例 We offer you **our commitment** as a corporate citizen **to provide** modern products to support you in the future as we have been honored to do in the past.
（私たちは企業市民として、これまでご愛顧賜ってきたように、将来に渡ってお客様を支援するため、最新の製品を提供することをお約束します）

【戦術 19-5】これまで築いてきた友情に基づく、個人的な支援を要請してきた→ シンパシー、誠意、熱意

 POINT 今回、困難な決断を迫られ、社内の関係者全員が不本意な気持ちであること、そしてこの決定によって生じる可能性がある問題に対して、心から同情していることを個人として伝えるのだ。同時に、今後相手と協力する機会があることへの熱意も伝えておきたい。

表現例 1

□ **I want to express how difficult this decision was for all of us**
（今回の決定が、私たちにとってもどれほど困難なものであったかを表明したい）

□ **I want to communicate our sincere understanding and support** （私たちの心からの理解と支援をお伝えしたい）

例 Please allow me to send you **our sincere expression of how difficult it was** for all of us to make this decision, and our hope for your understanding and **acceptance of our support going forward**.
（今回の決定が、私たちにとってもどれほど困難なものであったかをお伝えするとともに、今後の私たちの支援について、ご理解とご承諾を賜りたく、よろしくお願い申し上げます）

表現例 2

□ **Going ahead, we assure you of our enthusiasm to collaborate with you on future solutions.**
（今後、将来的な解決策について御社と協力することを、心から楽しみにしている）

例 All of us here are united in our respect for you and our real desire to **collaborate with you on future solutions**.
（弊社は、御社に対する敬意、そして今後の解決策について御社と協力したいという気持ちにおいて、一丸となっております）

Cheat Sheet ● 「感情的な反論に対応する」ための戦術 早見表

【戦術 19-1】 顧客への義務を果たすよう圧力をかけてきた → シンパシーと控えめな提案	例 We really **regret any trouble** that this difficult decision may cause you. （この難しい決断によってご迷惑をおかけし、本当に残念に思っております） 例 If there is **any other way that we can support** you, please do not hesitate to ask. （他にご支援できることがございましたら、遠慮なくお申し付けください）
【戦術 19-2】 長年のロイヤルカスタマーに報いるためにも支援の義務があると言ってきた → 感謝と支援の約束	例 I am **sincerely grateful that we have had the opportunity** to provide our best products to meet your demands. （お客様のご要望にお応えすべく、最高の製品をご提供する機会をいただいたこと、心より感謝しております） 例 Just as in the past, **we are dedicated to offering** solutions and creative support for your **future needs**. （これまで同様、今後もお客様のニーズに対して、解決策と創造的な支援を提供してまいります）
【戦術 19-3】 この件がどれほど深刻で、どれほどの損害に直面する可能性があるか訴えてきた → 理解と支援の約束	例 We **assure you that we recognize there may be potential difficulties**. （困難が生じる可能性があることは、認識しております） 例 We stand ready to **help you minimize problems** and transition to new products. （お客様の問題を最小限に抑え、新しい製品に移行していただけますよう支援する用意があります）
【戦術 19-4】 相手を傷つけないよう倫理的に行動してほしいと、良心に訴えてきた → 責任／持続可能性に加えて、将来的に相手にも利益をもたらすという約束／理解	例 We ask for your understanding as we **exercise our responsibility to provide sustainable product lines**. （持続可能な製品ラインを提供する責任を果たすため、ご理解のほどよろしくお願いいたします） 例 We offer you **our commitment** as a corporate citizen **to provide** modern products to support you in the future as we have been honored to do in the past. （私たちは企業市民として、これまでご愛顧賜ってきたように、将来に渡ってお客様を支援するため、最新の製品を提供することをお約束します）

【戦術 19-5】 これまで築いてきた友情に基づく、個人的な支援を要請してきた → シンパシー、誠意、熱意	例 Please allow me to send you **our sincere expression of how difficult it was** for all of us to make this decision, and our hope for your understanding and **acceptance of our support going forward.** (今回の決定が、私たちにとってもどれほど困難なものであったかをお伝えするとともに、今後の私たちの支援について、ご理解とご承諾を賜りたく、よろしくお願い申し上げます) 例 All of us here are united in our respect for you and our real desire to **collaborate with you on future solutions.** (弊社は、御社に対する敬意、そして今後の解決策について御社と協力したいという気持ちにおいて、一丸となっております)

20 責任を相手に納得させる
Persuading readers of their responsibilities to you

"Life is what happens when you're busy making other plans."　　— John Lennon

「人生とは、他の計画を立てるのに忙しくしているときに起こることだ」

ジョン・レノン（『ダブル・ファンタジー』）

Tactics 「責任を相手に納得させる」ための5つの戦術

相手に何かをするよう依頼することと、要求することの違いの1つは、こちらが望むことを相手が実行するよう期待する度合いにある。相手に、こちらの要求に応える義務があることを示せば（もちろんそれが正当であることが前提だが）、望むことをやってくれる可能性を高めることができる。説得力のある表現ができれば、読み手の選択に結果を委ねるよりも効果的だ。

読み手に自分の責任を理解し、受け入れてもらうためには、次の5つの戦術を適切に組み合わせて表現してみてもらいたい。

【戦術 20-1】 相手が取るべき行動を明確にする

【戦術 20-2】 なぜ相手があなたの言うことを聞くべきか理由を示す

【戦術 20-3】 なぜそれが相手の義務であるかを示す

【戦術 20-4】 なぜそれが重要なのかを知らせる

【戦術 20-5】 融通が利くかどうか知らせる

Expressions 「責任を相手に納得させる」ための実践例

【戦術 20-1】 相手が取るべき行動を明確にする

POINT

「責任」というと、重大な結果を伴う大変な仕事を思い浮かべるかもしれない。しかし、仕事では、銀行口座の詳細を伝えたり、規則を順守するためのソフトウェアを提供したりといった日常的な仕事であっても、責任者が決められていることがままある。重い責任であれ軽い責任であれ、仕事内容を明確に伝えることで、責任を逃れたい（つまり仕事嫌いな）読み手であっても、やるべき仕事を直視せざるを得なくなる。

表現例 1

☐ **As always, we look forward to ~ing ...**
（いつも通り、［あなたから］…を～するのをお待ちしています）

例 **As always, we look forward to receiving** your QC Activities report for the month.
（いつも通り、今月の品質管理活動報告をお送りいただくのをお待ちしています）

表現例 2

☐ **Please see XY regulations [instructions]**
（XY の規則［指示］をご参照ください）

例 **Please see Mr. Sato's instructions** on how you determine sample numbers.
（サンプル数の決定方法については、佐藤氏の指示をご参照ください）

【戦術 20-2】 なぜ相手があなたの言うことを聞くべきか理由を示す

POINT

仕事相手の中には、他人から自分の責任を指摘されることに腹を立てる人もいるだろう。そのため、なぜあなたから割り当てられた責任を引き受けるべきか、納得してもらう必要がある。よく使われる戦術としては、1）このような注意喚起をすることがあなたの仕事だと伝える、そして 2）あらかじめ謝意を伝える、の 2 つがある。こうした戦術は、相手を攻撃することなく、忘れていた義務を思い出してもらうのに効果的だ。

表現例 1

☐ **my job** （私の仕事）
例 **I'm the section secretary, so it's my job to** let you all know the deadlines for your next engineering changes.
（部門主事として、皆さんに次回の技術変更の期限をお知らせするのが私の仕事です）

20
責任を相手に納得させる

thank you in advance（事前にお礼申し上げます）

例 I just want to **thank you in advance** for the monthly servicing for April. We always appreciate the work you do.

（4月の月次サービスについては、事前にお礼を申し上げたいと思います。いつもありがとうございます）

【戦術 20-3】 なぜそれが相手の義務であるかを示す

 POINT 相手の個人的な責任に焦点を合わせることも有効だ。たとえば、相手が約束したことや、相手が埋め合わせるべきミスなどを指摘するのだ。

表現例 1 【相手が約束したこと】

your company's brochure（御社のパンフレット）

例 Could you please see **the brochure that you sent** to me, Part 3 on customer support in the first month after installation of your equipment?

（ご送付いただいたパンフレットのパート3にあります、機器設置後1カ月以内のカスタマーサポートについて、ご覧いただけますか？）

表現例 2 【相手が埋め合わせるべきミス】

(ABC's failure) so you'll have to ...
（[ABC社の失敗] ですから、あなたの責任として…しなければならなくなります）

例 As you can see in the photos, **your packaging did not protect the product in transit, so I'm afraid the contract holds you responsible** to repair any damage.

（写真でおわかりのように、貴社の梱包は輸送中に製品を保護しなかったため、残念ですが、契約上、破損の修理は貴社の責任となります）

【戦術 20-4】 なぜそれが重要なのかを知らせる

 POINT 些細なこと、重要でないことで責任を果たす気にさせるのは難しい。そのため、責任を果たす意義を示す必要がある。よく使われる2つの戦術は、1）相手の利益になることを示す（請求書の支払いなど）、2）それを果たさなかった場合の結果を示す、というものだ。両方同時に使うこともできる。

表現例 1 【相手の利益になること】

so that we can（当社が…できるようになるには）

例 We need you to provide all spare parts described in our agreement, **so that we can** act on your invoice as you requested.

（ご要望いただいたように、当社が送り状に基づいて行動するためには、契約書に記載されている、すべてのスペアパーツをご提供いただく必要があります）

表現例 2 【責任を果たさなかった場合の結果】

if we do not receive ...（…を受け取らなければ［あなたが欲しいものが遅れる］）

例 I'm sorry to have to tell you that **if we do not receive** the spare parts by the date you agreed to, our payment could be delayed by a month or more.

（申し訳ありませんが、ご同意いただいた期日までにスペアパーツを受け取ることができない場合、お支払いが1カ月以上遅れる可能性があります）

【戦術 20-5】融通が利くかどうか知らせる

 POINT 相手側の状況を考慮し、義務も、その履行に柔軟性があれば、義務はもう少し魅力的なものになる。たとえば、条件の変更を許したり、順守条件を緩やかにしたりすることができる。

表現例 1

might be possible（可能かもしれない）

例 Regarding the specifications, accepting your standards **is possible** as long as you can assure they also comply with our Japan Industrial Standards (JIS).

（仕様については、当社の日本産業規格［JIS］にも適合していることを保証していただけるのであれば、貴社の規格を受け入れることは可能です）

表現例 2

we're ready to consider（検討する用意がある）

例 Frankly, we expected you to supply us in the same quantities as always, but **we're ready to consider** reduced quantities in May if you make them up in June.

（率直に言って、いつもと同じ数量を供給していただくことを期待していましたが、6月に補填していただけるのであれば、5月の減量を検討する用意があります）

20
責任を相手に納得させる

Cheat Sheet ● 「責任を相手に納得させる」ための戦術 早見表

【戦術 20-1】 相手が取るべき行動を明確にする	例 **As always, we look forward to receiving** your QC Activities report for the month. (いつも通り、今月の品質管理活動報告をお送りいただくのをお待ちしています) 例 **Please see Mr. Sato's instructions** on how you determine sample numbers. (サンプル数の決定方法については、佐藤氏の指示をご参照ください)
【戦術 20-2】 なぜ相手があなたの言うことを聞くべきか理由を示す	例 **I'm the section secretary, so it's my job to** let you all know the deadlines for your next engineering changes. (部門主事として、皆さんに次回の技術変更の期限をお知らせするのが私の仕事です) 例 I just want to **thank you in advance** for the monthly servicing for April. We always appreciate the work you do. (4月の月次サービスについては、事前にお礼を申し上げたいと思います。いつもありがとうございます)
【戦術 20-3】 なぜそれが相手の義務であるかを示す	**相手が約束したこと** 例 Could you please see **the brochure that you sent to me**, Part 3 on customer support in the first month after installation of your equipment? (ご送付いただいたパンフレットのパート3にあります、機器設置後1カ月以内のカスタマーサポートについて、ご覧いただけますか?) **相手が埋め合わせるべきミス** 例 As you can see in the photos, **your packaging did not protect the product in transit, so I'm afraid the contract holds you responsible** to repair any damage. (写真でおわかりのように、貴社の梱包は輸送中に製品を保護しなかったため、残念ですが、契約上、破損の修理は貴社の責任となります)

【戦術 20-4】 なぜそれが重要なの かを知らせる	**相手の利益になること** 例 We need you to provide all spare parts described in our agreement, **so that we can** act on your invoice as you requested. （ご要望いただいたように、当社が送り状に基づいて行動するためには、契約書に記載されている、すべてのスペアパーツをご提供いただく必要があります） **責任を果たさなかった場合の結果** 例 I'm sorry to have to tell you that **if we do not receive** the spare parts by the date you agreed to, our payment could be delayed by a month or more. （申し訳ありませんが、ご同意いただいた期日までにスペアパーツを受け取ることができない場合、お支払いが 1 カ月以上遅れる可能性があります）
【戦術 20-5】 融通が利くかどうか 知らせる	例 Regarding the specifications, accepting your standards **is possible** as long as you can assure they also comply with our Japan Industrial Standards (JIS). （仕様については、当社の日本産業規格［JIS］にも適合していることを保証していただけるのであれば、貴社の規格を受け入れることは可能です） 例 Frankly, we expected you to supply us in the same quantities as always, but **we're ready to consider** reduced quantities in May if you make them up in June. （率直に言って、いつもと同じ数量を供給していただくことを期待していましたが、6 月に補填していただけるのであれば、5 月の減量を検討する用意があります）

付　録

AI よりもシンプルに、
そして賢明に書くために

AI の感情・態度
ライティングサンプル

・

・

・

この付録の目的は感情や態度を、

賢く効率的に表現した英文と、

過度に表現した英文とで比較することだ。

本書では、Eメールを書く動機となる目標を達成するための戦術として、感情や態度を表現することを勧めている。そして、多くの場合、それは1つの単語または1つのフレーズを使うだけで十分なのだ。

例えば、私たちは言い分を信じてもらいたいときに、「誠意」を表現する。しかしそれが過剰だと、せっかくの誠意も、怪しい、うさん臭いものに感じられ、結局不誠実な表現になってしまう。

この付録では、第1章の20の感情・態度を取り上げ、それぞれ以下の5つの観点を紹介する。

❶原文：元となる例文
この原文は、日本人ビジネスパーソンのEメールから引用したものだが、感情や態度を加えることで改善できると筆者が判断したものだ。

❷AIプロンプト：AIに与える指示
3の文を生成するためにAIに与えた指示。

❸AIによる修正文：感情や態度を過剰に込めた例文
次に、AIによって修正された文を紹介する。本書を執筆している時点で存在するAIには、感情表現が過剰になるという問題がある。AIプロンプトで、原文に感情や態度を加えた例文を示している。各文につきイタレーション（繰り返し行われる作業）は一度のみ行われ、その結果修正されたものがここに示されている。

❹AI修正文の評価：AIで生成された文の批評
AI文章に最も多いのは、次の2つの問題だ。
第一に、AI文章が感情を過度に繰り返し表現すること。そして第二に、感情を強めるために、原文にはない詳細を創作してしまうことだ。この創作部分は、論理的にはもっともらしいことが多いが、フィクションであることに変わりない。

❺より適切な修正文：感情や態度を適切に表現した例文
感情や態度をより賢明かつ効率的に表現し、AIではなく人間の視点から、より説得力のある短い文を提示する。

しかし、この付録の目的は、過度に感情的な文章と比較して、感情や態度を賢明かつ効率的に表現した例を示すことであり、AI を批判することではない。AI の改良は今後も続くだろう。

とはいえ、感情や態度に関する英語表現を AI で修正することのリスクを紹介することも、目的の 1 つだ。これは、特に英語を母語としないビジネスパーソンにとって、判断が難しい部分であるためだ。

サンプル

❶原文	感情や態度が欠けているため、AI に修正させる元となる文
⬇ ❷AI プロンプト	修正のために AI に与えるプロンプト（指示）
❸AI による修正文	AI による原文の修正（2度目の修正依頼はないものとする）
⬇ ❹AI 修正文の評価	感情と態度が過剰な表現についてのコメント
❺より適切な修正文	感情や態度を適度に表現した修正

感情・態度 1　礼儀正しさ

❶原文	I'd like you to submit payment for the items shipped this week, please. （今週発送した商品の支払いをお願いします）
❷AI プロンプト	As an expert in high level written communication, could you please add politeness to this request for payment from a vendor to a customer? （高度な文書コミュニケーションの専門家として、業者から顧客に対するこの支払依頼に、礼儀正しさを加えてください）
❸AI による修正文	I'm writing to inform you that **we've successfully shipped your ordered items** this week and **we hope** they **meet your satisfaction. As per our agreement**, I **kindly request** that you proceed with the payment **at your earliest convenience. Please let us know** if you require **any additional information or assistance** regarding the payment process. （今週、ご注文の商品を無事に発送したことをご連絡すると共に、ご満足いただけることを願っております。ご契約の通り、お早めにお支払いをお済ませいただきますよう、お願いいたします。お支払いについて何かご不明点などございましたら、何なりとお申し付けください。）
⬇ ❹AI 修正文の評価	顧客が意図的に支払期日を長期間無視しているのでなければ、通常期日通りに支払いをする顧客について契約を持ち出すのは、失礼にあたる可能性がある。
❺より適切な修正文	**May we remind you** that payment is due within one week of shipment of items ordered? （お支払いは、ご注文商品の発送から1週間以内をお願いしておりますので、よろしくお願いします。）

❶原文	Last year there were not enough spaces for all companies, so this year we have to apply earlier. (昨年は全ての企業が参加できるスペースがなかったので、今年は早めに申し込む必要があるかと思います)
❷AI プロンプト	As an experienced communicator, add modesty to this sentence. (経験豊富なコミュニケーターとして、この文に謙虚さを加えてください)
❸AI による修正文	Last year, **it seems** there were not enough spaces to accommodate all interested companies, so it **might be a good idea** for us to apply earlier this year, **just to be on the safe side**. (昨年、全ての参加希望企業を収容できるスペースがなかったようなので、今年は早めに申し込んだ方がいいかもしれませんね、念のため)
❹AI 修正文の評価	過剰に謙虚。
❺より適切な修正文	**You may** remember that last year there were not enough spaces for all the companies, so this year **perhaps** we should apply earlier. (ご記憶の通り、昨年は全ての企業が参加できるスペースがなかったので、今年は早めに申し込んだ方がいいかもしれませんね)

❶原文	All distributors must do everything possible to achieve your targets. (全販売代理店は、目標達成のために全力を尽くさなくてはいけません)
❷AI プロンプト	As an experienced communicator, please add sincerity to the sentence. (経験豊富なコミュニケーターとして、この文に謙虚さを加えてください)
❸AI による修正文	We **truly believe in** the **capabilities of all** our distributors, and it is **our sincere hope** that you'll **be able to fully leverage your skills and potential** to achieve your targets. (私たちは、販売代理店の皆さんを本当に信じており、皆さんがお持ちのスキルと潜在能力を存分に生かして、目標を達成していただくことを心から願っております)
❹AI 修正文の評価	誠意は、文章で表現されている感情を強調するものだ。ただし、誠意や共感が強すぎる文章は、読み手の信頼を失いかねないので注意が必要です。また、AI の文章を修正する際には、"leverage your skills and potential" のように、原文にはないものを残すかどうかを判断する必要がある。
❺より適切な修正文	You **may** remember that last year there were not enough spaces for all the companies, so this year perhaps we should apply earlier. (ご記憶の通り、昨年は全ての企業が参加できるスペースがなかったので、今年は早めに申し込んだ方がいいかもしれませんね)

感情・態度 4 　感謝

❶原文	Send complete copies of the case to Ms. Smith, since she doesn't have them. （スミスさんは持っていないので、本件に関する全資料を彼女に送付してください）
❷ AI プロンプト	Please add gratitude. （感謝を加えてください）
❸ AI による修正文	We would be **truly grateful** if **you could kindly** send complete copies of the case to Ms. Smith, **as it seems** she doesn't **currently** have them. Thank you in advance for your assistance. （現在、スミスさんは本件に関する全資料をお持ちでないようですので、お手数ですがお送りいただければ幸いです。お力添えのほど、何卒よろしくお願い申し上げます）
❹ AI 修正文の評価	ルーティンワークをこなすことへの過剰な感謝。
❺より適切な修正文	She **would (greatly) appreciate it** if you **could** send her complete copies of the case since she doesn't have them. （彼女は本件の全資料を持っていないので、送っていただけると、（とても）喜ばれると思います）

感情・態度 5 　シンパシー

❶原文	Japanese regulations do not allow your X product to be sold in Japan. （日本の規制では、貴社の X 製品を日本で販売することはできません）
❷ AI プロンプト	Please add the feeling of sympathy for the bad news. （残念な知らせを伝えるのに同情を加えてください）
❸ AI による修正文	We understand how **disappointing** it may be to learn that, **unfortunately**, Japanese regulations do not permit the sale of your X product in Japan. We **empathize** with **any inconvenience this may cause**. （残念なことに、日本の規制により X 製品の日本での販売が許可されないことを知り、落胆されていることと思います。この件に起因するご不便をお察し申し上げます）
❹ AI 修正文の評価	ビジネス上の失望に対して、過剰な感情的反応。 フレーズは1つか2つで十分。
❺より適切な修正文	**I'm sorry to have to report that** Japanese regulations do not allow your X product to be sold in Japan. （申し訳ないのですが、日本の規制により、貴社の X 製品を日本で販売することはできません）

❶原文	[状況] 早期解約のお願いをする We want you to vacate the premises you are now renting prior to the end of the lease. (賃貸契約が終了する前に、現在借りている物件から退去してください)
❷ AI プロンプト	Please add an appropriate sense of restraint to this questionable statement to a tenant. (テナントに対するこの問題がある文に、適切な自制を加えてください)
❸ AI による修正文	After careful consideration and due to unforeseen circumstances beyond our control, we respectfully request that you consider vacating the premises before the end of the lease term. We understand the inconvenience this might cause and we do not make this request lightly. We're committed to work with you to make this transition as smooth as possible, should you be willing to accommodate this request. Please feel free to get in touch so we can discuss this in more detail or arrange for possible solutions. (慎重に検討した結果、そして不可抗力とも言える不測の事態が発生したため、賃貸契約終了前に退去していたくことをご検討いただきますよう、謹んでお願い申し上げます。ご不便をおかけすることは重々承知しており、決して軽い気持ちでお願いしているわけではございません。この要請にお応えいただけるのであれば、可能な限り円滑な移転ができるよう、ご協力申し上げる所存です。より詳細なご相談、もしくは可能な解決策を手配させていただきますので、ご連絡をお待ちしております)
❹ AI 修正文の評価	文章が長すぎる上、抑制の表現が頻繁に使われすぎている。これにより、書き手の立場が非常に弱くなり、読み手が協力する可能性が大幅に低下してしまう。さらに、読み手が協力に対して不当なレベルの報酬を要求することを助長してしまう。
❺より適切な修正文	We **would like to ask you** to **consider vacating** the premises prior to the end of your lease. We would **appreciate the chance to meet you** to discuss **appropriate** compensation **if you agree**. (賃貸契約が終了する前に、物件を明け渡すことを検討していただけますか。もし同意していただける場合、適切な補償について話し合いをする機会をいただけると幸いです)

感情・態度 **7** 謝罪	
❶原文	You need to get approval from the local authorities before going ahead. （事前に地元当局の許可を得る必要があります）
❷ AI プロンプト	As an experienced communicator, please add regret to this sentence. （経験豊富なコミュニケーターとして、この文に遺憾の意を加えてください）
❸ AI による修正文	We **regret to inform you** that **it is necessary** for you **to obtain approval** from the local authorities **before proceeding further** with your plans. （残念ながら、計画を進める前に、地元当局の承認を得る必要があります）
❹ AI 修正文の評価	AI が生成したものの中では慎重で賢明な例文。
❺より適切な修正文	I'm **sorry to have to tell you, prior approval** from the local authorities will be necessary to go ahead. （申し上げにくいのですが、事前に地元当局の承認が必要です）

感情・態度 **8** 理解	
❶原文	［状況］スローガンを変更したので、広報資料を更新しなければならない We have changed our slogan, so update all PR materials to reflect that. （スローガンを変更したので、全ての広報資料に反映させてください）
❷ AI プロンプト	As an experienced communicator, add understanding that it's an inconvenience. （経験豊富なコミュニケーターとして、相手に迷惑をかけることになることを理解していると付け加えてください）
❸ AI による修正文	We **understand** that updating all PR materials **may require some effort**, but **given our recent change** in slogan, we **kindly ask** that you **please ensure** all materials are **updated accordingly** to **maintain consistency**. **Thank you** for your **understanding** and **cooperation**. （全ての広報資料の更新には多少の労力を要することは承知しておりますが、最近のスローガンの変更に伴い、一貫性を保つため、全ての資料の更新をお願いいたしたく、よろしくお願い申し上げます。ご理解とご協力に感謝いたします）
❹ AI 修正文の評価	くどい上に、（一貫性を保つため）勝手に新しい目的が加えられている。
❺より適切な修正文	**Could you** update all PR materials **to reflect** the change we have made in our slogan? **We realize** that this will **take some time** and we **appreciate** your **kind cooperation**. （スローガンの変更を反映する形で、広報資料の更新をお願いできますでしょうか。時間がかかると思いますが、ご協力に感謝いたします）

感情・態度 9 柔軟性

❶原文	We're going to have to change the estimates. They haven't been approved yet. (この売上予測を変更しないといけません。まだ最終的な承認は得ていません)
❷ AI プロンプト	As an experienced communicator, please add flexibility to the statement. (経験豊富なコミュニケーターとして、この文に柔軟性を加えてください)
❸ AI による修正文	We've **been considering** making **some** changes to the estimates, but since they haven't been approved yet, we're **open to discussing** any **possible revisions or suggestions** you **might have** before we finalize them. (この売上予測について、変更を加えることを検討していますが、まだ承認されていないため、最終決定をする前に可能な限りの修正や、もしご提案などがあればぜひ話し合いたいと思います)
❹ AI 修正文の評価	ものすごく悪いわけではないが、原文にはない "open to discussing any possible revisions or suggestion（可能な限りの修正や、もしご提案などがあればぜひ話し合いたい）" という言葉が足されている。AI を使う際には、実際の状況と齟齬が生じないように注意が必要だ。
❺より適切な修正文	We **haven't got final approval** for these estimates yet, so there's **a possibility we'll have to** change them. (この見積もりはまだ最終的な承認を得ていないので、変更しなければならない可能性があります)

感情・態度 10 敬意

❶原文	I need to confirm a couple of things about the ABC system. (ABC システムについていくつか確認したいことがあります)
❷ AI プロンプト	As an experienced communicator, please add respect to this sentence. (経験豊富なコミュニケーターとして、この文に尊敬を加えてください)
❸ AI による修正文	Firstly, I would like to **acknowledge your expertise** in the ABC system. With that in mind, I would be **grateful** if you could **kindly help me confirm** a couple of aspects related to the system. Thank you in advance for your **valuable insights**. (まず最初に、ABC システムについてのあなたの専門知識について言及したいと思います。その観点から、ABC システムに関連するいくつかの点について確認させていただければ幸いです。貴重なご意見、先立って感謝いたします)
❹ AI 修正文の評価	このようなちょっとした用件に対して、このレベルの称賛が繰り返されると、読み手はあなたの誠実さに疑念を抱く可能性がある。
❺より適切な修正文	**If you don't mind**, could I ask you to confirm a couple of things about the ABC system? (もしよろしければ、ABC システムについていくつか確認させていただいていいですか?)

感情・態度 11 協調性

❶原文	I will supply any other information you need to answer this inquiry. (この問い合わせにお答えいただくために必要な情報があれば、ご提供いたします)
❷ AI プロンプト	As an experienced communicator, add cooperativeness to the statement. (経験豊富なコミュニケーターとして、この文に協調性を加えてください)
❸ AI による修正文	In order to **smoothly facilitate** the **process of answering this inquiry**, I am **more than willing** to **provide** any **additional information or resources** that you may require. Please **feel free** to **reach out at any time**, and I'll be **happy to assist** in a **collaborative manner**. (この問い合わせにお答えいただく過程を円滑にするためなら、必要な情報や資料を喜んで提供させていただきます。いつでもお気軽にご連絡くだされば、ご協力できるよう、喜んでお手伝いさせていただきます)
❹ AI 修正文の評価	通常業務の範囲内のことを、大袈裟に表現しているに過ぎない。
❺より適切な修正文	**Of course**, I will **be pleased to** supply any other information you need to answer this inquiry. (もちろん、この問い合わせにお答えいただくために必要な情報があれば、喜んでご提供いたします)

感情・態度 12 積極性

❶原文	I received the materials you sent regarding the Celstar system. Regarding ... (セルスター・システムに関してお送りいただいた資料を受け取りました。つきましては ...)
❷ AI プロンプト	As an experienced communicator, please add a feeling of positivity. (経験豊富なコミュニケーターとして、この文に前向きな気持ちを加えてください)
❸ AI による修正文	Thank you for promptly sending over the materials related to the Celstar system! I appreciate your effort, and I am looking forward to successfully using this valuable information to further enhance our understanding and utilization of the system. (セルスター・システムに関する資料を早速お送りいただき、ありがとうございました。ご尽力に感謝するとともに、この貴重な情報をうまく活用し、本システムの理解と活用をさらに深めていきたいと思います)
❹ AI 修正文の評価	恩着せがましい優越感が見え隠れする文になってしまっている。原文には無い情報が勝手に追加されているので、注意が必要だ。
❺より適切な修正文	**Thank you** for **your very useful information** regarding Celstar. (セルスターに関する大変有益な情報をありがとうございます)

感情・態度 13	感心と称賛
❶原文	Please send us your monthly data on time. (毎月のデータを期限内にお送りください)
❷ AI プロンプト	Add praise for the data. (データへの称賛を加えてください)
❸ AI による修正文	**We've noticed the outstanding job you've been doing,** and **we appreciate your diligence. To help us maintain this high level of performance,** please continue to send us your monthly data on time. **Thank you for your hard work and dedication!** (あなたの素晴らしい仕事ぶりは認識しており、その骨折りに感謝しています。この高いレベルのパフォーマンスを維持するため、引き続き毎月のデータを期限内に送ってください。お疲れ様です、そしていつもありがとうございます!)
❹ AI 修正文の評価	読み手の貢献に対する称賛が、不必要にくりかえされており、過剰。定期的な業務を時間内に遂行するという、常識的な期待を適切に表現しなければならない。
❺より適切な修正文	Your monthly data **is very useful so** could you make sure to send it on time? (毎月のデータはとても役に立っているので、ぜひ期限内にお送りいただけますか?)

感情・態度 14	自信
❶原文	[目的] 重要事項（安全性）に関して、読み手に信頼してもらうこと There are no safety issues with MTG-S gas. (MTG-S ガスの安全性の問題はありません)
❷ AI プロンプト	As an experienced communicator, please add confidence to this statement. (経験豊富なコミュニケーターとして、この発言に自信を加えてください)
❸ AI による修正文	We can **confidently assure you** that there are no safety issues **associated with** MTG-S gas, as **our thorough analysis** and **stringent safety protocols ensure** its safe **and reliable usage**. (徹底した分析と厳格な安全プロトコルが、安全で確実なご利用を保証しますので、MTG-S ガスに安全上の問題が生じることはないということを、自信を持ってお約束します)
❹ AI 修正文の評価	逆効果：confidently（自信を持って）、assure（保証する）、ensure（確信する）など主張を重ねすぎると、「過剰な抗議」という印象を与え、かえって自信がないように見える。
❺より適切な修正文	We want to make sure that customers in Japan can be confident that there is no safety performance issue with MTG-S gas. (日本のお客様には、MTG-S ガスの安全性能に問題が無いことを、確信していただきたいと思います)

感情・態度 15 フォーマルさ

❶原文	I heard you're going to drop by. (寄ってくださると聞きました)
❷AI プロンプト	Add sufficient formality for a manager. (管理者にふさわしいフォーマルさを加えてください)
❸AI による修正文	It has **come to my attention** that **it is your intention** to **pay us a visit**. (ご訪問いただけるご意向であることを知るに至りました)
❹AI 修正文の評価	あまりに形式的で遠慮がちな言い回しは、人を寄せ付けない印象を与える。フォーマルの度合いで距離感を誤った例。
❺より適切な修正文	I **understand** you **plan to visit** us. (ご訪問の予定がおありなのですね)

感情・態度 16 正直さ

❶原文	[状況] 相手の言ってきた納品日は遅すぎる We cannot wait until the 23rd for your delivery. We need to get it this week. (23 日の納品だと遅すぎます。今週中に届けてください) →あまりの率直さに相手も驚いてしまう
❷AI プロンプト	As an experienced business communicator, please add frankness as a buffer to the sudden urgency. (経験豊富なビジネスコミュニケーターとして、突然の緊急事態に、緩衝材として正直さを加えてください)
❸AI による修正文	To be **completely honest**, waiting until the 23rd for delivery **will not work for us in this particular situation**. We **genuinely** need to receive the shipment **by the end of** this week **to meet our objectives**. (完全に正直にお話しすると、今回に関しては、23 日まで納品を待つことは難しいのです。こちらの目標を達成するためには、何がなんでも今週中に受け取る必要があります)
❹AI 修正文の評価	この程度の問題にしては、感情や説明が多すぎる。もっと切迫した状況ならともかく、日常レベルのトラブルに過剰反応だ。普段からこのような言い方をしていたら、本当に窮地に立たされたときにどういう言い方をすればいいのか。奥の手が無くなってしまう。
❺より適切な修正文	**Honestly speaking**, we cannot wait that long for your delivery. We **really** need to get it this week. (正直なところ、納品までそんなに待つことはできません。今週中に届けていただく必要があります) [＋早急に回答が必要であることを理解してもらえるような理由を添える]

感情・態度 17 緊急性

❶原文	Can your staff send the authorization message by the 25th? (ご担当者は 25 日までに承認メッセージを送信できますか?)
❷ AI プロンプト	As an experienced communicator, please add urgency to this request. (経験豊富なコミュニケーターとして、この要請に緊急性を加えてください)
❸ AI による修正文	Due to **time-sensitive circumstances**, it is of **utmost importance** that your staff **expedite the process and send the authorization message** by the 25th. We greatly appreciate your **immediate attention and cooperation** in addressing this **pressing** matter. (一刻を争う事態であるため、ご担当者が手続きを迅速に進め、25 日までに承認メッセージを送信することが、何よりも重要です。この差し迫った問題に対処するため、早急なご対応とご協力を、心より感謝申し上げます)
❹ AI 修正文の評価	蚊を殺すのにハンマーを使っているかのようだ。くどいし、明らかに上から目線。
❺より適切な修正文	May I **trouble you** to **have your staff** send the authorization message by the 25th **at the latest**? (遅くとも 25 日までに承認メッセージを送信するよう、ご担当者にお伝えいただけますでしょうか) [＋緊急である理由も伝える]

感情・態度 18 率直さ

❶原文	The Data Sheet shows that we need you to be careful regarding the outer channel. (データ・シートには、外側のチャンネルに関して注意していただきたいことが書かれています)
❷ AI プロンプト	As an experienced communicator, please add a feeling of forthrightness to the sentence. (経験豊富なコミュニケーターとして、文章に率直さを加えてください)
❸ AI による修正文	**Let me be direct**–according to the Data Sheet, **it is crucial** that **extra caution is exercised** when dealing with the outer channel. **It is vital** to **maintain a high level of attention** to **ensure the process remains safe and efficient**. (単刀直入に言います。データ・シートによると、外側のチャンネルの取り扱いには細心の注意が必要です。安全で効率的なプロセスのためには、高いレベルの注意を維持することが不可欠です)
❹ AI 修正文の評価	技術的な常識や、ベストプラクティス (最善の方法) を無視している読み手には適切かもしれない。常識的に仕事を行っている読み手にとっては、侮辱されていると感じる可能性がある。
❺より適切な修正文	The Data Sheet **specifically requires care** regarding the outer channel design. (データ・シートでは、特に外側のチャンネルの設計について注意を促しています)

❶原文	［潜在的な顧客へ］ We are ready to supply our XY material but we also ask that you comply with all our conditions, including Confidentiality rules. （弊社は XY 素材を提供する用意がありますが、機密保持規定を含む当社の全ての条件を、順守していただくようお願いします）
❷ AI プロンプト	Please add appropriate expressions for this power relationship in expressing Decisiveness. （決断力を示す上で、この力関係に適切な表現を加えてください）
❸ AI による修正文	In light of **your inquiry about** supplying our XY material, we **must insist upon** receiving your **absolute confirmation** that you are **willing to comply** with **all of our conditions**, including **our strict confidentiality requirements**. This is **critical** to **ensure a successful and secure business partnership**. （貴社におかれましては、弊社の XY 材料の提供に関するお問い合わせについて、弊社の厳格な機密保持条件を含む全ての条件を順守する意思があるということを、強くご確認くださいますようお願い申し上げます）
❹ AI 修正文の評価	常識的な守秘義務を顧客が理解する能力を疑っているかのような、圧倒的な上から目線な文章。
❺より適切な修正文	Regarding your inquiry on us supplying our XY material to you, **could you please confirm** that you are **ready to comply** with all **our conditions**, including our Confidentiality conditions? （弊社の XY 素材を貴社へ提供することについてのお問い合わせですが、機密保持条件を含む弊社の全ての条件を順守するご用意があることを、ご確認いただけますでしょうか）

❶原文	We need you to add the capacity to register a company not only as a customer but also a vendor, to our CRM* software. (当社の CRM ソフトウェアに、顧客としてだけではなく、販売会社としても企業を登録できる機能を追加してもらう必要があります) *CRM（＝ Customer Relations Management、顧客関係管理）部門から社内の IT 担当者に対して、圧力をかけながら主張をする
❷ AI プロンプト	Rewrite to maintain assertiveness of content, while adding tactical softness to higher status reader. (内容の自己主張を維持しつつ、地位の高い読み手に対して戦略的な柔らかさを加えるための書き換えを行ってください)
❸ AI による修正文	I would **greatly appreciate it** if we could **explore the possibility** of **enhancing our CRM software's capabilities**. Specifically, it **would be beneficial** to have the ability to register companies not just as customers but also as vendors. This added functionality **could streamline** our processes and **provide a more comprehensive view** of our business relationships. **I understand that** such an enhancement **may require careful consideration and planning**. However, **I believe it could** bring **significant value** to our operations. I **welcome your thoughts** and **guidance** on how **we could best approach this potential** improvement. (当社の CRM ソフトウェアの機能を強化する可能性について模索できることを、心より感謝申し上げます。特に、企業を顧客としてだけでなく、販売会社としても登録できる機能が有益であると考えられます。この機能追加により、プロセスが合理化され、事業関係を総合的な視点で捉えることができます。そのような機能の強化は慎重な検討と計画が必要かもしれません。しかしながら、当社の運営に大きな価値をもたらすと信じています。この潜在的な改善にどのように取り組むかについて、あなたの考えや助言をお待ちしております)
❹ AI 修正文の評価	読み手の地位が高いことを、過度に認識している。あなたが読み手の上司ではなく、求めていることが実現不可能かもしれないという認識を表すだけで十分です。これを短い文章で表現することは、自己主張がありつつも十分に礼儀正しいです。理由(地域の要件)を加えることで、自己主張を裏付けます。
❺より適切な修正文	We need to **request that** IT **investigate adding** the capacity to register a company not only as a customer but also as a vendor, to our Customer Relations Management (CRM) software. Companies here in Japan require it. (当社のカスタマーリレーションズマネジメント [CRM] ソフトウェアに、企業を顧客としてだけでなく、ベンダーとしても登録できるような機能追加する調査を IT 部門に依頼する必要があります。日本の企業では、この機能が必要です)

著者●ポール・ビソネット

カナダ・モントリオール生まれ。カナダのカールトン大学卒業後、1975 年に来日。レンセレア・ポリテクニック・インスティテュートでテクニカルコミュニケーションの修士号を取得後に再来日。現在に至るまで、トヨタ、武田薬品、JAXA をはじめ 200 社を超える大手企業でビジネスライティングおよびテクニカルライティングを指導。東京外国語大学講師として 10 年間の指導経歴を持ち、連載·書籍などの執筆活動も行う。2005 年には、ドキュメント·コンサルティング·ファームとしてピー・ビー・ライティングセンターを設立し、ビジネスライティングに特化したソリューションを提供している。
http://www.pbwritingcenter.com/

感情・態度が必ず伝わる
英文ビジネスメール戦術事典

発行日 　 2024 年 6 月 17 日（初版）

著者	ポール・ビソネット
編集	株式会社アルク 出版編集部
翻訳	春日聡子
校正	Peter Branscombe、廣友詞子
デザイン	園辺智代
DTP	株式会社 秀文社
印刷・製本	シナノ印刷株式会社
発行者	天野智之
発行所	株式会社アルク
	〒141-0001 東京都品川区北品川 6-7-29 ガーデンシティ品川御殿山
	Website：https://www.alc.co.jp/

地球人ネットワークを創る

アルクのシンボル
「地球人マーク」です。